新月邊的魯迅

魯迅與右翼文人

房向東——著

魯迅
LU XUN

序

何滿子

到明年，魯迅棄世將整整六十年了。對於由他的乳汁哺養大的我們這一代，魯迅比無數活著的人更活著。對於那些敵視魯迅，或因為魯迅巨大的存在而對他們有所妨礙的人們，魯迅也仍然是他們驅趕不去的心病。魯迅去世以後，對魯迅的詆毀、中傷、曲解和居心叵測的陽尊而陰貶，即使不比他在世時更多，至少在手法上更為深曲，更所謂「皮裡陽秋」。比起那些直斥魯迅作品為「魯貨」的妄人來也更有蠱惑力，因而也更為陰毒。

如我們所熟知，在建國後的最初階段，蹧蹋魯迅主要是為了達到某種政治目的，如在製造胡風、馮雪峰等人的冤案時，說什麼「魯迅看錯了人」，「魯迅被壞人所包圍」之類的讕言成為「一律」的輿論。接著是「四人幫」時期的把魯迅塑造成偶像，其目的，一面是將魯迅給真正的造神運動陪綁，把魯迅歪曲成造反英雄的守護神；一面將魯迅劈削成棍子，用以為「橫掃一切牛鬼蛇神」的武器。但不論前者和後者，都沒有能使魯迅和蹧蹋他的人一樣聲名狼藉。雖然如此，但從「左」的一面敗壞魯迅聲名的歷時頗久的活動仍然若干地給魯迅造成了損害。那主要的損害是，壞貨們在不明真相的群眾中造成了一個虛假的印象，即魯迅似

乎和這些壞貨是同夥。

人們厭惡透了極「左」的那一套，同時人們也要求對歷史，特別是五四以來的文化運動進行反思；於是也要求重新認識過去那些與「左」的思潮沒有瓜葛的人物，乃至站在敵對方面的人物，重新評價。這是一種可以理解的歷史的反撥，為了嫌惡「左」，人們在感情上希望在極「左」思潮之外找尋抗衡人物，哪怕中間人物也好。這種逆反心理使林語堂、梁實秋、胡適，甚至漢奸周作人也成了研究的熱門人物。本來，對歷史人物進行再評價，對人物的功過是非重新做出理智的客觀的歷史估量，未嘗不是好事。五四以來文化上的著名人物大抵與魯迅有過關係；事實上，當時活躍在文化學術界人物也不可能不與新文化運動的旗手和主將魯迅有正面或負面、直接或間接的關係。研究他們時必須提到魯迅。尤其必須注意的是，由於以後成為極「左」路線的一些代表人物，是由當年與人民共命運的文化主流中的一翼蛻變而成的，魯迅當時正置身於主流之中；魯迅雖然也和本陣營的「左」的萌芽勢力相抗衡，做了許多艱苦的抵制（最具體地表現在《且介亭雜文末編．答徐懋庸並關於抗日統一戰線問題》一文中。順便說說，此文是瞭解魯迅思想人格和瞭解中國新文學運動的人必須反覆認真閱讀的文獻）；但是，為了民族和人民解放運動的利益，魯迅不得不維護雖然夾有不純成份的但大方面一致的主流。為此，他必須譴責、批評，有時是規勸對主流起干擾作用的異己勢力，這在當時的形勢下是無可非議的。近年來的論客們卻常常在這些論戰上做文章，尋覓魯迅的「陰暗」面。事實上，這些曾被魯迅撻伐、諷刺或規誡過的人物，不論在以後的生涯中升沉如何，發生了何等樣的變化，在當時的情勢中，在魯迅所針對的問題上，都是該被指責和批判的，正義在魯迅的一方。只要是尊重歷史，不錯置時空，不懷偏見的人，都只能得出這樣的結論而不是其他。

可是，由於挾著對「左」的一套的厭恨，當今有不少論客帶著一種逆反心理，一種給過去主流以外的人物「平反」的心態，對他們重新評價時，往往無視或故意抹煞時空和條件，佯作客觀超脫狀，在提到這些人物和魯迅的關係時，對他們當時所起的負面作用或置之不論，或曲予辯解，巧辭洗雪；甚至拿魯迅墊背以托高這些人物。這是近年來的一個新動向，是新一輪的對魯迅的貶抑和曲解。——其實，即使不論及魯迅，將魯迅的論敵抬高，就是假此形彼貶低魯迅。

論客們貶抑魯迅的動機當然是各不相同的，有的純然是自私的目的。比如，孤桐先生章士釗，舊民主革命時期和章太炎來往過，傾向大概不算壞；建國前夕是識時務之俊傑，且又和國家領導人有私誼，成了著名的上層統戰對象，晚節頗為光彩。但是在二〇年代初北洋軍閥統治時期當過總長，人稱「老虎總長」。不論在政治上或文化上都是十足加一的反動人物。

由於他鎮壓女師大，對站在正義一方的魯迅萬分嫉妒，又兼魯迅戳穿了他們一夥的「國粹」假古董，便假權濟私撤去了魯迅的職務，作惡非止一端，都有歷史可按，醜跡昭著，人誰不知？可是孤桐先生的後人為了把尊人打扮成一貫正確，通體漂亮，竟撰文栽誣魯迅當年和他的鬥爭是「偏見」，說什麼章士釗主張「一生要與人為善，切莫加害他人」云云。那麼，錯誤竟全在魯迅，簡直滑稽之至。即使「三．一八慘案」的罪責可以推諉，難道鎮壓女師大，撤魯迅的職也叫「與人為善」？也叫「不加害他人」嗎？可笑！當然，這類曲解太幼稚了，沒有多少市場。

魯迅與舊禮教的衛道士「國粹派」之流戰，與北洋軍閥刺刀庇蔭下的「正人君子」陳源之輩戰，與誘勸學生進入研究室莫問國事的胡適之流戰，與國民黨御用文人如民族主義文學派戰，凡此種種，即使論客們想從雞蛋裡挑骨頭也沒有什麼文章可做。與創造社、太陽社以及三〇年代「左」的暗流戰，也就是魯迅所說的要防備「同一陣營放來的冷箭」，迫使他在對敵作戰時也必須「橫著站」的那檔子事，也因為毛澤東說過魯迅是新文化運動的方向，定了調，下面心懷嫌隙的諸君也只好限於在私下裡嘀嘀咕咕，或用旁敲側擊的小動作損害魯迅；而其對魯迅洩怨的方法，則是遷怒於與魯迅生前關係密切的戰友，如胡風、馮雪峰等人都被往死裡整。連累而及，如丁玲、聶紺弩、彭柏山等一批人也沒有好果子吃。這種對魯迅的怨恨在檯面上是擺不出來的，除了「實際解決」以外，不好在文字上做手腳，頂多只能拐彎抹角地喊喊喳喳一下，做不成正面文章。

事到如今，剩下的就是在海外的林語堂、梁實秋等人了。稍明事理的人都能判斷在當時的形勢和條件下，魯迅在和他們的論戰中居於正確的一方是不容置疑的；林、梁等人後來所走的道路，也證明他們與人民共和國不是同心同德。於是專就他們文學和學術上的若干成就做文章。以他們的成就證明魯迅當年在某些問題上對他們的不容為「偏狹」，使不熟悉歷史的新一代人在他們的誤導下難以辨明是非。這種以此形彼的手法有時是能若干地得售的。與之相類的是，近年來對漢奸周作人的近於狂熱的美化。研究周作人也沒有什麼不可以，怪的是，沒有一位論客肯正視這樣的重要事實：即自從由於周作人的挑釁而導致兄弟反目（這件事的本身就是周作人蓄意用捕風捉影的曖昧來損害魯迅，以達到其背信棄義的卑劣目的的。說穿了十分卑瑣可笑，無非是他的日本女人想趕走魯迅，佔下魯迅購置的房產，並將贍養老太太的責任推給魯迅獨自承當，而這壞女人可以成為家庭主宰，自行其是，如此而已）。以後，周作人的文章，基本上是以傷害魯迅做為他的「終極關懷」的。周作人一貫處處標榜和魯迅走兩條路，對革命文學明諷暗嘲，他之最後終於當了漢奸，可謂事有必至。只是他會做文章，言偽而辯，說怪話也說得含蓄而有文采罷了。直到解放以後，所寫的《魯迅的故家》、《魯

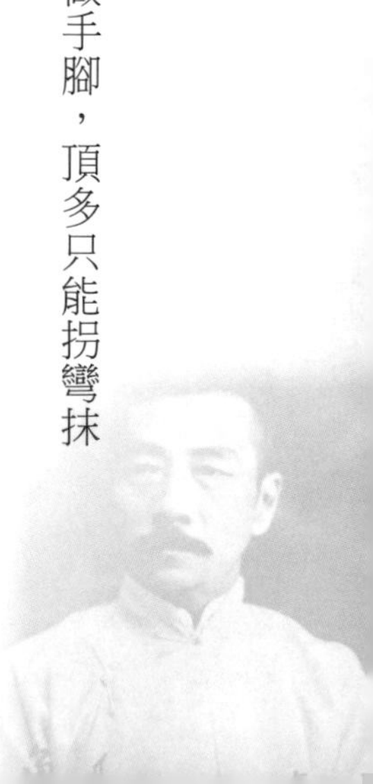

迅小說中的人物》，即在靠賣魯迅吃飯時，仍在損害魯迅，惡毒地將現實主義的魯迅拉下來變成自然主義的魯迅。所有這些，聰明的論客們在宣揚周作人如何這好那好的「客觀」研究文字中，何嘗點明過一個字？善於抉發「文心」的評論家們對周作人「文心」的核心部分一點不感興趣，只是黏嘴抹舌地嘆賞他的智慧和境界，以此為「真賞」，真不知其玄機所在。

至於魯迅的文心，那真是清楚不過的。他一生都為民族和人民的解放而戰鬥。為此，他必然要不妥協地站在殘民媚外的國民黨反動勢力及其幫兇幫閒們的對立面。如上所言，當時代表人民力量的主流並非是一塵不染，無可訾議的。在文藝方面，既有前蘇聯「拉普」的壞影響，又有當時史達林在政治上主張的「中間勢力最危險」的「左」的指導思想的危害，這種危害侵入文藝領域，由瞿秋白、馮雪峰等黨的代表播送和影響魯迅。按當時的理論水準，在當時的鬥爭形勢下，即使兩害相權取其輕，魯迅也只能選擇代表人民利益的革命力量的一方，維護其權威。直到「兩個口號」之爭，宗派主義的猖狂實在使魯迅不能容忍時，才有《致徐懋庸》那封有名的信所表示的和錯誤傾向不妥協的態度，堅持其獨立思考的勇邁精神。這是魯迅的深沉的痛苦，也顯示了他的發光的良心。而在這以前的一段時間裡，如對「第三種人」的爭論，都是為維護「左聯」的權威，即某種意義上的「遵命文學」。今天看來似乎不無可議之處，或可視為帶有宗派關門主義的偏頗。但這主要是由瞿秋白、馮雪峰等人為代表的當時成問題的路線影響所導致的。解放後馮雪峰曾著《黨給魯迅以力量》一書，如以當時的某些鬥爭來說，以瞿、馮為代表的影響實在是損害了魯迅的。當然，責任也不在瞿、馮，這是那時「國際」和上面的路線。在當時複雜的很不明朗的鬥爭環境中，魯迅也如他所說的看人要看其大節一樣，只能站在代表人民利益的政治勢力一方，配合其戰鬥，別無選擇。何況，「第三種人」確實也對進步文藝陣營進行干擾，對「左聯」冷嘲熱諷，態度並不友好；其中一些成員的社會性行動和文學傾向也確實有毛病，這些都在魯迅的批評中可以看到。再說，魯迅就他們的文學傾向進行批評，在正常的文學批評中也是應該的，只是人們習慣於將當時的文學論戰都當作政治鬥爭來看，問題的性質就沉重起來了。縱然如此，認真讀一下魯迅批評「第三種人」的文章，也可以發現和他對待國民黨御用文人的誅伐有所區別，並不採取勢不兩立的敵對態度，魯迅是掌握分寸的。至於文筆的辛辣，乃是其一貫的風格使然，魯迅批評同一陣營的戰友亦復如此。對老朋友，如數度分合，最後也並未徹底決裂的林語堂，魯迅的批評也是很不鬆和的，收於《且介亭雜文二集》中的《「題未定」草（二、三）》，反覆用以其人之文反治其人的辛辣尖刻可以為證，但究竟只是看問題的見解之爭，和對敵人的誅伐究竟不同。

魯迅熱烈地愛，也熱烈地恨，對於有害的事物，對國民性的痼疾，鞭韃固然不留情面；

對於某些不良傾向，並非構成大患的，他也常義憤溢於言表，或因愛深而責重，如嚴父師之責子弟，其實出於對人生的愛心，但很多人以為未免太「偏激」。凡對陳腐的中國社會的死樣活氣的習俗有痛切感受的人，卻會覺得他「偏激」得可愛，覺得中國文化多麼需要魯迅式的反中庸、反鄉願的「偏激」呀！魯迅是人，當然也有缺點，如要吹毛求疵，有的是碴可找，但「偏激」絕非缺點，正是他的生命的華彩部分。

魯迅的「偏激」是對事不對人的。要傷著人，那是因事而傷人。比如，最近還有人因他批評梅蘭芳一事而嘖有煩言，呶呶不休。魯迅與梅蘭芳何怨何尤？他是評現象而及人。魯迅諷刺「男人扮女人的藝術」難道錯了嗎？這種扭曲人性的醜陋的傳統寶貝有什麼值得肯定？最近讀六月十七日的《光明日報》，刊有瀋陽市取締男扮女裝的模特兒表演的消息，試問這類惡劣的表演也取締錯了嗎？我們是否還應該稱頌男子留辮女子纏足呢？那些玩意兒以前不也是被當時人嘖嘖稱美的嗎？這裡所涉及的是一個社會問題，美學問題，當然也是「國民性」的問題，豈僅是批判一個具體的對象而已！

當然，習慣於欣賞「男子扮女子的藝術」的人們是不喜歡這些逆耳之言的，他們習慣於這種「永恆的藝術」之美妙，不自覺自己的精神之被扭曲。天真地喊出皇帝是光屁股的孩子是討人嫌的，魯迅不也正是以人性之本然提示了這種「藝術」之扭曲人性嗎？而且，魯迅還不知趣地揭了底，揭出這種藝術「男人眼裡扮女人，女人眼裡男人扮」的欣賞者的心裡的隱祕呢！當然是無可饒恕的「偏激」、「不識相」和「可惡」了。

魯迅從來就為衛道的君子們所敵視，為屠伯們所痛恨，為「死的說教者」所嫉忿，為形形色色的幫兇幫閒們所疾首，為「蒙大旗做虎皮」的幫朋派友們所忌憚，也為講究「中庸之道」的「中正和平」的人們所不滿。而且正如魯迅所自陳，他的「壞處，是論時事不留面子，砭錮弊常取類型，而後者尤與時宜不合。」（《偽自由書．前記》）分明是抨擊某一現象，因為所取的是標本，便被疑為專對私人，各就自己的瘡疤與圖像對號入座。不少讀者也往往只注意魯迅「罵」了某人，而不察魯迅指摘時弊的秉持公心。由於時間的距離，情況的隔閡，新一代的讀者更難以就彼時彼地彼事的具體情況判明是非，連就事論事也難以辦到；何況還有對魯迅的重重曲解，在給讀者以誤導呢？

誠然，有《魯迅全集》在，不存偏見的認真的讀者可以從中認識魯迅；從事魯迅和現代文學、現代中國研究的人，也有巨帙的《魯迅研究學術資料彙編》，搜集著與魯迅論戰過的幾乎全部文字，可供參比，藉這些文獻判明魯迅和論戰對手們的曲直所在。可是，這畢竟不是一般讀者所能細讀和泛覽的。房向東先生積數年之力，勾稽了魯迅和曾與之有過干涉的人物的資料，並廣採研究者的有關評論，寫成《魯迅與他「罵」過的人》一書，對當年的一場

場公案做了集中的描述，分人成篇，頗似傳統的「學案」體的格式，扼述這些與魯迅有干涉過的人物的簡況和他們與魯迅的關係史，未曾與魯迅直接交往過的人也扼敘了對象的基本性狀，提供了魯迅之所以要「罵」的背景資料。對幾起重要的論戰，則扼要引錄了雙方論旨的原文。對論戰雙方的是非或做出自己的評價，或援引了研究者的見解。即使直敘事象，作者本人的傾向也鮮明地流露在客觀的敘述之中。對於理解魯迅，理解現代文學和文化史乃至理解現代中國，我想本書都是很有用的。

不管作者在書中對人物和事件的評價是否得當，乃至我自己也未必完全同意他的有些見解，但這些意見都是作者獨立做出，沒有懷著別的不光彩的目的去解讀魯迅，這一誠實的態度就值得肯定。作者盛情約我作序，故就平時對魯迅的一點想法寫出如上。魯迅至今還活著，並將隨著歷史永遠活下去，研究魯迅的工作也將永遠做下去。凡是認真而又誠實的研究者，必將獲得讀者的感佩，我相信本書及作者也是。

一九九五年六月於上海

（這是何滿子先生為本書初版做的序。本書原名《魯迅與他「罵」過的人》，經過修訂，新增二十萬字，現分為二書，分別是《「新月邊的魯迅」——魯迅與右翼文人》、《「太陽下的魯迅」——魯迅與左翼文人》，二書同時續用何序。）

目錄

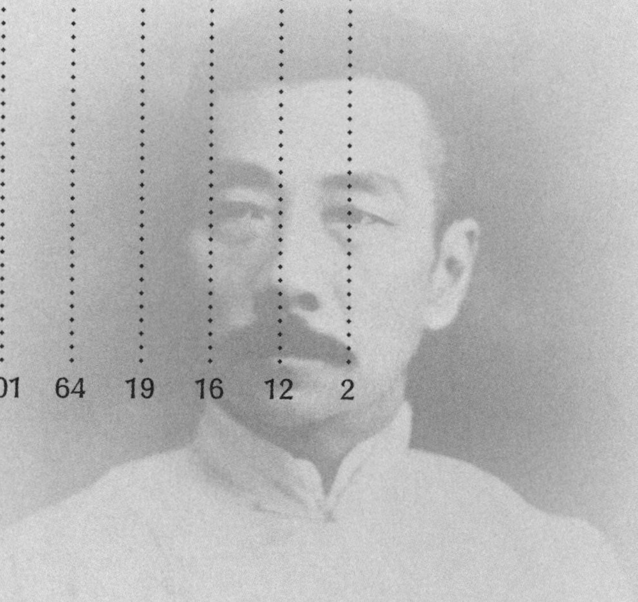

附錄一

附錄二

題記

說起魯迅與右翼文壇的關係，我們就會想起「對『現代評論派』的鬥爭」、「對『新月』派的鬥爭」、「對『民族主義文學』的鬥爭」等話題——在今天的語境下，我更願意用「論戰」替代「鬥爭」——這些論戰的來龍去脈，是非曲直，現代文學史已經有詳盡的論述。其實呢，論戰是由人挑起的，比如，說到「對『現代評論派』的鬥爭」，就必然要提到魯迅與陳西瀅、章士釗、楊蔭榆這些人物的糾葛；說到「對『新月』派的鬥爭」，也離不開魯迅與梁實秋等的恩怨等。本書正是從「人」的角度，看魯迅與這些右翼文人的論戰甚至對罵的，盡量以客觀公正的態度，用歷史的眼光，重新審視這些筆墨官司。人物的糾紛，尤其是名人之間的糾紛，以及相關人物的命運，尤為讀者所關注。應該說，本書可以做為相關議題的補充，軟化了相關議題，多了可感性。

書名取《「新月邊的魯迅」——魯迅與右翼文人》，對所謂「右翼」要做一下說明。

首先要指出的是，雖然歷史上有左翼和右翼之分，正如毛澤東所言，凡是有人的地方，就有左、中、右，但是，應該指出的是，所謂「左翼」和「右翼」，在概念上有很多值得推

敲的地方。

第一，這是模糊的概念。什麼是左，什麼是右，其解析的空間非常之大，其彈性也非常之大。在國民黨做為執政黨，共產黨做為在野黨的三、四〇年代，與國民黨站在一起的，或是認可一黨獨裁的國民黨政權的，雖然他們對現政權也有所批判，但只是在當時歷史條件下的體制內運作的，肯定屬右翼分子，比如胡適、陳西瀅、徐志摩、梁實秋等；事實上，他們中有的人後來就成為國民政府的一員，比如胡適和陳西瀅。此外，那些不和一黨獨裁的國民黨政府合作的人，沒有在當時的體制內運作的人，但同時與共產黨沒有往來者，或者說，既不說共產黨好話，也不曾說過什麼過頭的話，比如邵洵美、章克標等人，似乎也應該屬於廣義的右翼，至少是中間偏右的人物。

第二，這是相對的概念。一是相對於左，這很容易理解，沒有左翼的傍襯無以顯示右翼，反之，也成立；二是相對於當時特定的歷史，以左翼而言，「左聯」時期的「左」的概念要嚴格許多，如胡喬木所言，「左聯」是半個黨，是黨的周邊組織。可是，到了「左聯」解散，「國防文學」提出，或抗日民族統一戰線形成後，「左」的概念要相對寬泛一些。「左」的概念的寬泛，導致的直接結果便是「右」的概念的模糊。

第三，這是變化的概念。人是會變化的，魯迅生前就說過大意如此的話，極左是容易變成極右的，這樣的例子很多。反之，有的由相對的「右」走到「左」了，比如李四光，曾經在具體問題上與陳西瀅一夥站在一邊，討伐（至少是挖苦）魯迅，後來，卻成為紅色科學家。楊蔭榆不僅在具體事件上，而且在教育理念上與魯迅迥異，但她後來卻死在日本人之手。

還要指出的是，做為文人的所謂左翼與右翼，雖然有程度不同的政治因素，但文人終究是文人，不是政治家，所以更多的是文化概念，主要是指思想觀念和價值判斷，而不是政治上的左翼陣營與右翼陣營，不是政治概念。本書的「右翼」取的也正是文化的概念。

總之，希望讀者把本書的「右翼」當作寬泛的概念，把本書看作是魯迅與右翼文人是是非非問題的文化讀本，而不要認為是對相關人物的政治評判。

除了此書中大多一目了然的右翼文人，還有若干不好下判斷者，或者說屬於中間人物吧，有的則是中間稍稍偏右，我將其做為「附錄一」收在書中。

有一些人物，與魯迅有一些小糾葛，展開來寫，沒有太多內容，但如果不涉及，又顯得不夠「齊全」，比如魯迅與蔡元培、吳稚暉等，我選擇簡單介紹，文字雖少，像是讀書小品，畢竟留下一鱗半爪，也有可讀性，做為「附錄二」。

此外，本書所設議題，都是多多少少與魯迅有過論戰或糾葛的，其他的右翼文人，與魯迅或有交往，但無衝突，本書不再涉及。

「主將」與「楷模」

——魯迅與胡適

一

胡適（一八九一—一九六二），原名胡洪騂，字適之，安徽績溪人。學者。一九一〇年留學美國，入康乃爾大學，後轉入哥倫比亞大學，從學於杜威，深受其實驗主義哲學的影響。一九一七年初在《新青年》上發表了《文學改良芻議》。一九一七年獲哲學博士學位，同年回國，任北京大學教授。參加編輯《新青年》，並發表論文《歷史的文學觀念論》、《建設的文學革命論》，出版新詩集《嘗試集》，成為新文化運動中很有影響的人物。一九一九年發表《多研究些問題，少談些「主義」》，主張改良主義。一九二〇年離開《新青年》，後創辦《努力週報》。一九二三年與徐志摩等組織新月社。一九二四年與陳西瀅、王世傑等創辦《現代評論》週刊。一九三二年與蔣廷黻、丁文江創辦《獨立評論》。一九三八年任國民政府駐美國大使。一九四六年任北京大學校長。一九四八年離開北平，後轉赴美國。一九五八年任臺灣「中央研究院長」。胡適一生在哲學、文學、史學、古典文學考證諸方面都有成就，並有一定的代表性。

著有《五十年來之中國文學》、《胡適文存》、《白話文學史》、《中國章回小說考證》等。

毛澤東是胡適的同時代人。在不同時期，對他有過不同的評論。一九三六年，毛澤東在陝北跟美國記者斯諾會見時，承認五四時期「非常欽佩」胡適和陳獨秀的文章，並承認胡適和陳獨秀取代梁啟超和康有為，成了自己心中的「楷模」。當時，毛澤東曾寫信給他，希望借重他的聲望振興湖南的教育，胡適也讚揚毛澤東的文章「眼光很遠大；議論也很痛快，確是現今的重要文字」。一九四五年八月，毛澤東「感念舊好」，曾託傅斯年轉達對他的問候。一九五四年秋，毛澤東發動百萬知識份子對胡適政治、哲學、文學、歷史、教育等領域的思想開展了聲勢浩大的批判。一九五七年二月十六日，毛澤東在頤年堂講話時，又指出「不能全抹煞」胡適，因為「他對中國的啟蒙起了作用」，又說現在不必恢復他的名譽，「到二十一世紀再來研究這個問題吧」。同年三月十日，毛澤東跟朱穆之、舒新城、金仲華、王芸生等新聞出版界人士談話，指出美國人妄圖利用他這種「更加親美的人」來孤立蔣介石、取代蔣介石，而如果胡適這樣的人上臺，「那更不好」。一九六四年八月十八日，毛澤東在北戴河跟龔育之、吳江等哲學工作者談話，認為蔡元培對《紅樓夢》的觀點是不對的，胡適的看法「比較對一點」，從而對「新紅學派」的歷史貢獻，給予了一定程度的肯定。

魯迅與胡適的交往，從魯迅的日記看，是始於一九一八年，而來往較多的是在一九二三

年和一九二四年。一九二四年以前，他們從相識到友好，是朋友；一九二四年以後，他們政治觀點上有所不同，又因為胡適的「高升」，日見疏遠，關係日趨惡化。此後，魯迅時不時或直接或間接地批評胡適，在魯迅生前，胡適則一律採取「老僧不見不聞」的態度，從不公開應戰。

二

在五四運動興起之前，胡適在《新青年》二卷五期發表《文學改良芻議》之後，魯迅與胡適有著比較一致的思想觀點與共同的主張，即：反對文言文，提倡白話文；反對舊道德舊禮教，提倡科學與民主。此外，他們在文學、學術實踐上也有很多共同點和互補之處，他們的步調是一致的。在反對舊文化，宣導新文化的過程中，他們密切配合，互相呼應：或是胡適首先發難，魯迅緊緊跟上，並做進一步的闡發；或是兩人同時從不同的角度和側面，對某一問題做深入的論述。

關於宣導文學革命，胡適的《文學改良芻議》一文成為新文學運動的發難信號。此後，他陸續又寫做了《歷史的文學觀念論》、《建設的文學革命論》、《易卜生主義》、《什麼是文學》等等文章，在否定的舊文學的基礎上，形成了系統的革命文學論。魯迅關於革命文學的意見，在總體上沒有超出胡適，但在創作新文學的實踐方面，卻有自己的獨特的貢獻。

魯迅在《〈自選集〉自序》⑴一文中說，「我做小說，是開手於一九一八年，《新青年》上提倡『文學革命』的時候的。」魯迅認為，這些提倡「文學革命」的「戰士」「雖在寂寞中，想頭是不錯的，也來喊幾聲助助威吧。首先，就是為此」。魯迅認為，「這些也可以說，是『遵命文學』。不過我所遵奉的，是那時革命的前驅者的命令，也是我自己所願意遵奉的命令，絕不是皇上的聖旨，也不是金元和真的指揮刀。」很明顯，魯迅所遵的是提倡文學革命的先驅者的命，這當然包括了胡適。魯迅的「遵命」之作，切實地顯示了革命文學的「實績」，也彌補了胡適所自以為的「提倡有心，創作無力」的缺憾。

到了一九二七年，魯迅在《無聲的中國》⑵一文中，仍然對胡適的功績給予實事求是的歷史評價：

> 要恢復這多年無聲的中國，是不容易的，正如命令一個死掉的人道：「你活過來！」我雖然並不懂得宗教，但我以為正如想出現一個宗教上之所謂「奇蹟」一樣。
>
> 首先來嘗試這工作的是「五四運動」前一年，胡適之先生所提倡的「文學革命」。「革命」這兩個字，在這裡不知道可害怕，有些地方是一聽到就害怕的。但這和文學兩字連起來的「革命」，卻沒有法國革命的「革命」那麼可怕，不過是革新，改換一個字，就很平和了，我們就稱為「文學革新」吧，中國文字上，這樣的花樣是很多的……然而，單是文

學革新是不夠的，因為腐敗思想，能用古文作，也能用白話作。所以後來就有人提倡思想革新。

這裡，魯迅把「文學革命」，看作宗教上的「奇蹟」一樣，無異於讓死掉的人活過來。這也不是危言聳聽，新文學運動實際上是對死的封建文學的革命。當然，魯迅也指出，只有文學革命是不夠的，還要有思想的革命。

胡適在理論上提倡革命文學的同時，決心以實驗主義的方法來實驗白話作詩的可能性。他努力去嘗試，終於將零星寫成的近七十首新詩結集為《嘗試集》，成為中國現代文學史上第一部白話詩集。胡適孤軍奮戰時，魯迅給予他極大的支持和配合。魯迅說：「我其實是不喜歡做新詩的——但也不喜歡做古詩——只因為那時詩壇寂寞，所以打敲邊鼓，湊些熱鬧；待到稱為詩人的一齣現，就洗手不做了。」(3)魯迅做新詩實在是為了給胡適助威，給對新詩持懷疑態度的人一個有力的回擊。一九八一年五月十五日，他以唐俟的筆名在《新青年》上發表了《夢》、《愛之神》和《桃花》三首白話詩，以後又發表過三首。

當胡適遭到學衡派與甲寅派的圍攻時，魯迅挺身而出，撰寫《估學衡》與《答KS君》等名文，給予胡先驌、章士釗等人以有力的回擊。有關這方面的內容，我在魯迅與章士釗等章節中有介紹，此不贅述。

在學術研究方面，魯迅與胡適之間，曾經過從甚密，相互切磋。從《魯迅日記》中我們知道，《中國小說史略》出書前後，魯迅曾反覆徵求過胡適的意見。胡適在寫作《中國章回小說考證》的過程中，也多次向魯迅請教。他們在討論學術問題時，凡是認為正確的便欣然表示同意；錯誤的便明言直說，從不含糊其詞，拐彎抹角；有疑問的，也不苟同，提出商榷意見。這在魯迅的《中國小說史略》、《中國小說的歷史變遷》與胡適的《中國章回小說考證》裡，都有明確的記載。

胡適對魯迅也多有讚譽之詞，仰慕之情。

魯迅發表了《狂人日記》以後，胡適便給予熱烈的讚賞與高度的評價，稱譽魯迅是「白話文學運動的健將」。胡適在一九二二年所寫的《五十年來中國之文學》一文中，回顧了五四運動前後的小說創作情況時指出：「這一年多（一九二一年以後）的小說月報已成了一個提倡『創作』的小說的重要機關，內中也曾有幾篇很好的創作。但成績最大的卻是託名『魯迅』的。他的短篇小說從四年前的《狂人日記》到最近的《阿Q正傳》，雖然不多，差不多沒有不好的。」一九二二年八月十一日，胡適在日記中還寫道：「周氏兄弟最可愛，他們的天才都很高。豫才兼有賞鑑力與創作力，而啟明的賞鑑力雖佳，創作較少。」胡適是最早認識魯迅小說的價值的人之一。不言而喻，胡適對魯迅小說的推崇，不僅肯定了魯迅在文學史上的

崇高地位，而且對推動當時的白話文學的創作，起到了不可忽視的良好作用。

對於魯迅前期雜文，特別是在《新青年》發表的《隨感錄》，胡適對其中有些篇章，表示了極大的讚賞。如《隨感錄·四十一》關於「學學大海」、「擺脫冷氣」、「有一分熱，發一分光」這段寓意深刻的話，胡適說，看了這段文字，感動得「一夜不能好好的睡，時時想到這段文章」(4)。

對於魯迅的翻譯成就，胡適曾以《域外小說集》為例，與嚴復、林紓的翻譯文章相比較，認為魯迅既有很高的古文功夫，又能直接瞭解西文，所以「域外小說集比林譯的小說確實是高得多」。胡適在一九五八年的一次演講中，仍然肯定魯迅的成就：「《域外小說集》翻得實在比林琴南的小說翻得好，是古文翻的小說中最了不得的好。」(5)

我們從胡適在一九一九年二月致錢玄同的信中知道，胡適原先「曾經擬過幾條辦法」，「很想做一部《中國小說史》」。據胡適說，「可惜沒有試辦的工夫」，終於未能遂願。事隔三年，魯迅的《中國小說史略》出版了，胡適對此不是心懷嫉妒，而是報以熱情的誇獎，認為「這是一部開山的創作，搜集甚勤，取材甚精，斷制也甚嚴，可以替我們研究文學史的人節省無數精力」(6)。

五四落潮以後，魯迅與胡適的關係開始有了小裂痕。一九二六年前後，「現代評論派」

陳西瀅與魯迅發生激烈論戰。胡適與陳西瀅同是「現代評論派」的，以胡適的思想傾向來說，當然是更親近陳西瀅。即使如此，胡適並沒有介入這一爭論，更沒有對魯迅進行任何公開的指責，反而於同年五月自天津寫了致魯迅、周作人和陳西瀅的信，居中調解，他說：

> 你們三位都是我很敬愛的朋友，所以我感覺你們三位這八、九個月的深仇也似的筆戰是朋友中最可惋惜的事。我深知道你們三位都自信這回打的是一場正義之戰；所以我不願意追溯這戰爭的原因與歷史，更不願評論此事的是非曲直。我最惋惜的是，當日各本良心的爭論之中，不免都夾雜著一點對於對方動機上的猜疑；由這一點動機上的猜疑，發生了不少筆鋒上的情感；由這些筆鋒上的情感，更引起了層層猜疑，層層誤解。猜疑愈深，誤解更甚。結果便是友誼上的破裂，而當日各本良心之主張就漸漸變成了對罵的筆戰。……親愛的朋友們，讓我們從今以後，都向上走，都朝前走，不要回頭睬那傷不了人的小石子，更不要回頭來自相踐踏。我們的公敵是在我們的前面；我們進步的方向是朝上走。(7)

從這封信可以看出，胡適是持息事寧人的態度，而不是支持陳西瀅繼續攻擊魯迅。胡適對魯迅還是比較尊重的。

三

魯迅與胡適分歧的第一次具體表現，是對《新青年》「雙簧信」的不同看法。我在魯迅與錢玄同一文中已有介紹，當時，《新青年》同人「頗以不能聽見反抗的言論為憾」（劉半農語），他們從鬥爭策略著眼導演了一齣「雙簧戲」，激怒了封建衛道者，新文化運動的宣導者與封建主義守舊派短兵相接的鬥爭由是展開。胡適做為《新青年》的編輯之一，對「雙簧信」的內幕自然是清楚的，但很不以為然，視之為「輕薄」之舉，並以為「憑空閉產造出一個王敬軒」並不值得辯論。但魯迅的態度則相反，魯迅認為此舉無可非議，因為「矯枉不忌過正；只要能打倒敵人，嬉笑怒罵，皆成文章」。不過，他們的分歧並沒有公開化，也沒有發生衝突，屬於各說各話。其實，這也只是鬥爭方法問題的爭論，並不影響他們在反對封建文化方面的一致性。

一九二〇年前後，魯迅與胡適在關於《新青年》的編輯方針的討論中出現了不同意見。事情的經過是這樣的：從一九二〇年春天開始，陳獨秀有把《新青年》變為上海共產主義小組的機關刊物之意，因而在同年四月二十六日自上海致函在北京的李大釗、胡適等十三位主要撰稿人，其中問到「編輯人問題」：「（一）由在京諸人輪流擔任；（二）由在京一人擔任；（三）由弟在滬（繼續）擔任？」(8)北京的主要撰稿人如何回答，不得而知。不過，最後採用了協力廠商案，從一九二〇年九月起，《新青年》成了上海共產主義小組的機關刊物，由陳獨秀在上海主編。《新青年》改刊後，編輯方針即有相應改變，更多地宣傳共產主義和馬克思主義學說。起先，胡適對此也不怎麼在意，還繼續為《新青年》寫一些詩文。到同年十二月中旬，情況有了變化。由於上海國民黨當局下令郵局停寄《新青年》，而此時陳獨秀又將赴廣州，於是即致函在京的李大釗、胡適、魯迅等人，通報說：「此間編輯事務已請陳望道先生辦理，另外新加入編輯者，為沈雁冰、李達、李漢俊三人。」(9)十二月十六日，陳獨秀離滬赴粵的那一天，又專門致函胡適等人，謂：「新青年色彩過於鮮明，弟近亦不以為然，陳望道君亦主張稍改內容，以後仍以趨重哲學文學為是，但如此辦法，非北京同人多做文章不可。」(10)胡適收到此信後，於本月二十七日夜回信陳獨秀說：「《新青年》『色彩過於鮮明』，兄言『近亦不以為然』，但此是已成事實，今雖有意抹淡，似亦非易事。北京同人抹淡的工夫絕趕不上上海同人染濃的手段之神速。現在想來，只有三個辦法」，即：

1．聽《新青年》流為一種有特別色彩之雜誌，而另創一個文學的雜誌，篇幅不求多，而資料必求精。我秋間久有此意……2．若要《新青年》「改變內容」，非恢復我們「不談政治」的戒約，不能做到。但此時上海同人似不便做此一著，兄似更不便，因為不願示人以弱。但北京同人正不妨如此宣言。故我主張趁兄離滬的機會，將《新青年》編輯的事，

自九卷一號移到北京來。由北京同人於九卷一號內發表一個新宣言，略根據七卷一號的宣言，而注重學術思想藝文的改造，聲明不談政治。

孟和說：《新青年》既被郵局停寄，何不暫時停辦，此是第三辦法。但此法與《新青年》社的營業似有妨礙，故不如前兩法。

總之，此問題現在確有解決之必要……

信末，胡適又特別註明：「此信一涵、慰慈見過。守常、孟和、玄同三人知道此信的內容。他們對於前兩條辦法，都贊成，以為都可行。」

據胡適說，陳獨秀收閱此信後「頗多誤解」，於是胡適在次年的一月二十二日又給在京的李大釗和魯迅等人寫信，信中解釋說：他原先對《新青年》編輯方針的基本意見是主張移回北京，聲明不談政治，或另辦一個「專關學術藝文的雜誌」，因為「今《新青年》差不多成了 Soviet Russia 的漢譯本」，但為了避免陳獨秀的誤解，現在只「盼望《新青年》『稍改變內容，以後仍以趨重哲學文學為是』（獨秀函中語）。我為了這個希望，現在提出一條辦法：就是和獨秀商量，把《新青年》移到北京編輯」。

對於胡適這一最後的意見，李大釗等人贊同，魯迅和周作人認為，可以讓《新青年》分裂為京、滬兩家，甚至不必爭《新青年》的「名目」或「金門招牌」。魯迅一九二一年一月三日致函胡適又進一步表示：在《新青年》移回北京後，「至於發表新宣言，說明不談政治，我卻以為不必。這固然小半在『不願示人以弱』，其實則凡《新青年》同仁所做的作品，無論如何宣言，官場總是頭痛，不會優容的。此後只要學術思想藝文的氣息濃厚起來——我所知道的幾個讀者極希望《新青年》如此——就好了」。

對於這一段往事，有論者臆造了魯迅和胡適的所謂「衝突」，說胡適「蓄謀已久」，「挑起爭論」，「妄圖使《新青年》編輯部遠離當時中國共產黨籌建活動的中心地——上海。他以為，一旦遷到北京，他就可以糾集黨羽，為所欲為，篡改《新青年》的方向，控制《新青年》雜誌」，「它的實質，是資產階級右翼跳出來分裂新文化運動的統一戰線，是爭奪新文化運動的陣地和領導權」云云。可是，以上史料顯示，這場討論是陳獨秀挑起的，而不是胡適；對於《新青年》八卷一號「色彩過於鮮明」的看法，並主張「稍改變內容」，也是陳獨秀首先提出的，胡適、李大釗和魯迅均表示了某種程度的同感，胡適建議把《新青年》移回北京辦，也為李大釗、魯迅等人所同意，並不是胡適要搞分裂。他們都贊成「學術思想藝文的氣息濃厚起來」。他們的小分歧僅僅在於：如果《新青年》雜誌移回北京或另辦一個類似的雜誌，有無必要發表一個「不談政治」的聲明？應該說，這絕構不成所謂的「衝突」。

這裡，我想發一些感想的是，我們的一些研究者，往往不是從史料出發，從事實出發，

從而得出科學的結論。他們往往從先入為主的觀念出發，從政治的偏見出發，隨意下結論。他們下結論的方式有兩種，一種虛構法，把不存在的衝突，加油添醋地虛構成了衝突；一種是歸類法，張冠李戴，只要把這個人定為對立面，那麼，一切壞的東西都往他頭上扣，反之，也成立。以上事實，都是證明。

當然，《新青年》時期，魯迅對胡適的認識也有模糊不清的感覺，我們看看下面的這段文字：

《新青年》每出一期，就開一次編輯會，商定下一期的稿件。其時最惹我注意的是陳獨秀和胡適之。假如將韜略比作一間倉庫吧，獨秀先生的是外面豎一面大旗，大書道：「內皆武器，來者小心！」但那門卻開著的，裡面有幾枝槍，幾把刀，一目了然，用不著提防。適之先生的是緊緊的關著門，門上粘一條小紙條道：「內無武器，請勿疑慮。」這自然可以是真的，但有些人——至少是我這樣的人——有時總不免要側著頭想一想。半農卻是令人不覺其有「武庫」的一個人，所以我佩服陳胡，卻親近半農。

到底有沒有武器呢？有什麼武器呢？心存疑慮。在魯迅的眼裡，胡適的透明度是不高的，雖然「佩服」，卻親近不起來了。

四

魯迅和胡適之間，還有一個關於「整理國故」的不同見解。

「整理國故」的口號，其實是新文化陣營首先提出的。當時北京大學舊派學生在封建舊文化維護者黃侃、劉師培等人支持下，成立了「國故社」，扯起了「昌明中國故有之學術」的旗幟，企圖以研究「國故」為名，行復古之實。面對這一情勢，由李大釗、陳獨秀、胡適和魯迅支持的北大進步學生組成的「新潮社」，針對「國故社」的倒行逆施，提出了「整理國故」的口號。新潮社成員毛子水首先發表《國故和科學的精神》一文，指出研究國故，必須用「科學的精神」對國故加以「整理」，反對「國故社」以封建思想「保存國粹」。這樣，就形成了新舊兩派關於研究國故的截然不同的兩種目的和方法，並開展了一場激烈的爭論。封建頑固派認為，「國故」即「國粹」，必須予以保存和發揚，不得做絲毫的變更。整理國故派則堅持要用科學的精神和方法，對「國故」進行整理，以剔除糟粕，保存精華。胡適是新潮社的支持者之一，在毛子水的文章發表以後，胡適就寫信給毛子水，談了自己對「整理國故」的看法。當毛子水發表第二篇文章《〈駁「新潮：國故和科學的精神」〉訂誤》，將胡適的來信《論國故學》附在該文後面。胡適的觀點是：整理國故實在很必要，應當用科學的方法去指導國故研究；研究學術史的人，應當用「為真理而求真理」的標準去批評各家的

學術。胡適在基本精神上與毛子水是一致的，在某些方面尚有發揮。可見，整理國故的口號並不是胡適首先提出來的，而且，最初它的內容也是正確的，是革新派對守舊派的一次鬥爭。

魯迅做為「新潮」的支持者，在「整理國故」口號提出之初，以及對「國故」和「新潮」兩社關於研究國故之事，沒有發表意見。我們知道，在理論上魯迅也並沒有完全否定「整理國故」的必要性，他曾明確指出：「中國要作家，要『文豪』，但也要真正的學究。」就實踐方面看，魯迅當時正潛心研究中國古典小說，並與胡適有密切的交往，出版了《中國小說史略》。在「整理國故」方面，他採用的是剔其糟粕，去粗取精的科學方法。因此，我們可以說魯迅是在實踐上支持了新潮社「整理國故」的主張的。

一九一九年七月，胡適發表了《多研究些問題，少談些「主義」》一文，站在資產階級的立場上，提倡知識份子應該「費心力去研究」「具體的」「實際問題的解決」，而不是從政治上探討用「如無政府主義、社會主義和布林達維克主義等等」來從根本上解決中國問題，胡適說這是「我既然無法避免談政治」而對政治問題的主張。（唐德剛譯注《胡適口述自傳》）提出「多研究一些問題，少談些主義」；同年十二月胡適又發表了《新思潮的意義》，提出「研究問題，輸入學理，整理國故，再造文明」。一九二三年在北京大學《國學季刊》的《發刊宣言》中，胡適更系統地宣傳了他的「整理國故」的主張。胡適勸青年「踱進研究室」，「整理國故」。他沒有區別從事學術研究的青年與一般的青年，泛泛而論，因而授人以柄，給戴上「企圖誘使知識份子和青年學生脫離現實的革命鬥爭」的帽子。在「整理國故」的問題上，胡適採用的是實驗主義的方法論。他提出的科學方法的一部分就是「求否定的例」，他認為「發明一個字的古義，與發現一顆恆星，都是一大功績」，危言聳聽，過份誇大了「整理國故」的社會意義。他向廣大青年大開「國學書目」，要求中學的國文課以四分之三的時間去讀古文，這客觀上對詆毀新文學的復古派起了支持作用。到了一九二五年，胡適走到了愛國學生的對立面，以進研究室「求學」為藉口，反對學生運動。他在《現代評論》第二卷第三十九期發表《愛國運動與求學》一文，認為「吶喊救不了國家」，要學生時代的青年「充份地利用學校的環境與設備來把自己鑄造成個東西」，「努力求發展，這便是你對國家應盡的責任，這便是你救國事業的預備功夫。國家的紛擾，外間的刺激，只應該增加你求學的熱心與興趣，而不應該引誘你跟著大家去吶喊」。

魯迅目睹許多封建舊文人大搞復古活動，不少無知青年陷進故紙堆裡，感觸良多，他認為再也不能保持沉默了。他先後寫了《所謂「國學」》、《以震其艱深》、《不懂的音譯》、《望勿「糾正」》、《未有天才之前》、《青年必讀書》、《春末閒談》、《讀書雜談》、《就是這麼一個意思》、《碎話》等一系列文章，尖銳指出「整理國故」內容和方向轉化帶來的

弊端。他在致友人的信中說：「前三、四年有一派思潮，毀了事情頗不少。學者多勸人蹿進研究室，文人說最好是搬入藝術之宮，直到現在都還不大出來，不知道他們在那裡面情形怎樣。這雖然是自己願意，但一大半也因新思想而仍中了『老法子』的計。」新思想中了「老法子」的計，這點出了「整理國故」之誤入歧途。接著，魯迅在《未有天才之前》對「老先生」和一般青年做了區別，指出了把「整理國故」當作旗子來號召的荒唐。他說：

自從新思潮來到中國以後，其實何嘗有力，而一群老頭子，還有少年，卻已喪魂失魄的來講國故了，他們說，「中國自有許多好東西，都不整理保存，倒去求新，正如放棄祖宗遺產一樣不肖」。抬出祖宗來說法，那自然是極威嚴的，然而我總不信在舊馬褂未曾洗淨疊好之前，便不能做一件新馬褂。就現狀而言，做事本來還隨各人的自便，老先生要整理國故，當然不妨去埋在南窗下讀死書，至於青年，卻自有他們的活學問和新藝術，各幹各事，也還沒有大妨害的，但若拿了這面旗子來號召，那就是要中國永遠與世界隔絕了。倘以為大家非此不可，那更是荒謬絕倫！我們和古董商人談天，他自然總稱讚他的古董如何好，然而他絕不痛罵畫家、農夫、工匠等類，說是忘記了祖宗：他實在比許多國學家聰明得遠。

此外，在《青年必讀書》中，魯迅認為「少看中國書，其結果不過不能作文而已。但現在的青年最要緊的是『行』，不是『言』。只要是活人，不能作文算什麼大不了的事」。魯迅總的思想是要青年關心時事，參加現實鬥爭，而不是閉門讀死書，死讀書。關於這方面的問題，我在魯迅與「瞎嘴」以及魯迅與陳西瀅諸文章中有介紹，這裡就不再重複了。

五

一九二二年五月，清朝末代皇帝溥儀召見胡適。胡適在《努力週報》第十二期（一九二二年七月）發表了《宣統與胡適》一文。其中說：「陽曆五月十七日清室宣統皇帝打電話來邀我進宮去談談。當時約定了五月三十日（陰曆端午前一日）去看他。三十日上午，他派了一個太監來我家中接我。我們從神武門進宮，在養心殿見著清帝，我對他行了鞠躬禮，他請我坐，我就坐了……他稱我『先生』，我稱他『皇上』。我們談的大概都是文學的事……他說他很贊成白話，他做舊詩，近來也試試做新詩。」

溥儀召見胡適這件事的當時，魯迅並沒有什麼評論。到了一九三一年底，蔣介石召見胡適等見諸報端時，魯迅才舊事重提，予以挖苦，「蔣召見胡適之丁文江」的報導，發表於當年十月十四日《申報》，云：「南京專電：丁文江，胡適，來京謁蔣，此來係奉蔣召，對大

局有所垂詢……」對此，魯迅在《知難行難》一文中寫道：

中國向來的老例，做皇帝做牢靠和做倒楣的時候，總要和文人學士扳一下子相好。做牢靠的時候是「偃武修文」，粉飾粉飾；做倒楣的時候是又以為他們真有「治國平天下」的大道……

當「宣統皇帝」遜位遜到坐得無聊的時候，我們的胡適之博士曾經盡過這樣的任務。見過以後，也奇怪，人們不知怎的先問他們怎樣的稱呼，博士曰：

「他叫我先生，我叫他皇上。」

那時似乎並不談什麼國家大計，因為這「皇上」後來不過做了幾首打油白話詩，終於無聊，而且還落得一個趕出金鑾殿。現在可要闊了，聽說想到東三省再去做皇帝呢！

溥儀要見見胡適，胡適就去了。今天看來，這算不得什麼了不起的大事。而當時，卻沸沸揚揚，議論紛紛，有的說「胡適為帝者師」，有的說「胡適請求免拜禮」等等，不一而足。為了弄清真相，胡適寫了上面提到的《宣統與胡適》一文。文中還寫道，他們談的大概都是文學的事。胡適還說：「這位十七歲的少年，處的境地很寂寞的，很可憐的！他在寂寞中，想尋找一個比較也可稱得是一個少年人來談談，這也是人情上很平常的事，不料中國人腦筋裡的帝王思想，還沒有洗刷乾淨，所以這樣本來很有人情味的事，到了新聞記者的筆下，便成了一條怪異的新聞了。」雖然胡適認為「這也是人情上的平常事」，但到後來的魯迅文章中，顯然可以看出，他對胡適稱溥儀「皇上」感到肉麻，所以用諷刺的口吻挖苦了胡適。其實，胡適的稱「皇上」，既不是要討好「皇上」，也不是保皇的一種表現，就像我們仍稱已經離任的某市長為「市長」一樣，這很大程度上是中國人的一種特殊的禮節。新中國成立後，毛澤東在中南海宴請溥儀，也說：「我們先前都是『皇上』的子民呀！」還說請「皇上」用這道菜之類的，這也僅僅是一種禮節，至多是戲謔，如此而已。前幾年，有人還引了胡適稱溥儀為「皇上」，罵胡適「賣身投靠」，這是無知又無聊的無稽之談。

魯迅之所以在胡適見溥儀的當時沒有提出非議，而到胡適與丁文江見了蔣介石以後再舊事重提，可見主旨是在見蔣，而不是見溥儀。魯迅有疑問，胡適見了蔣介石以後該怎麼稱呼呢？「現在沒有人問他怎樣的稱呼。」魯迅說：「為什麼呢？因為是知道的，這回是『我稱他主席……』！」為什麼魯迅知道他非稱「主席」不可呢？因為有「安徽大學校長劉文典教授，因為不稱『主席』而關了好多天」的先例。而劉文典與胡適是「老同鄉、舊同事，博士當然是知道的，所以，『我稱他主席』」！不過，我有費解之處了，蔣介石是「主席」，稱他「主席」，這能說明什嗎？他是「主席」，不稱他「主席」，又能說明什嗎？稱呼問題只是一個話頭，

問題的根本是胡適不該見蔣，見了蔣就是投靠了——言外之意大致是如此，此後人們也是這樣批判胡適的。古今中外，歷朝歷代，統治者都見過許多文化名人，被見的文化名人，是不是都是「賣身投靠」了呢？不能說沒有，也不能說都是，這個問題並不那麼簡單。毛澤東也見過他認為和他不屬於同一個階級的章士釗，但這又能說明什麼呢？

胡適是賣身投靠嗎？我認為，胡適是一個資產階級學者，他的政治理想是希望英美式的國家制度在中國得以實現。蔣介石為代表的國民政府，基本上是親美的資產階級政府（雖然它有相當濃厚的封建色彩）。因此，雖然國民黨政府有種種弊端，但他認為在當時條件下是「好政府」，在胡適心目中，國民黨政府是合法的。自然，蔣介石的領導地位也是合法的。與其說他投靠國民黨政府，還不如說他是忠誠於自己的政治理想。因此，他一生中都體現了一個美式教育培養出來的真正的自由主義者的矛盾。當當局與他的政治理想並不衝突的時候，他是支持當局的；當當局與他的政治理想發生矛盾時，他成了當局的「諍友」、「諍臣」。因此，西安事變時，他認為張學良「是毀壞國家民族的力量」，認為「蔣先生如果發生事故，中國要倒退二十年」！蔣介石兵敗大陸以後，胡適決定去美，並發表講話，聲稱「我要以我的道義力量，支持蔣介石先生的政府」。這是一方面。另一方面，胡適對共產黨也有同情；對國民黨政府是時有激烈抨擊的，有時，其激烈程度，也絕不在馬寅初等人之下。這樣的例子可以舉出一大串，我們略舉幾例。

胡適擁護國民黨政權，他支持國民黨統一全國，但主張用和平方式而不是武力。比如建立「民意機關」、「國會制度」等辦法來達到國家的統一。他說：「現在統一的最大障礙是在各地割據的局面之上絕沒有一個代表全國或全省人民的機關，所以割據分裂的趨勢無法挽回。挽救的方法只有在各割據防區之上建立全省民意機關……只有這一類的民意機關可以領導民眾在法律的軌道內逐漸造成制裁割據軍閥的勢力。」（21）顯然，胡適的話是書生之見，對牛彈琴，但這也可證明，他是反對軍閥混戰的，他把希望寄託在「民意與法制」上。為了國家的統一，他曾異想天開地寫了一篇文章，主張把東北讓給中國共產黨，由他們去試驗搞共產主義，試驗好後，再行推廣。據羅爾綱回憶說：「這篇論文他寫了一個通宵，曾拿給我看過，但不敢用，感到很為難。」胡適的這一思想和主張，在美國作家史沫特萊《中國的戰歌》一書的59頁上，也有反映。三〇年代初期，史沫特萊到北平，曾會見過胡適等人。她在書裡回憶說：在一次談話中，「有一位（指胡適）對我說，應該撥給共產主義者一個省去實驗他們的主張。如果證明切實可行，其他各省可以仿效」。由此可見，羅爾綱的回憶是確鑿不誤的。這大概是中國最早的「特區」理論吧！這樣的見解，是蔣介石斷然不可接受的，這正說明，胡適雖然擁護蔣介石，但仍保留著自己獨立的人格和見解，並不是盲從的。

胡適甚至與蔣介石發生過正面衝突。一九五八年四月十日，胡適出任「中央研究院」院長。就職典禮上，蔣介石和「副總統」陳誠都到了。蔣介石在「訓詞」中讚揚胡適「個人之高尚品德」，並號召「發揚『明禮義，知廉恥』之道德力量」。胡適當面反駁了蔣介石的這一提法。他說：「剛才總統對我個人的看法不免有點錯誤，至少，總統誇獎我的話是錯誤的。我們的任務，還不只是講公德私德，所謂忠信孝悌禮義廉恥，這不是中國文化所獨有的，所有一切高等文化，一切宗教，一切倫理學說，都是人類共同有的。總統年歲大了，他說話的份量不免過重了一點，我們要體諒他。我個人認為，我們學術界和中央研究院應做的工作，還是在學術上。我們要提倡學術。」（22）胡適侃侃而談時，蔣介石已怫然變色，聽眾也目瞪口呆。事後，有朋友規勸胡適，認為他當時的態度有些過份，胡適不接受。

一九五四年，當時臺灣要召開偽國民大會第二次會議，改選「總統」。蔣介石第二次推薦胡適為總統候選人。胡適表示，他是個有心臟病達十五年歷史的人，連人壽保險公司都不願意保他的壽命，怎能挑得起「總統」這副擔子?當有人問他如果真被提名甚至當選時將怎麼辦?胡適答覆道：「如果有人提名，我一定否認；如果當選，我宣佈無效。我是個自由主義者，我當然有不當總統的自由。」（23）胡適確實是這樣，是一個傾向國民黨的自由主義者。

六

魯迅「罵」胡適，還有一個重要內容，就是關於對日本入侵的態度問題，而所謂「征服中國民族的心」，這一直成為胡適「賣身投靠」的一條罪狀。

這究竟是怎麼一回事呢？

一九三三年三月十八日，胡適在北平對新聞記者的談話中說：日本「只有一個方法可以征服中國，即懸崖勒馬，徹底停止侵略中國，反過來征服中國民族的心」。（24）一九三三年三月二十二日《申報·北平通訊》。

此後，魯迅在多篇文章中，以此為根據，臭罵了胡適，說他為日本侵略者獻策。比如，一九三三年三月二十六日《申報·自由談》以「何家干」的筆名發表的《出賣靈魂的祕訣》（25）一文中說：「胡適博士不愧為日本帝國主義的軍師。但是，從中國小百姓方面說來，這卻是出賣靈魂的唯一祕訣。」此外，在《花邊文學》的《算帳》一文，《且介亭雜文》的《關於中國的兩三件事》一文，《且介亭雜文二集》的《田軍作〈八月的鄉村〉序》一文，都提到了「征服中國民族的心」的問題，魯迅給予了不留情面的抨擊。

那麼，胡適果真是日本帝國主義者的「軍師」嗎？胡適果真是不抗日的嗎？我以為，從胡適的言論，到實際的行動，都不是這麼回事。

其實，就是在一九三三年，胡適受當時長城抗日的五十九軍軍長傅作義之囑託，還為該軍戰死將士（有屍首）的公墓寫了碑文。傅作義在信中說：「我以最虔誠的敬意和悲痛的情懷請先生為犧牲在抗日戰役的將士們做一篇紀念碑文。」接著介紹了全軍將士奮勇上陣，頑強抗日的可歌可泣的英雄事蹟。並稱，先生文章久已欽仰，如蒙惠撰，刻之於石，一定更能激發國民的愛國心。胡適接到來信後，讀了傅作義對該軍將士英雄事蹟的介紹，十分受感動，於是用白話文寫了一篇千餘字的紀念碑文，並請錢玄同用楷書抄出。在這篇碑文裡，他比較詳細地敘述了國民黨軍隊於一九三三年三月至五月在華北長城一帶與日本侵略軍英勇作戰的經過：如宋哲元部隊在喜峰口的苦戰，如徐庭瑤、關麟徵、黃傑所率中央軍隊在南天門一帶十餘日的血戰，如傅作義所部第七軍團第五十九軍在懷柔一戰，與兩倍於我的敵軍交戰，敵軍雖有精銳武器裝備，但在我抗日部隊英勇頑強地阻擊下，他們也不能前進一步。胡適以飽滿的熱情歌頌了抗日將士的英雄事蹟，最後作詩以為紀念：

這裡長眠的是二百零三個中國好男子！他們把他們的生命獻給了他們的祖國。我們和我們的子孫來這裡憑弔敬禮的，要想想我們應該用什麼報答他們的血！

這些詩文，反映了胡適在外敵入侵的時候，還是表現了深切的愛國精神的。

全面抗戰以後，胡適先是以北京大學文學院長的身份到歐洲各國開展國民外交，宣傳中國人民團結抗戰的決心，並爭取各國政府與民眾的同情與支持。在三藩市，胡適做了題為《中國能戰勝嗎？》的演講，他說：「算盤要打最不如意的算盤，努力要做最大的努力。」以此來勉勵僑胞，並表示國內民眾團結抗日之決心和爭取勝利之信心。此外，在回答美國合眾社記者提問時說：「此次中日戰爭，已暴露日方兵力上之弱點。」說明了日本侵略軍並不可怕，他們最終是要失敗的。他又以《中國處在目前危機中對美國的期望》為題，發表演說。在這篇講稿中，他以第一次世界大戰為例，說那時美國也是採取中立立場，雖然同情英法，但絕不願捲入戰爭，其時間之長達三年之久。可是後來形勢轉變，逼迫美國不得不加入戰爭。歷史雄辯地說明，戰爭是不以人們的和平意願為轉移的。接著，胡適批評了綏靖主義。認為僅靠消極的綏靖主義而沒有建設性的和平政策後盾，絕不能保障列位希望的和平。胡適認為「第二次大戰中」，最後將「再一次地以戰爭來終止戰爭」。胡適大膽斷言，美國將會被黷武主義者逼迫而捲入這場戰爭。後來，美國被日本偷襲珍珠港事件而拖入了第二次世界大戰。胡適的話不幸而言中了。

不久，胡適出於「現在國家是戰時。戰時政府對我的徵調，我不能推辭」之考量，出任駐美大使。胡適任內，力疾從公，為國事奔走呼號，贏得國內外一片讚揚聲。日本政府是非

常注意胡適使美這件事的。當時代表日本輿論界的東京《日本評論》曾建議一對策，說：「日本需要派三個人一同使美，才可抵抗胡適。那三個人是鶴見祐輔、石井菊次郎、松崗洋右。鶴見是文學的，石井是經濟的，松崗則是雄辯的。」（26）

這樣一個胡適，會是要日本「來征服中國民族的心」的人嗎？我心存疑慮。我查了幾本胡適的傳記，比如，人民出版社出版的白吉庵著的《胡適傳》等，就沒有提到此事。魯迅是根據新聞記者採訪胡適的談話來判斷的。胡適有沒有說過這樣的話呢？現在沒辦法證明有，也沒辦法證明沒有。新聞記者的採訪錄之類往往是靠不住的，魯迅自己不是也說，關於他的報導、言論，也多極了嗎？他不是一概不予理睬嗎？魯迅不是也證明，他沒有對記者說過「我的兄弟是豬」，但記者卻登出來了嗎？退一步說，胡適即使說過類似的話，但也不能抓住一點，不及其餘；更不能只看一個人偶爾的言論，而不看實際的行動、做為。

七

一九三三年三月十五日，魯迅寫了後來被收入《偽自由書》的《「光明所到……」》一文，批評胡適為國民黨監獄塗脂抹粉的行為。魯迅認為：「中國監獄裡的拷打，是公然的祕密。上月裡，民權保障同盟曾經提起了這問題。」然而，胡適看過幾個監獄後，「很親愛的」

告訴記者，說「據他的慎重調查，實在不能得最輕微的證據……他們很容易和犯人談話，有一次胡適博士還能夠用英國話和他們會談。監獄的情形，他說，是不能滿意的，但是，雖然他們很自由的訴說待遇的惡劣侮辱，然而關於嚴刑拷打，他們卻連一點暗示也沒有」。魯迅畢竟是深知中國人的，胡適做為社會名流，來看監獄，監獄當然可以臨時穿上一件文明的外套，讓鑑賞者觀賞一番。中國弄權的奸人，要騙一兩個書呆子還不容易嗎？然而，胡適觀後，還在津津樂道什麼：「公開檢舉，是打倒黑暗政治的唯一武器，光明所到，黑暗自消。」對此，魯迅很尖銳地指出：「他就是『光明』，所以『光明』所到，『黑暗』就『自消』了。」魯迅進而問道：

> 但不知這位「光明」回府以後，監獄裡可從此也永遠允許別人用「英國話」和犯人會談否？
>
> 如果不准，那就是「光明一去，黑暗又來」了也。
>
> 而這位「光明」又因為大學和庚款委員會的事務忙，不能常跑到「黑暗」裡面去，在第二次「慎重調查」監獄之前，犯人們恐怕未必有「很自由的」再說「英國話」的幸福了吧。嗚呼，光明只跟著「光明」走，監獄裡的光明世界真是暫時得很！

胡適的著名的觀點是：「拿證據來。」我認為，如果胡適看到了嚴刑拷打的證據，他不會保持沉默的。他只是一個善良的被統治者愚弄的書生。不過，應該指出的是，他的言論客觀上為統治者監獄的黑暗抹上了一些亮色，從這一意義上說，他是有罪的。

一九三二年底，宋慶齡等人在上海發起組織了「中國民權保障同盟」，魯迅從一開始就加入了同盟並任上海分會執行委員。不久，北平等地也成立了分會，胡適被推舉為北平分會的主席。本來，胡適理應支持「中國民權同盟」的工作，保障民權。然而，由於他的立足點是把國民黨政府當作合法政權，所以他時不時站在當局一邊，為虎作倀，甚至攻擊「同盟」，具有一定的破壞性。一九三三年初，胡適認為同盟會上海分會轉給他的兩封檢舉信「純係捏造」，並借題於二月十九日在《獨立評論》第38期上發表《民權的保障》一文，為國民黨統治辯護。他提出「把民權保障的問題完全看作政治問題，而不肯看作法律問題，這是錯的」，聲稱要求釋放政治犯，「這不是保障民權」。他認為「一個政府要存在，自然不能不制裁一切推翻政府或反抗政府的行動」，換言之，「一個政府為了保衛它自己，應該允許它有權去對付那些威脅它本身生存的行為」。顯然，胡適是不把國民黨政府當作反動政府的。他持的是一種一鍋煮的無區別的政府論。

胡適的言論，引起社會的不滿。二月二十八日，宋慶齡、蔡元培為此電請胡適更正，「否則唯有自由出會，以全會章」。胡適不予理睬。三月三日，中國民權保障同盟會議議決將他開除出盟。對於胡適的言論，魯迅持蔑視態度，他在一九三三年六月十八日致曹聚仁的信中說：「我但於胡公適之之侃侃而談，有些不覺為之顏厚有忸怩耳。但是，如此公者，何代蔑有哉。」就在魯迅寫這一封信的上午，因積極參加同盟活動的楊杏佛被特務在上海暗殺，魯迅先是趕往出事地點，繼而又冒著生命危險毅然出席楊杏佛的入殮儀式。歸來後，魯迅心情沉重地寫下了《悼楊銓》：

豈有豪情似舊時，花開花落兩由之。
何期淚灑江南雨，又為斯民哭健兒。

當魯迅為楊杏佛遇害而伸張正義的時候，胡適對昔日的學生和朋友之死，始終未置一詞。

八

儘管魯迅與胡適有了以上種種分歧，儘管他們走上了不同的道路，但是，他們在很多問題上還是不謀而合的。朱正先生在《魯迅研究月刊》二〇〇二年第二期發表了《異中有同》一文，舉了很多例子說明兩人各自東西以後在思想觀點上仍然有很多的共同點。我們只舉一例。

一九三四年八月二十七日天津《大公報》發表社評《孔子誕辰紀念》，其中說：

最近二十年，世變彌烈，人欲橫流，功利思想如水趨壑，不特仁義之說為俗誹笑，即人禽之判亦幾以不明，民族的自尊心與自信力既已蕩然無存，不待外侮之來，國家固早已瀕於精神幻滅之域。

魯迅不能贊同這種意見。他在九月二十五日寫了一篇《中國人失掉自信力了嗎》（27），刊登在十月二十日出版的《太白》半月刊上，文章首先指出：如果說，「民族的自尊心與自信力既已蕩然無存」，就並不是這篇社評所說的「最近二十年」的事，早就如此了：

從公開的文字上看起來：兩年之前，我們總自誇著『地大物博』，是事實；不久就不再自誇了，只希望著國聯，也是事實；現在是既不誇自己，也不信國聯，改為一味求神拜佛，懷古傷今了——卻也是事實。

於是有人慨嘆曰：中國人失掉自信力了。

如果單據這一點現象而論，自信其實是早就失掉了的。先前信「地」，信「物」，後來信「國聯」，都沒有相信過「自己」。假使這也算一種「信」，那也只能說中國人曾經有過「他信力」，自從對國聯失望之後，便把這他信力都失掉了。

……

中國人現在是在發展著「自欺力」。

文章做到這裡，魯迅把筆鋒一轉：

我們有並不失掉自信力的中國人在。

我們從古以來，就有埋頭苦幹的人，有拼命硬幹的人，有為民請命的人，有捨身求法的人，……雖是等於為帝王將相作家譜的所謂「正史」，也往往掩不住他們的光耀，這就是中國的脊樑。

這一類的人們，就是現在也何嘗少呢？他們有確信，不自欺；他們在前仆後繼的戰鬥，不過一面總在被摧殘，被抹殺，消滅於黑暗中，不能為大家所知道罷了。說中國人失掉了自信力，用以指一部分人則可，倘若加於全體，那簡直是誣衊。

這篇文章成了魯迅的名作，被不斷選進學生課本，影響了一代又一代的中國人。他說得真好，正如他在一封信中所說的，中國「歷史上滿是血痕，卻竟支撐以至今日，其實是偉大的。」（28）要不是歷代都有這樣的「脊樑」，中國又怎麼能夠「支撐以至今日」呢？

胡適也不能贊同《大公報》的這篇社評。他在九月三日寫了一篇《寫在《孔子誕辰紀念》之後》，登在他自己編的《獨立評論》（九月九日出版的第一一七號）上，加以反駁。

首先，胡適也不同意社評中「最近二十年」這一說。他說：「《官場現形記》和《二十年目睹之怪現狀》描寫的社會政治情形，不是中國的實情嗎？是不是我們得把病情移前三十年呢？《品花寶鑑》以至《金瓶梅》描寫的也不是中國的社會政治嗎？這樣一來，又得挪上三五百年了。那些時代，孔子是年年祭的。《論語》、《孝經》、《大學》是村學兒童人人讀的，還有士大夫講理學的風氣哩！究竟那每年『洙水橋前，大成殿上，多士濟濟，肅穆趨蹌』（引者按：《大公報》這篇社評中語），曾何補於當時的慘酷的社會，貪污的政治？」（29）

胡適和魯迅從不同的角度反駁了這篇社評中「最近二十年」一說。在應該看到「中國的脊樑」這一點上，兩人卻並沒有什麼不同。胡適激昂地說：

> 我們談到古人的人格，往往想到岳飛、文天祥和晚明那些死在廷杖下或天牢裡的東林忠臣。我們何不想想這二、三十年中為了各種革命慷慨殺身的無數志士！那些年年有特別紀念日追悼的人們，我們姑且不論。我們試想想那些為排滿革命而死的許多志士，那些為民十五、六年的國民革命而死的無數青年，那些前兩年中在上海在長城一帶為抗日衛國而死的無數青年，那些為民十三以來的共產革命而死的無數青年，——他們慷慨獻身去經營的目標比起東林諸君子的目標來，其偉大真不可比例了。東林諸君子慷慨抗爭的是「紅丸」、「移官」、「妖書」等等米米小的問題；而這無數的革命青年慷慨獻身去工作的是

> 全民族的解放，整個國家的自由平等，或他們所夢想的全人類社會的自由平等。我們想到了這二十年中為一個主義而從容殺身的無數青年，我們想起了這無數個「殺身成仁」的中國青年，我們不能不低下頭來向他們致最深的敬禮；我們不能不頌讚這「最近二十年」是中國史上一個精神人格最崇高、民族自信心最堅強的時代。他們把他們的生命都獻給了他們的國家和他們的主義，天下還有比這更大的信心嗎？（30）

朱正在他的文章結尾說：「在魯迅的晚年，在政治立場上和胡適可以說是處於對立的地位，可是人們也看見了異中有同。看人看事不宜簡單化，這可以算是一例。」

九

魯迅逝世後，胡適多次談到魯迅。這些評論，不可避免地帶上了某種政治偏見，即便這樣，也還有一些客觀的內容。

一九三六年十一月，蘇雪林致函胡適，針對「新文化產業，被左派巧取豪奪」，「今日之域中，已成為『普羅文化』之天下」的情況，也針對「魯迅死後，左派利用之為偶像，極力宣傳，準備將這個左翼巨頭的印象，深深打入青年腦筋，刺激國人對共產主義之注意，以為醞釀反動勢力之地」的情況，請求胡適站出來做所謂「取締『魯迅宗教』」的工作。蘇雪

林在同一封信中，還謾罵魯迅為「假左派」，是「一個刻毒殘酷的刀筆吏，陰險無比，人格卑污又無恥的小人」。（31）胡適接讀書信後回答蘇氏說：「我很同情於妳的憤慨，但我以為不必攻擊其私人行為。魯迅狺狺攻擊我們，其實何損於我們一絲一毫？他已死了，我們盡可以撇開一切小節不談，專討論他的思想究竟有些什麼，究竟經過幾度變遷，究竟他信仰的是什麼，否定的是什麼，有些什麼是有價值的，有些什麼是無價值的。如此批評，一定可以發生效果。」（32）這裡，胡適首先是把魯迅當作對立面的；其次，即使針對魯迅這樣的對立面，他也認為應該不糾纏小節，要大處著眼，具體問題具體對待。在同一封信中，胡適又說：「凡論一人，總須持平。愛而知其惡，惡而知其美，方是持平。魯迅自有他的長處。如他早年的文學作品，如他的小說史研究，皆是上等工作……說魯迅抄鹽谷溫，真是萬分的冤枉。鹽谷一案，我們應該為魯迅洗刷明白……如此立論，然後能使敵黨俯首心服。」胡適的目的，是為了「使敵黨俯首心服」，但他事實上否認了蘇雪林那種粗暴卑劣的做法，在反魯迅的勢力甚囂塵上的情況下，客觀上一定程度的維護了魯迅。

胡適到了臺灣以後，一九五八年五月在臺北中國文藝協會做了一次題為《中國文藝復興運動》（33）的演講。他仍然肯定魯迅在「新青年」時代「是個健將，是個大將」，他還認為魯迅、周作人翻譯的《域外小說集》「翻得實在比林琴南的小說集翻得好，是古文翻小說中最了不得的好。」不過，他鋪墊一番以後，接著罵了魯迅：「但是，魯迅先生不到晚年——魯迅先生的毛病喜歡人家捧他，我們這般『新青年』沒有了，不行了；他要去趕熱鬧，慢慢走上變質的路子。」什麼叫做「變質」呢？就是和共產黨搞在一起，參加了「左聯」。胡適認為，魯迅加入了「左聯」，也是不自由的。他說：「那時共產黨盡量歡迎這批作家進去，但是共產黨又不放心，因為共產黨不許文藝作家有創作自由。所以那時候監視他們的人——左翼作家的監視者，就是周起應，現在叫周揚，他就是在上海監視魯迅這批作家的。」很明顯，站在臺灣島上，是很難對魯迅有公正的評價的。在同一演講中，胡適還談了所謂蕭軍加入共產黨的事，他說：

到抗戰時期前幾年，所謂左翼作家同盟組織起來了，那時共產黨盡量歡迎這批作家進去，但是共產黨又不放心，因為共產黨不許文藝作家有創作自由。所以那時候監視他們的人——左翼作家的監視者，就是周起應，現在叫周揚，他就是在上海監視魯迅這批作家的。

諸位如果有機會，我希望有一本書在自由中國可以得到，是值得看看的。這本書在抗戰初期出版，是魯迅死後，他的太太把魯迅寫給各朋友的信搜集起來，叫《魯迅書簡集》；這本書裡面有幾封信值得看看，特別是他寫給胡風的四封信，其中有一封就是魯迅死之前不到一年寫的，是一九三五年（他是一九三六年死的），這封信胡風問他三郎（不知是誰，

大概是蕭軍）應該不應該加入黨（共產黨）？他說：「這個問題我可以毫不遲疑地答覆你，不要加入！現在在文藝作家當中，凡是在黨外的都還有一點自由，都還有點創作來，一到了黨裡去就『醬』在種種小問題爭論裡面，永遠不能創做了，就『醬』死了！」「醬」在裡面去，這個字用得好極了。底下更值得讀了，他說：「至於我呢，說來話長，不必說了吧。」他說：「我總感覺得我鎖在一條鍊子上，鎖在一條鐵鍊上，背後有一個人拿著皮鞭打我，我的工作越努力打得越厲害。」這一段話裡，打他的就是現在在大陸搞文藝的周揚——那個時候的周起應。

魯迅會勸蕭軍不要加入共產黨？我查了一下一九三五年九月十二日致胡風的信，魯迅的原話是這樣的：

三郎（按：即蕭軍）的事情，我幾乎可以無須思索，說出我的意見來，是：現在不必進去（按：這不等於說，以後也不要進去）。最初的事，說起來話長了，不論它；就是近幾年，我覺得還是在周邊的人們裡，出幾個新作家，有一些新鮮的成績，一到裡面去，即醬在無聊的糾紛中，無聲無息。以我自己而論，總覺得縛了一條鐵索，有一個工頭在背後用鞭子打我，無論我怎樣起勁的做，也是打，而我回頭去問自己的錯處時，他卻拱手客氣的說，我做得好極了，他和我感情好極了，今天天氣哈哈哈……真常常令我手足無措，我不敢對別人說關於我們的話，對於外國人，我避而不談，不得已時，就撒謊。你看這是怎樣的苦境？

通觀全信，我們可以看到，這裡談的是蕭軍是否加入「左聯」而不是共產黨的事。胡適一向治學嚴謹的，他的這一回談魯迅，與其說是用學術的觀點看問題，不如說是用政治的觀點看問題。政治的偏見，使胡適這樣的大學者也鬧了一個大笑話。這說明，一個人倘若戴上了有色眼鏡，就難免會出現甚至是常識性的偏差——嚴肅、謹慎如胡適者，尚且不能例外，更遑論其他？

十

晚年對胡適打擊最大的是震撼臺灣島的「雷震案」。雷震是胡適的好朋友，兩人曾共同創辦了《自由中國》雜誌。由於《自由中國》雜誌屢次冒犯最高當局的統治，引起了蔣介石的忌恨。一九六〇年九月四日，臺灣警備總司令部以「叛亂」罪名逮捕了雷震和《自由中國》部分工作人員，對他們嚴刑逼供，《自由中國》也被迫停刊。不久，臺灣軍事法庭又判處雷震十年徒刑。胡適又震驚又氣憤，他找蔣介石求情，蔣介石王顧左右，不予理睬。胡適無可奈何，

連呼：「大失望，大失望。」胡適本來就有嚴重的心臟病，「雷震案」的刺激使他舊病復發，被急送醫院打針、輸氧，總算死裡逃生，但他的身體卻大不如前，一下子竟好像老了二十歲。

胡適樹大招風，舉手投足都引人注目，再加上他心裡有話憋不住，講話常常偏激，就給反對他的人以口實。一九六〇年十一月六日，美國國際開發總署主辦的「亞東區科學教育會議」在臺北召開，胡適推辭不過，帶病做了二十五分鐘的演講。他又重彈老調，貶低中國古文明，力主向西方現代文明看齊。遭到攻訐與圍剿，甚至到了人身攻擊和謾罵的地步。胡適已是古稀之年的老人了，如何承受得住這種波折，他又病倒了。不得不住院治療，連他七十一歲的生日，也是在病床上度過的。

一九六二年六月二十四日，剛出院不久的胡適在蔡元培館主持了中央研究院第五次院士會議，選出七位新院士。胡適這天頗為高興，這次到會的院士較多，許多是特意從國外趕回來的，一方面參加會議，另一方面也為了看看他。另外，新老院士中也有不少是他昔日的學生。中午胡適與院士們共進午餐，回到寓所時，已是兩點半鐘。他給自己把了下脈，一分鐘八十下，一切正常，便上床休息，準備參加下午五點歡迎院士的酒會。本來，這天會前醫院出於對胡適身體狀況考慮，曾打算派醫護人員陪同左右，但胡適不同意，說：「今天的會是喜事，他們一來，像是要辦喪事。」不幸這話竟被胡適言中了。

四點剛過，胡適就待不住了，他催促祕書說：「今天我是主人，我們應該早點上山去。」到了山上的蔡元培館，已有一百多位來賓聚集在那裡，大家發現胡適來了，都熱情地鼓掌致意，幾位活躍的新聞記者，還拉著胡適合影留念。下午五時，酒會開始。胡適興致勃勃地走到麥克風前，致開幕詞。他幽默而風趣地說：自己對物理學一竅不通，但卻有幾位世界聞名的物理學家是他的學生，至於楊振寧、李政道等人，則是他學生的學生了，真是桃李滿天下啊，這是他平生最得意、最自豪的事。

過了一會兒，胡適想起臨行前太太反覆叮囑他少講話，忙說：「今天因為太太沒有來，我多說了幾句話，下面，請李濟講話。」李濟是位考古學家，在胡適來臺灣前曾主持過中央研究院工作。他的講話有些悲觀，他說臺灣的科學設備都是進口的，有成績的學生最後都要出國，我們自己有什麼拿得出手的東西呢？他還提到了胡適因為那次演講而遭受圍攻的事，感慨臺灣缺乏科學研究的環境。

舊事重提，勾起了胡適的痛楚。剛才還談笑風生的他，臉色一下子陰鬱下來，一時似乎喘不過氣來。祕書見狀不妙，忙示意他不必介意。胡適擺擺手，衝著話筒生氣地說：「我去年講了二十五分鐘的話，引起『圍剿』，不要去管它，那是小事體，小事體。我挨了四十年的罵，從來不生氣，並且歡迎之至……」胡適講到這裡，聲調很激動，他忽然感到心臟不適，急忙煞

住話頭：「好了，好了，今天我們就說到這裡，大家再喝點酒，再吃點點心吧，謝謝大家。」

這時正是六點半，賓客們陸續開始散去。胡適還站在剛才講話的地方，含著笑容和客人們握手告別。只見他正要轉身和誰說話，突然臉色蒼白，身體晃了一晃，仰面向後倒下，旁邊的人趕緊伸手攙扶，已經晚了。他先是腦袋磕到桌沿上，又重重地摔在水磨石地上。人們趕忙就地急救，給他做人工呼吸，打強心針，可是他的心臟已停止了跳動。一代哲人就這樣溘然長逝了，在場者無不悲慟落淚。

胡適去世後，人們整理遺物發現，除了書籍、手稿外，餘款只有一百五十三美元。

在眾多的輓胡適聯中，有一副道出了胡適一生的尷尬：

孟真死於鬧，今公死於𠾷，
在縱多才，何堪如此？
共黨既罵之，國人又罵之，
容身無片土，天乎痛哉！

共產黨罵胡適「賣身投靠」國民黨，胡適不懂「中國特色」，卻以美國的標準去向國民黨要自由，結果是挨罵半個世紀，恓恓惶惶，如喪家之犬。胡適是獨立的，彼也不容，此也不容。

在這裡，我想介紹一下魯迅的葬禮，是為了與胡適做一比較。魯迅逝世時，遺體著白色紡綢衫褲，咖啡色薄棉袍襖，白襪黑鞋，外裹咖啡色之棉衾，上覆緋色面子湖色夾裡之彩繡棉被。棺為宋慶齡贈，深紅色，楠木，西式，四周有銅環，上加內蓋，半為玻璃，露出頭部，任人瞻仰。四天中，瞻仰遺容者絡繹不絕，簽名的有：個人九千四百七十人；團體一百五十六個。未簽名者不計其數。扶柩上車的有巴金、歐陽山、張天翼等十幾位青年作家，執紼者六千餘人，送葬者數萬人。半路上，自發加入送殯群眾無以計數，隊伍足足有二里多長！

到達墓地後，由蔡元培、沈鈞儒、宋慶齡、內山完造等人做了安葬演說。由上海民眾代表獻「民族魂」白地黑字旗一面，覆於棺上，抬棺徐徐入穴。

魯迅去世後，毛澤東給予了極高的評價，認為「魯迅是中國文化革命的主將，他不但是偉大的文學家，而且是偉大的思想家和偉大的革命家。魯迅的骨頭是最硬的，他沒有絲毫的奴顏和媚骨，這是殖民地半殖民地人民最可寶貴的性格」（34）。

胡適的葬禮也熱鬧非凡。

胡適遺體著藍色長袍和黑馬褂，腳著布壽鞋。棺木上，覆蓋的是北大校旗。據說，他出喪那天，有一百餘個團體參加公祭，自發送殯者多達三十萬人。不少商店停業，工廠停工，

學校停課；從離墓地兩公里外開始，沿途居民家家燃香，戶戶路祭。自一九三六年魯迅去世之後，沒有其他文化人享受過這種殊榮。蔣介石的《輓胡適與胡適墓園題詞》是：

新文化舊道德的楷模
舊倫理新思想的師表
德學俱隆

＊＊＊

(1)《魯迅全集．南腔北調集》。
(2)《魯迅全集．三閒集》。
(3)《魯迅全集．集外集．序言》。
(4)(7)(8)(9)《胡適來往書信選（上冊）》，中華書局一九七九年版。
(5)《胡適演講集（一）》，臺北遠流出版公司出版。
(6)胡適：《白話文學史．自序》，團結出版社二〇〇五年十二月版。
(10)《中國現代出版史料甲編》，中華書局一九五四年十二月版。
參見胡適一九二一年一月二十二日致李大釗等人的信後面有關收信人的批語，收入《中國現代出版史料甲編》，中華書局一九五四年十二月版。

《魯迅全集·且介亭雜文·憶劉半農君》。

《魯迅全集·准風月談·我們怎樣教育兒童的》。

唐德剛譯注：《胡適口述自傳》，安徽教育出版社二〇〇五年五月版。

《魯迅全集·華蓋集·通訊》。

《魯迅全集·墳》。

《魯迅全集·二心集》。

轉引自白吉庵：《胡適傳》第377頁—378頁，人民出版社一九九三年版。

(21) 胡適：《統一的路》，《獨立評論》二十八號。

(22) 根據胡適祕書王志維與陳漱渝的談話和胡適祕書胡頌平當時的記錄。

(23) 一九五四年二月十九日臺灣《中央日報》。

(24) 一九三三年三月二十二日《申報·北平通訊》。

(25) 此文乃瞿秋白所作，用魯迅的筆名發表，後來魯迅將其收入《偽自由書》。

(26) 桓武：《胡適與外交戰》，《東南日報》一九三八年十月十二日。

(27) 《魯迅全集·且介亭雜文》。

(28)《魯迅全集》第十三卷，第683頁。

(29)《胡適文集》第五冊，北京大學出版社版，第409頁。

(30)《胡適文集》第五冊，北京大學出版社版，第413頁。

(31)(32)《胡適來往書信選（中冊）》，中華書局一九七九年版。

(33)《胡適哲學思想資料選（上）》第551－552頁，華東師範大學出版社。

(34)毛澤東：《新民主主義論》。

各自東西

——魯迅與周作人

一

周作人（一八八五—一九六七），散文家、文學翻譯家。原名周櫆壽，後改名遐壽，字啟孟、啟明等，號知堂。浙江紹興人。魯迅之弟。早年致力於外國文學作品的翻譯和介紹，曾與魯迅合譯《域外小說集》、《現代小說譯叢》等。五四時期，參加新文化運動，發表《人的文學》、《平民文學》等文章，反對儒家思想，提倡以人道主義為本的人的文學，並嚮往於當時流行在日本的所謂「理想主義」的新村運動。一九二〇年底參與籌組文學研究會，起草了《文學研究會宣言》，宣導為人生而藝術的現實主義文學。一九二一年後寫了許多針砭時弊、批判封建文化的散文，文筆樸素流暢，舒徐自如，略帶幽默和輕鬆，對五四以來的散文創作有較大影響。所做散文後結集為《自己的園地》、《雨天的書》、《談龍集》、《談虎集》等。一九二七年後逐漸逃避現實，提倡寫作表現性靈、情趣的閒適小品文。一九三七抗戰爆發後，留居北平，在日本侵略者統治下的華北任北京大學圖書館館長、北京大學文學院院長，

後又任偽華北教育總署督辦、南京汪精衛政府國府委員、日偽華北綜合調查研究所副理事長。抗戰勝利後，以漢奸罪被國民黨政府逮捕，監禁在南京。一九四九年一月被保釋出獄。新中國成立後居家從事翻譯與寫作，先後譯了一些希臘、日本的神話故事和文學作品，並寫做出版了一些有關魯迅家庭及少年時代生活和文學創作的資料。此外，還寫有《知堂回想錄》等。

魯迅與周作人，兄弟間曾有怡怡之情的。有一段時間，他們曾同在南京和日本求學，離鄉背井，也算相依為命。他們曾共同創辦刊物，一起翻譯《域外小說集》，「協同作戰」。魯迅從日本回國後，教書供給周作人在日本學習。那時周作人已經結婚，光憑一點公費，無論如何是不夠用的，所以魯迅在《魯迅自傳》(1)上說：「終於，因為我的母親和幾個別的人很希望我有經濟上的幫助，我便回到中國來。」這裡「幾個別的人」就是指周作人夫婦。到了五四時期，他們都成為《新青年》的幹將，成為新文化運動的先行者，成了讓文壇刮目相看的「周氏兄弟」。他們兄弟還曾約定，一家人都住在一起，經濟合併，一起孝敬年輕時就守寡的母親，永不分離。

然而，這樣一對讓人羨慕的兄弟，卻在一九二三年失和，甚至於決裂了。

魯迅的母親對許欽文的四妹許羨蘇說過一段話：「龍師父給魯迅取了個法名——長庚，原是星名，紹興叫『黃昏肖』。周作人叫啟明，也是星名，叫『五更肖』，兩星永不相見。」從此，

也正如陳漱渝所比喻的「東有啟明，西有長庚」，「兩星永不相見」了。(2)

二

查魯迅與周作人的日記，直到「失和」前夕，他們兄弟的感情都極為融洽。一九二三年七月三日，周作人還與魯迅同至東安市場，又至東交民巷書店，又至山本照相館，買雲岡石窟佛像寫真十四枚，又正定本佛像寫真三枚，共六元八角錢。

我們不妨閉了眼睛做一番想像，都已是成年人的兩個兄弟，還像童年時那樣，出雙入對，這是一幅怎樣的美妙影像！

可是，到了七月十四日，魯迅日記中突然出現了這樣的文字：「是夜始改在自室吃飯，自具一餚，此可記也。」雖然周作人的日記中無一字談及此事，但這畢竟是失和事件的最早紀錄。

七月十七日，周作人日記記載：「陰。上午池上來診。下午寄喬風函件，焦菊隱、王懋廷二君函。」周作人承認，這則日記原來大約還有十個字涉及他與魯迅矛盾的內容，但被他「用剪刀剪去了原來所寫的字」。(3) 但「池上來診」卻頗值得注意：池上是常來八道灣看病的日本醫生，周作人之妻羽太信子有癔病；據俞芳回憶，魯太夫人曾對她說：「信子患有一種很奇怪的病：每當她身體不適、情緒不好或遇到不順心的事，就要發作，先是大哭，接著就昏

厥過去。」(4)

這一天，信子是否舊病復發呢？是否因病發而導致了什麼事情的發生呢？我就不得而知了。

七月十九日周作人親自送一封信給魯迅，全文是——

魯迅先生：我昨日才知道，——但過去的事不必再說了。我不是基督徒，卻幸而尚能擔受得起，也不想責難，——大家都是可憐的人間，我以前的薔薇的夢原來都是虛幻，現在所見的或者才是真的人生。我想訂正我的思想，重新入新的生活。以後請不要到後邊院子裡來，沒有別的話。願你安心，自重。

七月十八日，作人。

「我以前的薔薇的夢原來都是虛幻」，這似乎是痛苦青年的詞句，不像喝苦茶者周作人的言語，這是否因為衝動而難以擇句？魯迅日記中記下了這件事：「上午啟孟自持信來，後邀欲問之，不至。」一個事件的發生，總要聽了兩方面的敘說，才好下結論，做決定，魯迅想問一問他，究竟這是為什麼呢？他竟「不至」。決然可謂決然，也體現了周作人的書生意氣。

八月二日，「下午攜婦遷居磚塔胡同六十一號」，魯迅日記中寫道。魯迅終於離開了兄弟朝夕相處的八道灣了。

一九一九年二月，魯迅賣掉紹興祖居老宅，將全家遷往北平。這之前，周作人見大哥忙於搬家，便向北平的學校請了幾個月的假，帶著太太羽太信子和孩子到日本探親去了。搬家的一切事務自然都落到魯迅的身上。這可以理解，在一個家庭裡，父親不在了，長兄如父。一般長子總是要承擔更多的家庭責任。在兄長的庇蔭下，老二、老三們多少會嬌慣些的。這是常情。魯迅從找房子到買下八道灣，尋工匠整修房屋和水道，購置家具雜物等等，足足忙碌了九個月。周作人於八月間帶著妻兒和小舅子羽太重久優哉遊哉從日本返回北平了。那時八道灣尚未完工，魯迅無奈，只得臨時安排他們住在一家姓王的人家裡，直到十一月下旬才搬進八道灣。

現在，魯迅卻被掃地出門了。看著兄嫂別母而去，當年，周作人的心中是什麼滋味呢？也只有他知道了。

魯迅在磚塔胡同借住一些日子後，於一九二四年五月二十五日搬進了買定的阜成門內西三條胡同二十一號，即現在北京的魯迅博物館。

八月二日後，接著是一段沉默。有了新屋後，魯迅來搬取放在公用書房裡的書籍什器，不料周作人夫婦卻大打出手。一九二四年六月十一日《魯迅日記》記載：「……下午往八道灣宅取書及什器，比進西廂，啟孟及其妻突出罵詈毆打，又以電話招重久及張鳳舉、徐耀辰來，其

妻向之述我罪狀，多穢語，凡捏造未圓處，則啟孟救正之。然後取書、器而出。」對於這場武打，當時的目擊者川島後來在《弟與兄》(5)一文中回憶道：

> 這回「往八道灣宅取書及什器」，是魯迅先生於一九二三年八月二日遷出後的第一次也是末一次回到舊居去。其時，我正住在八道灣宅的外院（前後共有三個院子）魯迅先生曾經住過的房子裡。就在那一日的午後我快要去上班的當兒，看見魯迅先生來了，走進我家小院的廚房，拿起一個洋鐵水杓，從水缸中舀起涼水來喝，我要請他進屋來喝茶，他就說：「𠢕惹禍，管自己！」喝了水就獨自到裡院去了。過了一會，從裡院傳出一聲周作人的罵聲來，我便走到裡院西廂房去。屋裡西北牆角的三角架上，原放著一個尺把高的獅形銅香爐，周作人正拿起來要砸去，我把它搶下了，勸周作人回到後院的住房後，我也回到外院自己的住所來，聽得信子正在打電話，是打給張、徐二位的。是求援呢還是要他們來評理？我就說不清了。

書生氣十足的周作人，竟也如此這般，與沒有文化的巷井青年，並無二樣，可謂斯文掃地，大煞風景！《中國的叛徒與隱士周作人》一書的作者倪墨炎在談及此事時，曾發了一通感慨：「周作人呵，你可還記得魯迅贈你的『何事脊令偏傲我』那樣的詩句？你可還記得為了支援你和信子在日本的生活，魯迅先行回國工作？你可還記得魯迅孤零地一人在北京工作而不斷地給你和你在日本的岳母一家寄錢？你可還記得全家住進八道灣時，魯迅讓你住朝南向陽的正屋，而他自己住在大門口的朝北小屋裡？你可還記得你生病時，魯迅往來於醫院，後來又風塵僕僕奔走在香山道上，而且背了一身債？……周作人，你真昏呵！」所謂「昏」，乃是魯迅事後對周作人的評價。

何滿子說：「人們愛說周作人是半個叛徒半個隱士，周作人也蓄意給自己製造這樣的形象。其實，此人的叛徒性格，在與兄長魯迅反目一事上就已充份暴露了。魯迅先生是這樣的友情於篤，以長兄為父的愛心呵護他，可謂仁至義盡，這孽畜兄弟，在兄長培護下羽毛既豐，就以謠諑之詞為由狠心叛棄了兄長。這樣絕對利己的人，自然也可以叛賣民族，他當漢奸一點也不奇怪。」(6)

魯迅的愛心呵護，周作人也許不記得了，也許記得，即使記得吧，他也不會認錯的。周作人是這樣一種人，一條道走到黑。他淪為漢奸，抗戰勝利後南京高等法院對他的判決，他是不服的。新中國成立後，他上書周恩來，找出了種種理由為自己的漢奸行為開脫。周作人是固執的，他的思維方式是：錯，自己也錯得有理。

次日，周作人寫了一篇《「破腳骨」》的短文，請川島看。據川島說，這篇文章是針對

魯迅的。在文章中，他暗示魯迅是個「無賴子」，並做了一連串的「考證」：「破腳骨官話曰無賴曰光棍，古語曰潑皮曰破落戶，上海曰流氓，南京曰流屍曰青皮，日本曰歌羅支其，英國曰羅格……；《英漢字典》中確將『流氓』這字釋作劫掠者、盜賊等等也。」這裡近乎詛咒了，足見他心中怨恨之深！

三

那麼，魯迅究竟為什麼「被八道灣趕出」（魯迅語）呢？魯迅生前不說，周作人也不說，這已是一個永遠解不開的謎了。

雖然如此，還是有一些蛛絲馬跡可供參考的。歸納起來，一是魯迅對周作人的太太羽太信子失敬問題；二是經濟問題——經濟問題也是與信子關聯的。

許壽裳在《亡友魯迅印象記》(7)中說：「作人的妻羽太信子是有歇斯底里性的。她對於魯迅，外貌恭順，內懷忮忌。作人則心地糊塗，輕信婦人之言，不加體察。我雖竭力解釋開導，竟無效果。致魯迅不得已移居外客廳而他總不覺悟；魯迅遣工役傳言來談，他又不出來；於是魯迅又搬出而至磚塔胡同。從此兩人不和，成為參商，一變從前『兄弟怡怡』的情態。」

同為魯迅、周作人朋友的郁達夫在《回憶魯迅》(8)中說：「據鳳舉他們的判斷，以為他們兄弟間的不睦，完全是兩人的誤解，周作人氏的那位日本夫人，甚至說魯迅對她有失敬之處。但魯迅有時候對我說：『我對啟明，總老規勸他的，教他用錢應該節省一點，我們不得不想想將來。他對於經濟，總是進一個花一個的，尤其是那位夫人。』從這些地方，會合起來，大約他們反目的真因，也可以猜度到一二成了。」

當時與魯迅、周作人雙方都有密切交往的川島曾對魯迅博物館的工作人員說：「……事情的起因可能是，周作人老婆造謠說魯迅調戲她。周作人老婆對我還說過：魯迅在他們的臥室窗下聽窗。這是根本不可能的事，因為窗前種滿了鮮花。」（魯迅的母親也說過類似的話，她認為魯迅在周作人的窗下「聽窗」，是客觀上不可能的事。）說到魯迅與周作人關係緊張的原因時，川島則說：「主要是經濟問題。她（羽太信子）揮霍得不痛快。」(9)

關於「聽窗」或「偷窺」，袁良駿先生在《「二周失和」與現代文壇》(10)一文中是這樣分析的：

所謂偷看羽太洗澡（即所謂「窺浴」），實際上不太可能。周宅後院並非僅有作人夫婦，還住有二周的母親魯瑞和魯迅的夫人朱安。假如說作人要每日外出上班，此婆媳二人卻是很少離宅的「常駐戶口」。試想，魯迅怎有機會和可能去偷看自己的弟媳洗澡呢？再看魯迅的為人。當時魯迅在舊教育部任僉事，主管通俗教育、美育等事。在同事中，他被

目為怪人。他一不爭權奪利，二不趨炎附勢，三不拉幫結夥，四不貪戀女色。人們都知道他與太太關係不好，常年獨居，但逛窯子、「拉條子」的事兒他從來不幹。而這種事，在當時司空見慣，不僅是舊官僚們的家常便飯，也是舊文人們的風流韻事。既然如此，魯迅何必棄此不顧，卻甘冒家庭之大不韙，去偷看什麼弟媳洗澡呢？即使如某些日人所說，魯迅當時犯有「性飢渴」，偷看洗澡又能解什麼「飢渴」呢？與其這樣冒險而不濟事，又何不大模大樣地去逛窯子、拉皮條呢？所以，「窺浴」之說根本經不起推敲，無法成立。據章川島先生晚年對筆者講，這是羽太故意造的謠，目的是敗壞魯迅，將魯迅趕出八道灣。他還說，別說魯迅根本不可能到後院看羽太洗澡，除了給母親請安，後院他幾乎不去。他一回家，就在自己屋裡看書、寫文章、接待朋友或青年學生。羽太這樣造遙，實在太卑劣，魯迅先生絕不是這種人。但是，作人懼內，羽太一鬧，他就信了，而且不惜和恩重如山的兄長絕交，太糊塗了。

袁良駿已經分析得十分透徹，在情在理。

周海嬰在《魯迅與我七十年》中，對魯迅的「窺探」問題，提出了自己的看法，不失為一家之言：

對於這段歷史，某些魯迅研究者的推測，是他看了一眼弟婦沐浴，才導致兄弟失和的……至於情況究竟如何，我這個小輩當然是沒有發言權的。

不過，我以二十世紀九〇年代的理念分析，卻有自己的看法，這裡不妨一談。我以為，父親與周作人在東京求學的那個年代，日本的習俗，一般家庭沐浴，男子女子進進出出，相互都不迴避。即是說，我們中國傳統道德觀念中的所謂「男女大防」，在日本並不那麼在乎。直到臨近世紀末這風俗似乎還保持著，以致連我這樣年齡的人也曾親眼目睹過。那是七〇年代，我去日本訪問，有一回上廁所，看見裡面有女工在打掃，她對男士進來小解並不迴避。我反倒不好意思，找到一間有門的馬桶去方便。據上所述，再聯繫當時周氏兄弟同住一院，相互出入對方的住處原是尋常事，在這種情況之下，偶有所見什麼還值得大驚小怪嗎？退一步說，若父親存心要窺視，也毋需踏在花草雜陳的「窗臺外」吧？有讀者也許會問，你怎可如此議論父輩的這種事？我是講科學、講唯物的，不想帶著感情去談論一件有關父親名譽的事，我不為長者諱。但我倒認為據此可弄清楚他們兄弟之間「失和」的真實緣由。以上所見，也算是一家之言吧！

這裡，首先可以明確的是，周氏兄弟失和乃家庭內部糾紛，而非政治、思想等方面的分歧引起的。我們以上所引文字，說話者本身都已講明，魯迅的所謂「失敬」是子虛烏有的，

因此，無須贅言。

再一個是經濟問題。倪墨炎為周氏兄弟的經濟情況算了一筆帳：「魯迅結婚後，並無子女。周作人結婚後，帶了羽太信子回到紹興，很快就生兒育女，同時信子還要其妹其弟也在紹興生活。在日本的信子父母，也要周家經濟上給予接濟……當時周作人在紹興中學教書，每月工資起初是五十元，後加至六十八元……魯迅在北京工作，月薪三百元，儘管當時有欠薪，但也補發，每月工資三百元的收入是不成問題的。他要向紹興老家寄錢，還要向日本羽太家寄錢……母親和周作人一家、周建人一家全部遷居北京後，家庭情況起了變化：一、周作人被聘為北京大學教授，又有兼職，經濟收入大大增加，已不低於魯迅；二，家政改由羽太信子主持（原來是魯迅的母親主持）。這兩條都和後來的家庭糾紛有關……周作人在北京大學任教授，最初月薪是二百四十元，以後加至二百八十元。他有兼職，兼職的兼薪是二百二十元。他的每月收入總數在五百元以上。魯迅除本薪外，也有兼職，兼薪收入數十元。兄弟兩人都要留下一點買書等零花錢，然而交到信子那裡總在六百元以上吧……每月六百多元大洋的收入，在當時不是一個小數目，如果調度得好，家庭生活可以比較富裕，還可以略有積餘。可是信子用錢沒有計畫，不會打算，月月用完，有時還入不敷出。從《魯迅日記》可見，一九二〇年五月周沛患肺炎，住醫院治療兩月多，魯迅向人借錢四百餘元；一九二一年三月周作人患病住院後至香山療養，魯迅借債七百元。魯迅常常還老債，再借新債。這種債務，已成了魯迅沉重的負擔。」

許廣平在《魯迅回憶錄．所謂兄弟》(12)中談到周作人的事：「有時茶餘飯後，魯迅曾經感嘆過自己的遭遇。他很淒涼地描繪了他的心情，說：『我總以為不計較自己，總該家庭和睦了吧，在八道灣的時候，我的薪水，全行交給二太太（周作人之婦，日本人，名叫信子），連周作人在內，每月約有六百餘元，然而大小病都要請日本醫生來，過日子又不節約，所以總是不夠用，要四處向朋友借，有時借到手連忙持回家，就看見醫生的汽車從家裡開出來了。我就想：我用黃包車運來，怎敵得過用汽車帶走呢？』據魯迅說，那時周作人他們一有錢往日本商店去買東西，不管是否急需，食的、用的、玩的，從醃蘿蔔到玩具都買一大批，所以過不了幾天錢就光了。花光之後，就來訴說沒有錢用了，這又得魯迅去借債。」

在這樣的情況下，魯迅難免有一些注意節儉的話，而信子對魯迅的勸說就很反感。長久積累，積怨日深，不過是尋找個偶然的事件爆發出來。這個偶然的什麼事件呢？我們搞不清楚。

關於經濟問題，周海嬰在《魯迅與我七十年》一書中也有記載：

沒想到八道灣從此成為羽太信子稱王享樂的一統天下。在生活上，她擺闊氣講排場，花錢如流水，毫無計畫。飯菜不合口味，就撤回廚房重做。她才生了兩個子女，全家雇

用的男女僕人少說也有六七個，還不算接送孩子上學的黃包車夫。孩子偶有傷風感冒，馬上要請日本醫生出診。日常用品自然都得買日本貨。由於當時北平日本僑民很多，有日本人開的店鋪，市場上也日貨充斥，應該說想要什麼有什麼。但她仍不滿意，常常託親戚朋友在日本買了捎來。因為在羽太信子眼裡，日本的任何東西都比中國貨要好。總之，錢的來源她不管，只圖花錢舒服痛快。對此，周作人至少是默許的。他要的只是飯來張口衣來伸手，還有「苦雨齋」裡書桌的平靜，別的一概不問不聞。當然他對信子本來也不敢說個「不」字。苦的只是父親，因為他的經濟負擔更重了。

但這一切仍不能讓羽太信子稱心滿意。她的真正目標是八道灣裡只能容留她自己的一家人。就這樣，在建人叔叔被趕走十個月後，她向父親下手了。也不知道她在枕邊向周作人吹了什麼耳邊風，在父親身上潑了什麼污水毒涎——對此別人永遠是不可能知道的……可見羽太信子這一口咬得多麼毒！就這樣，父親也被周作人夫婦逐出了八道灣。祖母受不了這冷酷的環境，也從此住到了長子的新家。八道灣這所大宅終於稱心如願，為周作人夫婦所獨佔，成了羽太信子的一統天下。拿祖母的話說：「八道灣只有一個中國人了。」

魯迅被趕出八道灣以後，即大病一場，前後達一個半月之久。魯迅對失和一事，每有觸及，即引起揪心的苦痛與難忍的憤怒。一時間，「眷意與決絕，愛撫與復仇，養育與殲除，祝福與咒詛」(13)交織於心。魯迅認定自己是被日本女人趕出來的，因此他對信子甚至有了憤恨之心。這從魯迅取筆名「宴之敖」，亦可看出。魯迅對許廣平說：「宴從宀（家），從日，從女；敖從出，從放（《說文》作出遊也，從出放）；我是被家裡的日本女人逐出的。」袁良駿甚至認為，「二周失和」是導致魯迅早逝的重要原因之一。他說：「它促成了魯迅的早逝。失和對魯迅的精神打擊是巨大的，這是魯迅的一大塊心病，不僅導致了他遷居後的一場大病，而且影響其終生。魯迅最終死於肺病，而肺病最怕的就是累和氣。和周揚等『四條漢子』生氣是外在的，兄弟失和才是更要害、更根本的。」(15)對我們一生影響最大的是誰？在過去的研究中，研究人員鎖定過許多目標。首先是我們的父母、特別是母親；然後是基因；接下來是我們的配偶——他或她出現的最晚，但對我們影響最大。但是最新的研究顯示，這種影響我們一生的神祕力量正是來自我們的兄弟姊妹。在我們的一生中，配偶出現的相對較晚，父母最終會離開我們，兄弟姊妹可能是唯一稱得上是我們終身夥伴的人。理解了這一點，也就理解了袁良駿話的意義。周作人對魯迅的傷害是多麼大！

四

有人認為，周氏兄弟分手後，各奔前程，都緘口不言，彼此不說一聲對方的「壞話」。

其實不是這樣的，之所以會有這樣的看法，是因為他們彼此相「罵」的時候，都沒有點出對方的名字而已。

王元化在《思辨隨筆．魯迅與周作人》(16)一文中指出：「魯迅晚年有些文章是以周作人為對象的。據我淺見，魯迅的《喝茶》就是和周作人的《苦茶隨筆》針鋒相對的。這篇文章十分精闢地勾勒出在大動盪時代以周作人為代表的那種迴避現實，不敢使自己的靈魂粗糙起來，卻又變得具有病態的敏感、細膩，以致不能經受時代風暴考驗的儒怯性格。再如，魯迅在《「題未定」草》第九篇中引張岱《琅嬛文集》述明末東林黨和非東林黨中的君子與小人一段所發的議論，也是駁斥周作人的。兩人同引這段話，卻做出了截然不同的相反結論。這些地方都未有隻字提及周作人，只有讀了周作人文集後，進行比較，才可見端倪。魯迅和周作人的分歧代表同一時代兩種思潮的鬥爭。」王元化道出了一種客觀存在的事實。

龔明德寫了一篇文章，題目是：《《中年》「譏諷」魯迅》 經他考證，周作人的《中年》一文是針對魯迅的。周作人《中年》一刊佈，文人和作家圈內便風傳弟又在「譏諷」長兄。周楞伽以「郁風白」的筆名在他本人用「危月燕」之化名主編的一九四三年五月一日出刊的《萬歲》第二卷第一期發表的《文壇滄桑錄》便有一節題為《魯迅與周作人》，文中提及「《中年》風波」：「魯迅與周作人弟兄之間，有一段野話，說是不甚和睦。捕風捉影談起來，魯迅娶許廣平，周作人不大贊成。曾寫過一篇短文叫《中年》，略有譏諷語句。未知可靠否？」

細讀《中年》，應該肯定周楞伽當年的追記是可靠的。《中年》有兩段話，是相當明顯地在說魯迅，而且不是泛論，是特指，即點出大家都知道的魯迅某些不會被誤為他人的「特色」。

第一段話是：「中年以來重新來秋冬行春令，大講戀愛等等，這樣地跟著青年跑，或者可以免於落伍之譏，實在猶如將晝作夜，『拽直照原』，只落得不見日光而見月亮，未始沒有好些危險。」接下去不遠處，周作人果斷地說「戀愛則在中年以前應該畢業」。

讀了抄錄的這一段，尤其是提到「見月亮」，稍熟周氏兄弟中「大哥」的私生活的，都知道是在「譏諷」魯迅。因為魯迅與許廣平在戀愛中，魯迅與他自己臆定的情敵高長虹有過著名的「月亮」之爭，雙方都有文字留在史頁上。至於「跟著青年跑」也可坐實。

第二段明顯譏諷魯迅的文字是：「普通男女私情我們可以不管，但如見一個社會棟樑高談女權或社會改革，卻照例納妾等等，那有無產首領浸在高貴的溫泉裡命令大眾衝鋒，未免可笑，覺得這動物有點變質了。我想文明社會上道德的管束應該很寬，但應該要求誠實，言行不一致是一種大欺詐，大家應該留心不要上當。」

前面一段可以純私生活視之，這一段就有些與現實政治運動相關了。周氏兄弟雖互相不

往來，但彼此都關注對方的行止。周作人在北京，對已定居上海的魯迅也瞭若指掌。僅以這年三月魯迅的活動來說，一日發表《習慣與改革》等文章，二日出席「左聯」成立大會並演講，九日往中華藝大演講《革命文學》，十三日參加中國自由運動大同盟組織的活動，……這些，大小報上都有消息，周作人都看得到，更有周作人朋友和學生的通風報信。這就成了刺激周作人寫《中年》的動力。

三〇年代，以周作人為始作俑者、林語堂為積極鼓吹者的「性靈小品」，「晚明小品」，似乎形成了一股風氣，引起了文壇上關於小品文的討論。一九三四年、一九三五年間關於「論語派」的論戰，從表面上看，公開與魯迅論戰的是林語堂，但熟悉文壇情況的人都知道，「論語派」的真正靈魂，卻是周作人。魯迅不少文章是針對周作人的，有人卻張冠李戴，全部算到林語堂等人的帳上。

林語堂鼓吹的「以自我為中心，以閒適為筆調」的「性靈」文字，「半文半白」的語錄體，其理論基礎是周作人奠定的。正當周作人、林語堂宣導的小品文最熱鬧的時候，魯迅最早提出了「小品文的危機」的警告。魯迅指出：五四運動的時候，散文小品的成功，幾乎在小說戲曲和詩歌之上。這之中，自然含著掙扎和戰鬥，也帶一點幽默和雍容，寫法也有漂亮和縝密的，這都顯示了新文學的實績。「以後的路，本來明明是分明的掙扎和戰鬥，因為這原是萌芽於『文學革命』以至『思想革命』的。」五四時期，在文學革命中提出必須「思想革命」的就是周作人，他還專門寫過一篇文章，題目就叫《思想革命》。魯迅在這裡點了一下，並非是無意的。可是，曾經鼓吹「思想革命」的人，現在卻提倡「性靈小品」，卻是要將散文小品成為供雅人摩挲的「小擺設」，要使青年摩挲了這「小擺設」，「由粗暴變為風雅」。魯迅尖銳地指出他們是「在風沙撲面，狼虎成群的時候」，「靠著低訴或微吟，將粗獷的人心，磨得漸漸的平滑」。魯迅還說：「麻醉性的作品，是將與麻醉者和被麻醉者同歸於盡的。生存的小品文，必須是匕首，是投槍，能和讀者一同殺出一條生存的血路的東西；但自然，它也能給人愉快和休息，然而這並不是『小擺設』，更不是撫慰和麻痹，它給人的愉快和休息是休養，是勞作和戰鬥之前的準備。」

周作人對魯迅的批評、分析並不服氣，在一九三五年三月發表的《關於寫文章》一文，針對魯迅的「小擺設」說：「那一種不積極而無益於社會者都是『小擺設』，其有用的呢，沒有名字不好叫，我想或者稱做『祭器』吧！祭器放在祭壇上，在與祭者看去實在是頗莊嚴的，不過其祝或詛的功效是別一問題外，祭器這東西到底還是一種擺設，只是大一點罷了。」他又說：「我不想寫祭器文學，因為不相信文章是有用的，但是總有憤慨，做文章說話知道不是畫符唸咒，會有一個霹靂打死妖怪的結果，不過說說也好，聊以出口悶氣。」他端出了「大

擺設」，也算是對「小擺設」的反擊了。關於文章的「無用」，魯迅似乎亦有同感，他有一名言：「一首詩嚇不走孫傳芳，一砲就把孫傳芳轟走了。」

此外，周作人還在一些文章中曲曲折折地攻擊魯迅。一九三五年二月發表的《阿Q的舊帳》一文，把魯迅的「轉變」，說成是屈服。一九三五年四月，在《蛙的教訓》一文中借題發揮，說「其實叫老年跟了青年跑是一件不聰明的事」，又說：「有些本來能寫寫小說戲曲的，當初不要名利所以可以自由說話，後來把握住了一種主義，文藝的理論與政策弄得頭頭是道了，創作便永遠再也寫不出來。」與當時有人攻擊魯迅只寫雜文，不會創做了的觀點相呼應。在一九三六年九月即魯迅逝世前一個月發表的《老人的胡鬧》中，如許廣平所說，更是含沙射影地攻擊魯迅：有的老人，「往往名位既尊，患得患失，遇有新興佔勢力的意見，不問新舊左右，輒靡然從之，此正病在私慾深，世味濃，貪戀前途之故也」。又說：「老人的胡鬧並不一定是在守舊，實在卻是在維新。蓋老不安份重在投機趨時，不管所擁戴的是新舊左右，若只因其新興有勢力而擁戴之，則等是投機趨時，一樣的可笑。」（21）

以上，他們都不點名，你知我知，也算是不爭論的爭論吧！

魯迅在《「京派」與「海派」》（22）一文中說道：「北京學界，前此固亦有其光榮，這就是五四運動的策動。現在雖然還有歷史上的光輝，但當時的戰士，卻『功成，名遂，身退』

者有之，『身隱』者有之，『身升』者更有之，好好的一場惡鬥，幾乎令人有『若要官，殺人放火受招安』之感。」周作人大約是屬「身退」這一類的吧！他丟掉了五四時期的光榮，熱衷於「晚明小品」，於苦雨齋中吃苦茶。

五

魯迅、周作人分手後，一般說來，沒有一致的行動了，車走車路，馬走馬道。但有一件難得的例外，即在「女師大風潮」中，他們雖不往來，行動是一致的，都是站在反對章士釗、楊蔭榆的進步學生一邊。一九二五年五月二十七日《京報》上七教授《對於北京女子師範大學風潮宣言》，魯迅和周作人都簽了名。如果不是為了女師大學生運動，他們兩人肯定不會一起開會和在同一宣言中簽名的。

分手以後，也不能說魯迅就沒有牽掛周作人了，畢竟是骨肉兄弟。一九二七年十月間，魯迅剛從廣州到上海不久，聽到《語絲》在北京為張作霖政府所封禁，作者皆暫避的消息後，於十一月七日在給川島的信中說：「……周啟明蓋在日本醫院歟……他之在北，自不如來南之安全，但我於此事，殊不敢贊一詞，因我覺八道灣天威莫測，正不下於張作霖……」（23）已經分手多年，遇有風吹草動，仍然縈回於懷。倘若周作人迷途知返，消釋誤會，重修舊好，

渡盡劫波，笑泯恩仇，那該多好！

周作人對魯迅是絕情的，而魯迅對周作人，從某種意義上說，還藕斷絲連。現在有史料顯示，魯迅晚年仍然關心周作人，並對他有著客觀的評價。

按照中國傳統的計歲法，癸酉十二月初一，即西元一九三四年一月十五日，是周作人的五十壽辰。這天他設家宴五席，招待前來祝賀的親友。周作人用來自壽的，無非是舞文弄墨。早在一月十三日，他就做了一首七律，十五日，又用原韻寫一首：

前世出家今在家，不將袍子換袈裟。
街頭終日聽談鬼，窗下通年學畫蛇。
老去無端玩骨董，閒來隨分種菸麻。
旁人若問其中意，且到寒齋吃苦茶。
半是儒家半釋家，光頭更不著袈裟。
中年意趣窗前草，外道生涯洞裡蛇。
徒羨低頭咬大蒜，未妨拍桌拾芝麻。
談狐說鬼尋常事，只欠工夫吃講茶。

周作人把兩首詩，手寫多份，送贈親朋好友。其中也送了一份給林語堂，這位善於編刊物的幽默大師，立即把它抄送老朋友們，並索和。接著，他把周作人的兩首詩題為《五秩壽詩》，和收到的第一批唱和詩，以手跡製成鋅版，刊載在一九三四年四月五日出版的《人間世》創刊號上。前後唱和的有林語堂、劉半農、沈尹默、錢玄同、胡適，連平日不寫詩的蔡元培也詩性大發，從外地寄來了三首和詩。

周作人的兩首自壽詩，引來眾多的相互吹捧或自我吹噓的和詩，騷動了文壇，也引來了左翼青年的不滿和痛罵。當年廖沫沙、胡風等人都作詩作文，對其進行批評，指出他們的肉麻，以及周作人心中「古老的幽靈」的復活。

客觀地說，周作人的自壽詩，有消沉的一面，也有無奈與沉痛。周作人的消沉也是因為對現實的不滿而造成的。在一片唱和與痛罵聲中，魯迅在這年四月三十日致曹聚仁的私下通信中，卻給予中肯的分析。魯迅說：「周作人自壽詩，誠有諷世之意，然此種微詞，已為今之青年所不憭，群公相和，則多近於肉麻，於是火上添油，遽成眾矢之的，而不做此等攻擊文字，此外近日亦無可言。此亦『古已有之』，文人美女，必負亡國之責，近似亦有人覺國之將亡，已在卸責於清流或輿論矣。」五月六日，在給楊霽雲的信中又說：「至於周作人之詩，其實還是藏些對於現狀的不平的，但太隱晦，已為一般讀者所不憭，加以吹播太過，附和不完，

致使大家覺得討厭了。」因為兄弟失和，魯迅並未公開表示以上意見，二十多年後，周作人在《知堂回想錄》中，提到了魯迅的批評一事：「對於我那不成東西的兩首歪詩，他卻能公平的予以獨自的判斷，特別是在我們『失和』十年之後，批評態度還是一貫……魯迅平日主張『以眼還眼，以牙還牙』，不會對任何人有什麼情面，所以他這種態度是十分難得也是很可佩服的。」

魯迅最後一次談到周作人，是回答斯諾的談話。斯諾問：「你認為中國最優秀的雜文家有哪些？」魯迅在列的名單中第一位就是周作人。令人遺憾的是，周作人至死也不曾看到魯迅的這一評價，因為，《魯迅同斯諾談訪整理稿》直到一九八七年才由安危翻譯，發表在當年第三期的《新文學史料》上。

此外，周建人給周作人的信中，也轉達了魯迅在生命的最後日子裡，關於周作人的一些談話：

有一天說看到一日本記者（？）登一篇他的談話，內有「我的兄弟是豬」一語，其實並沒有說這話，不知記者如何記錯的云云。又說到關於救國宣言這一類的事情，謂連錢玄同、顧頡剛一般人都具名，而找不到你的名字，他的意見，以為遇到此等重大題目時，亦不可過於退後云云。有一回說及你曾送×××之子（即李大釗之子李葆華——作者）赴日本之事，他謂此時別人並不肯管，而你卻要掩護他，可見是有同情的，但有些作者，批評過於苛刻，責難過甚，反使人陷於消極，他亦極不贊成此種過甚的責難云云。又謂你的意見，比之於俞平伯等甚高明（他好像又引你講文天祥［？］一段文章為例）。有許多地方，革命青年也大可採用，有些人把他一筆抹煞，也是不應該的云云。但對於你前次赴日本有一次對日本作家關於他的談話則不以為然。總起來說，他離開北平以後，他對於你並沒有什麼壞的批評，偶然談起，便說明幾句。（24）

周建人後來在《魯迅先生對於科學》一文中還回憶，魯迅在病危、熱度很高的時候，還在看周作人的著作（25）。令人深長思之的是，一九六六年七月，周作人病重之際，也在閱讀魯迅的著作。

六

一九三六年十月十九日魯迅病逝。周作人、周建人做為家屬都是治喪委員會的成員。魯迅逝世當天，周作人接受《大晚報》記者採訪，發表了如下談話：

關於家兄最近在上海的情形，我是不大清楚的，因為我們平常沒有事，是很少通信的。雖然他在上海患著肺病，可是前些天，他曾來過一封信，說是現在已經好了，大家便都放

下心去。不料今天早晨接到舍弟建人的電報，才知道已經逝世。說起他這肺病來，本來在十年前，就已經隱伏著了，醫生勸他少生氣，多靜養，可是他的個性偏偏很強，往往因為一點小事，就和人家衝突起來，動不動就生氣，靜養更是沒有那回事，所以病就一天一天的加重起來，不料到了今天，已經不能挽救。

說到他的思想方面，最起初可以說是受了尼采的影響很深，就是樹立個人主義，希望超人的實現。可是最近又有點轉到虛無主義上去了，因此，他對一切事，彷彿都很悲觀，譬如我們看他的《阿Q正傳》，裡面對於各種人物的描寫，固是深刻極了，可是對於中國人的前途，卻看得一點希望都沒有。實在說起來，他在觀察事物上，是非常透徹的，所以描寫起來也就格外深刻。

在文學方面，他對於舊的東西，很用過一番工夫，例如：古代各種磚文的搜集，古代小說的考證等，都做得相當可觀，可惜，後來都沒有出版，恐怕那些資料，現在也都散失了。有人批評他說：他的長處是在整理這一方面，我以為這話是不錯的。

他的個性不但很強，而且多疑，旁人說一句話，他總要想一想這話對於他是不是有利的地方。這次在上海住的地方也很祕密，除去舍弟建人和內山書店的人知道以外，其餘的人都很難找到。家母幾次讓他到北平來，但他總不肯，他認為上海的環境是很適宜的，不願意再到旁的地方去。

至於他身後的一切事，就由舍弟建人就近辦理了，本來家嫂是要去的，可是因為家母還需要陪伴，暫時恐怕也不能成行，舍間什麼時候替他開吊，要等舍弟建人來信以後才能決定的。

這裡，關於魯迅的思想、個性，一生的成就是在於整理還是創作等問題，姑且略去不談。然而，提到「家嫂」一事，我們似乎可見他心懷惡意，至少也是不夠厚道之舉——周作人對魯迅與朱安不幸的名義婚姻，是深知的。他是新文化運動的啟蒙者之一，對魯迅與許廣平的愛情，應該可以用平常心視之。在魯迅死後的談話中有意帶出一句「家嫂」，結合上文提到的《中年》問題，亦可見他不夠地道。

此外，周作人還做為家屬，出席北京大學魯迅追悼會，並致答詞。會上表情「沉痛」，有的報紙還說「周作人含淚談魯迅」。他的答詞，表達了他兩難的處境，「居於家屬地位，略一讚詞，將為人冷笑；加以抑制，又易招人反感，故甚困難」云云。不過，儘管有此為難，他還是在《宇宙報》上發表了《關於魯迅》、《關於魯迅之二》兩篇文章，回憶了一些只有周作人才知道的關於魯迅的情況，頗有史料價值。周作人對於寫魯迅的文章態度是節制的，儘管約稿很多，他僅寫了兩篇，並說：「一個人的平淡無奇的事實本是傳記中的最好的資料，

但唯一的條件是要大家把他當作『人』去看，不是當著『神』——即是偶像或傀儡，這才有點用處。」（26）應該說，周作人對魯迅是有獨到的評價的，他從不人云亦云。他認為魯迅「上期重在輯錄研究，下期重在創作，可是精神還是一貫，用舊話來說可云不求聞達。魯迅向來勤苦做事，為他人所不及……」又說，魯迅「但求自由的想或寫，不要學者文人的名，自然也更不為利，《新青年》是無報酬的，晨報副刊多不過一字一二厘罷了」。（27）同時，周作人又認為魯迅「在書本裡得來的知識上面，又加上親自從社會裡得來的經驗，結果便造成一種只有苦痛與黑暗的人生觀，讓他無條件（除藝術感覺外）的發現出來，就是那些作品」。魯迅的作品中「到處是愚與惡，而愚與惡又復加厲害到可笑的程度」。（28）魯迅自己也曾說過，他的作品有「鬼氣」，有著「安特萊夫（L · Andreev）式的陰冷」，「心情太頹唐了」等等。到底是不是周作人比較知道魯迅的心境與作品呢？是不是周作人只知道了魯迅的某一個側面呢？讀者心中當然自有判斷的。

七

新中國成立後，周作人並不顧忌自己的身分和所處的環境，在《知堂回想錄》中，仍然對豎在上海的高高在上的魯迅銅像，感到滑稽可笑。

據說，周作人追求一種平淡的境界，他願意以平常之心看世界，所以一切都是平常的。尤其他與魯迅是同胞兄弟，他眼裡更多的是平常的魯迅，這似乎也可以理解。魯迅死了幾十年，遠了，更遠了，這期間，隨著人們對他的理解的加深，魯迅的形象大了，更大了，魯迅的偉大已經不成問題。可是，魯迅在周作人心中的形象是不變的。他是魯迅的兄弟，所以總是以家人的眼光看魯迅，這是一方面；另一方面，他總是以他的「平淡」看魯迅。

周作人六〇年代初期給香港鮑耀明的信中，對魯迅的塑像，談了他的看法：「現在人人捧魯迅，在上海墓上新立造像，——我只在照片上看見，是在高高的臺上，一人坐椅上，雖是尊崇他，其實也是在挖苦他的一個諷刺畫，即是他生前所謂思想的權威的紙糊高冠是也，恐九泉有知不免要苦笑的吧！要恭維人不過火，即不至於獻醜。」(29) 周作人在給曹聚仁的信中，亦有類似觀點。他對曹聚仁寫的《魯迅評傳》評價很好。「魯迅評傳現在重讀一過，覺得很有興味，與一般的單調者不同，其中特見尤為不少，以談文藝觀及政治觀為尤佳，云其意見根本是虛無的（周作人老早就有「魯迅是虛無主義者」的觀點，故引以為知己。——作者）正是十分正確。因為尊著不當他是『神』看待，所以能夠如此。死後隨人擺佈，說是紀念其實有些實是戲弄。我從照片看見上海的墳頭所設塑像，那實在可以算作最大的侮辱，高坐在椅上的人豈非即是頭戴紙冠之形象乎？假使陳西瀅輩畫這樣一張像，做為諷刺，很適當了。」

對《魯迅評傳》，周作人的「私」見是：

世無聖人，所以人總難免有缺點。魯迅寫文態度本是嚴肅、緊張，有時戲劇性的，所說不免有小說化之處，即是失實——多有歌德自傳「詩與真實」中之詩的成份。……《徬徨》中有一篇《傷逝》，作意不易明瞭，說是借了失戀說人生固然也可以。我因為所說背景是會館這一「孤證」，猜想是在傷悼弟兄的喪失，這猜想基礎不固，在《小說裡的人物》中未敢提出，但對先生私下不妨一說，不知尊見以為有一、二分可取否？（30）

上海的魯迅塑像也不怎麼高，從美學的角度看，正好。周作人的意思是太高了，有點神化魯迅。而不神化魯迅，正是周作人非議魯迅雕塑的理由。可是，魯迅是偉人，是不是搞了偉人的雕塑就是神化了偉人呢？偉人雕塑既是對偉人一生成就的肯定，也是一個民族的精神物化。偉人雕塑還是現代城市的一種裝飾、一個景觀。世界各國都有自己的偉人雕塑，丹麥有安徒生的，英國有莎士比亞的。俄國就更多了，有普希金的，托爾斯泰的，還有高爾基的等等。他們一律高高在上。我們不妨想像一下，上海的魯迅雕塑如果沒有基座，如果不把魯迅抬高，如果就放在地上，那雕塑還叫雕塑嗎？

魯迅是近現代史上的偉大人物，他還是中國現代最偉大的文學家。這樣一個偉大的人物，在他的墳上豎立一座雕塑，有什麼可值得非議的？早在一九四五年十月十九日郭沫若就在重慶《新華日報》發表了一篇叫《我建議》的文章，他建議在「北平、上海、廣州、杭州、廈門」這些魯迅工作、生活過的地方，「應該多多塑造魯迅像」，而且，「……自然以銅像為最好」。不僅如此，郭沫若還建議設立魯迅博物館。凡是關於魯迅的資料，他的生活歷史，日常生活狀態，讀的書，著的書，原稿，譯稿，筆記，日記，書簡，照片等等；還有關於他的研究，無論本國的或外國的，都專門彙集起來，分門別類地陳列。讓研究魯迅者，讓景仰魯迅的人民大眾得以瞻仰。郭沫若認為這博物館可建立於上海、北平、廣州。資料可以分別陳列，不能分割的可用照片。館長應由許廣平擔任。郭沫若還舉例說：「蘇聯的大作家，大抵都有在他的名義下的博物館，例如托爾斯泰的博物館，館長是他的孫女；瑪雅可夫斯基博物館，館長是他的母親；奧斯特羅夫斯基博物館，館長是他的夫人。」此外，郭沫若還建議把杭州的西湖改名為「魯迅湖」，把北平的西山稱為「魯迅山」，他的根據是莫斯科有高爾基路、普希金廣場。郭沫若的以上建議，有的已經實行，有的當然也只是表達了郭沫若的感情。

郁達夫說：「沒有偉大的人物出現的民族，是世界上最可憐的生物之群；有了偉大的人物，而不知擁護、愛戴、崇仰的國家，是沒有希望的奴隸之邦。因魯迅一死，使人們自覺出了民族的尚可以有為，也因魯迅之一死，使人家看出了中國還是奴隸性很濃厚的半絕望的國

家。」（31）一個國家，一個民族，都有自己的偉人，為自己的偉人樹碑立傳，世界皆然。中國人為魯迅豎立了雕像，怎麼註定就是神化魯迅呢？死後的魯迅怎麼就是「隨人擺佈」和「戲弄」呢？至於「最大的侮辱」，更是從何談起！周作人說：「世無聖人，所以人總難免有缺點。」有缺點的偉人也終究是偉人，我們總不能以任何人都有「缺點」為名，從而否認了偉人的存在吧！

我覺得，周作人與其是在否認魯迅的高大，不如說是在自我表現，表現他的「平淡之心」。他淡化魯迅的偉大正可以凸顯他的平淡。不過，如果所謂平淡要靠刻意地表現，這平淡的外表，不是裹著不平淡的心嗎？很不平淡，卻又要表現得十分平淡，這是對自我的一種折磨。

我是不相信周作人的平淡的，至少他在某些方面是不平淡的。他若真是平淡，真是滿足於過書齋生活，胡適等人催促他南下，他應該是可以成行的。他拒絕的理由是為家所累。當年，他已經是新文化運動的名人，哪裡安不下他的一張書桌呢？哪裡安不下他只求平淡度日的家？他倘若真是平淡，既可以不當國民政府的官，更可以不當日本佔領者的官。基於以上理解，我覺得，他的戴著平淡眼鏡看魯迅，雖然是他自我表現的一種，但客觀上不也是對魯迅的攻擊嗎？

周作人說：「魯迅寫文態度本是嚴肅、緊張，有時戲劇性的，所說不免有小說化之處，即是失實——多有歌德自傳『詩與真實』中之詩的成份。」他認為魯迅作文有詩意想像，有虛構，因而有不真實的地方。這有什麼奇怪的呢？沒有想像和虛構，還有文章嗎？

周作人關於魯迅的文章有不真實之處的議論，是由來已久的。在《知堂回想錄》中，周作人對父親之死的回憶是與魯迅不同的。我們先看看魯迅在《父親的死》中記敘他父親死前的情況：

> 早晨，住在一門裡的衍太太進來了。……
>
> 「叫呀，你父親要斷氣了。快叫呀！」衍太太說。
>
> 「父親！父親！」我就叫起來。
>
> 「大聲！他聽不見。還不快叫?!」
>
> 「父親！！！父親！！！」他已經平靜下去的臉，忽然緊張了，將眼微微一睜，彷彿有一些苦痛……
>
> 「什麼呢？……不要嚷。……不……。」他低低地說，又較急地喘著氣，好一會，這才復了原狀，平靜下去了。「父親！！！」我還叫他，一直到他嚥了氣。
>
> 我現在還聽到那時的自己的這聲音，每聽到，就覺得這卻是我對於父親的最大的錯處。

周作人《父親的病》則是這樣寫的：

……未幾即入於彌留狀態，是時照例有臨終前的一套不必要的儀式，如給病人換衣服，燒了經卷把紙灰給他拿著之類，臨了也叫了兩聲，聽見他不答應，大家就哭起來了。這裡所說都是平凡的事實……沒有「衍太太」的登場……因為這是習俗的限制，民間俗言，凡是「送終」的人到「轉煞」當夜必須到場，因此凡人臨終的時節，只是限於平輩以及後輩的親人，上輩的人決沒有在場的。「衍太太」於伯宜公是同曾祖的叔母，況且又在夜間，自然更無特地光臨的道理，《朝花夕拾》裡請她出臺，鼓勵作者大聲叫喚，使得病人不得安穩，無非想當她做小說裡的惡人，寫出她陰險的行為來罷了。

魯迅以小說的手法寫散文，反過來是否可以這樣說，散文也可以像小說那樣虛構？比如，魯迅就把以後在《瑣記》裡扮演角色的衍太太抓來為他父親送終了。也許讀者要說，長輩不能為晚輩送終，這是很多地方都有的風俗，衍太太來送終，這不是不真實了嗎？可是，魯迅並沒有寫衍太太是他父親的長輩呀！衍太太的輩份和年齡都是模糊的。衍太太是魯迅作品中的藝術形象，而不僅僅是「於伯宜公是同曾祖的叔母」。這樣一想，就無所謂「不真實」的問題了。事實上，在真實的基礎上做適當的虛構，是散文和其他藝術形式的共同點之一，甚至可以說也是散文自身的要素之一。

周作人落入了「實」的誤區，這種誤區為他所獨有。如果一切小說和散文都像他這樣去「查實」、「落實」，那不是小說和散文，而是傳記文學或是報告文學。這是小說和散文的消亡。如果像周作人這樣一切都要坐實，那絕對是進入了文學研究的歧途。《傷逝》怎麼會是什麼「傷悼弟兄的喪失」呢，這明明是一男一女的故事嘛！離開了小說本身對小說素材的來源做一些考證，也不是說就不行了，但得承認小說首先是小說本身，就好像一個人的行為做派可以從他爹娘身上找到一點性格遺傳方面的原因，但首先要面對的是他自己這一客觀存在。不過，話說回來，周作人的思路也有其可以理解的地方，他是魯迅的弟弟，因而，他對魯迅的故鄉生活、魯迅的私人生活特別熟悉，他自然而然地就朝他所特有的積累所在去挖掘了。

＊＊＊

(1)《魯迅全集·集外集拾遺補編》。

(2)陳漱渝：《東有啟明，西有長庚》，《魯迅研究動態》一九八五年第五期。

(3)《苦茶——周作人回想錄·（第三卷）不辯解說（下）》，敦煌文藝出版社一九九五年三月版。

(4) 俞芳：《我所知道的芳子》，《魯迅研究動態》一九八七年第七期。
(5) (23)川島：《和魯迅相處的日子》，四川人民出版社一九七九年九月版。
(6) 何滿子：《反「好漢奸論」說周作人》，《光明日報》二〇〇二年九月十八日。
(7) 人民文學出版社一九五三年六月版。
(8) 《魯迅回憶錄》，北京出版社一九九九年一月版。
(9) 轉引自陳漱渝：《東有啟明，西有長庚》，《魯迅研究動態》一九八五年第五期。
(10) 袁良駿：《「二周失和」與現代文壇》，《魯迅研究月刊》一九九八年第四期。
倪墨炎：《中國的叛徒與隱士周作人》，上海文藝出版社一九九〇年版。
《許廣平文集》，江蘇文藝出版社一九九八年一月版。
《魯迅全集·野草·頹敗線的顫動》。
許廣平：《略談魯迅先生的筆名》，見文物出版社《魯迅研究資料》(三)。
王元化：《思辨隨筆》，上海文藝出版社一九九四年十月版。
龔明德：《昨日書香》，東南大學出版社二〇〇二年五月版。
周作人：《看雲集》，嶽麓書社一九八八年九月版。
《魯迅全集·南腔北調集·小品文的危機》。
《魯迅全集·而已集·革命時代的文學》。

(21)(26)(27)(28)周作人：《瓜豆集》，嶽麓書社一九八九年十月版。

(22)《魯迅全集‧花邊文學》。

(24)原信載《魯迅研究資料》十二期。

(25)《魯迅研究》，上海生活出版社一九三七年七月版。

(29)《周‧曹通信集》，香港南天書業公司一九七三年八月版。

(30)轉引自李惠貞的《臺港文學界對魯迅的部分評論》，《魯迅研究年刊：「一九八〇」》，陝西人民出版社出版。

(31)《大先生魯迅》，四川文藝出版社一九七七年版。

相得復疏離，仍是老朋友

——魯迅與林語堂

一

林語堂（一八九五－一九七六）原名林和樂、林玉堂，筆名毛驢、宰我、薩天師等。福建龍溪人。一九一六年畢業於上海聖約翰大學，曾在北京清華大學任教。一九一九年赴美國哈佛大學留學，後轉赴德國萊比錫大學研究語言學，獲哲學博士學位。一九二三年回國，任北京大學英文教授。曾參加魯迅支持的「語絲社」，為《語絲》雜誌撰稿人之一。一九二六年八月赴廈門大學任文科主任兼國學研究院祕書。一九三一年參加中國民權保障同盟。一九三二年起先後創辦《論語》、《人間世》、《宇宙風》等刊物，提倡「閒適幽默」的小品文，成為「論語派」代表人物。一九三六年去美國執教，並繼續從事創作。一九六六年至臺灣。病逝於香港。有《剪拂集》、《蘇東坡傳》、《京華煙雲》等數十部著作行世。

魯迅和林語堂，曾經是朋友，有了爭論，因而在某一時期疏離，甚至絕交，但後來又重修舊好。即使到了最後，彼此都持理性態度，以朋友視之。林語堂說：「魯迅與我相得者二次，疏離者二次，其即其離，皆出自然，非吾於魯迅有軒輊於其中也……大凡以所見相左相同，而為離合之跡，絕無私人意氣存焉……《人間世》出，左派不諒吾之文學見解，吾亦不肯犧牲吾之見解以阿附初聞雞叫自為得道之左派，魯迅不樂，我亦無可如何。魯迅誠老而愈辣，而吾則向慕儒家之明性達理，魯迅黨見愈深，我愈不知黨見為何物，宜其刺刺不相入也。」(1)

一九三四年八月十三日魯迅致曹聚仁的信中說：

語堂是我的老朋友，我應以朋友待之，當《人間世》還未出世，《論語》已很無聊時，曾經竭了我的誠意，寫一封信，勸他放棄這玩意兒，我並不主張他去革命，拼死，只勸他譯些英國文學名作，以他的英文程度，不但譯本於今有用，在將來恐怕也有用的。他回我的信是說，這些事等他老了再說。這時我才悟到我的意見在語堂看來是暮氣，但我至今還自信是良言，要他於中國有益，要他在中國存留，並非要他消滅。他能更激進，那當然很好，但我看是絕不會的，我絕不出難題給別人做。不過另外也無話可說了。

看近來的《論語》之類，語堂在牛角尖裡，雖憤憤不平，卻更鑽得滋滋有味，以我的微力，是拉他不出來的……

綜觀魯迅與林語堂的交往史，他們的爭論確實非個人意氣，而是文學見解上的分歧。有的分歧得到彌合，有的則一直存在著。他們最主要的矛盾，一是二〇年代的「費厄潑賴」問題，一是三〇年代的提倡幽默、閒適、抒寫性靈的小品文的問題。此外，還有一些小糾紛。

二

魯迅與林語堂「相得」，是有一定的思想和感情基礎的。林語堂在當時不但大量撰稿，放談政治，而且親身參加了政治鬥爭。一九二五年十一月二十八日和二十九日，他走上街頭，拿竹竿和磚石，與學生一起，直接和軍警搏鬥，把他投擲壘球的技術也都用上了。這一次搏鬥，給林語堂的眉頭留下一個傷疤。每當他講起這件事時，總是眉飛色舞，感到自豪。後來，他乾脆做起《祝土匪》的文章，以生於草莽，死於草莽的「土匪」自居。他說：「言論界，依中國今日此刻此地情形，非有些土匪傻子來說話不可。」學者只要顏面，「而去真理一萬八千里之遙。說不定將來學者反得讓我們土匪做。」魯迅後來稱自己的書屋為「綠林書屋」，「土匪」遇到「綠林」，自然「相得」。

一九二五年前後，魯迅、林語堂往來較為密切，他們對一些大是大非問題的看法也比較一致。圍繞著「女師大風潮」、「語絲派」與「現代評論派」之間的鬥爭，林語堂毅然站在女師大學生和「語絲派」一邊。魯迅與林語堂等語絲同人在反對章士釗等等的鬥爭中，並肩攜手，相互支援，共同形成了「任意而談，無所顧忌，要催促新的產生，對於有害於新的舊物，則竭力加以排擊」的「語絲文體」。⑵ 在鬥爭中，林語堂的激烈程度也不下於魯迅，他在文章中反對「倚門賣笑，雙方討好」的「學者」風度，讚揚「揭竿而起」，「少作揖讓」的「土匪」精神，抨擊腐敗政府把「中華民國」變成了「中華官國」。這些，都反映了林語堂當時做為進步知識份子所具有的正義感，可見他與魯迅所取的是同一步調。

不過，當鬥爭取得一定程度的勝利的時候，當章士釗在革命群眾的巨大壓力之下，不得不宣佈辭職，逃往天津的時候，林語堂卻贊同周作人宣導的「費厄潑賴」精神和「不打落水狗」的主張，為段祺瑞、章士釗開脫。最早提出「費厄潑賴」，提出「不打落水狗」的是周作人一九二五年十一月三十日所作、載十二月七日《語絲》五十六期上的《失題》。這篇文章以嘲笑的口吻諷刺了段祺瑞、章士釗之流。它指出章士釗「是一個代表無恥的政客，很值得努力攻擊。」但有鑑於段、章「下野之兆」已見，文章又提出「打落水狗」「是不大好的事」，「況且在平地上追趕胡猻，也有點無聊、卑劣，我雖然不是紳士，卻也有失我的體統與身份」。緊接著林語堂便在《語絲》五十七期上發表《插論「語絲」文體——穩健、罵人，及費厄潑賴》，他說：「此種『費厄潑賴』精神在中國最不易得，我們只好努力鼓勵，中國『潑賴』的精神

就很少，更談不到『費厄』，唯有時不肯『下井投石』即帶有此義。罵人的人卻不可沒有這樣的條件，能罵人，也須能挨罵。且對於失敗者不應再施攻擊，因為我們所攻擊的在於思想非在人，以今日之段祺瑞、章士釗為例，我們便不應再攻擊其人。」「此種健全的作戰精神，是『人』應有的與暗放冷箭的魑魅伎倆完全不同，大概是健全民族的一種天然現象，不可不積極提倡。」他把這種敵我不分的唐僧式的寬容，稱之為健全的民族精神，可見，他這個「土匪」，也有了紳士的習氣了。

所謂「費厄潑賴」，乃英語 Fair Play 的音譯，原為體育比賽和其他競技所用的術語，意思是光明正大的比賽，不用不正當的手段。英國資產階級中曾有人提倡將這種精神用於社會生活和黨派鬥爭中，認為這是每一個資產階級紳士應有的涵養和品德，並自稱英國是一個費厄潑賴的國度。面對林語堂等人的言論，魯迅寫下了《論「費厄潑賴」應該緩行》(3)這一名文。魯迅根據他從辛亥革命以來長期鬥爭的經驗，強調現在還不能一味「費厄」，要實行「費厄」為時尚早，當前則「應該緩行」，並要使用請君入甕法，「以其人之道還治其人之身」，只有到了「落水狗」們有了人氣之後，也知道講「費厄」了，到那時再講也不為遲，而萬不可先「以己律人」、「以德報怨」，必須「抽忍而起，以血償血」、「以牙還牙」。魯迅感慨良深地寫道：「反改革者對於改革者的毒害，向來就並未放鬆過，手段的厲害也已經無以復加了。只有改革者卻還在睡夢裡，總是吃虧，因而中國也總是沒有改革。」魯迅提出，今後的革命「是應該改換些態度和方法的」，什麼方法呢？方法很多，首先應該痛打落水狗。魯迅在《墳》裡《寫在〈墳〉後面》一文中說：「最末的論『費厄潑賴』這一篇，也許可供參考吧，因為這雖然不是我的血所寫，卻是見了我的同輩和比我年幼的青年們的血而寫的。」如此看來，魯迅的打落水狗的精神是用鮮血換來的，是血寫的教訓。

打落水狗精神即不寬恕精神即徹底的大無畏的鬥爭精神，是魯迅的基本精神之一，貫穿著他的戰鬥的一生。直到臨終前，魯迅還在《死》(4)一文中告誡後人：「損著別人的牙眼，卻反對報復，主張寬容的人，萬勿和他接近。」「讓他們怨恨去，我也一個都不寬恕。」

經過魯迅的批評，在「三．一八慘案」的事實面前，是非界限已十分清楚，林語堂對魯迅的觀點已表示理解並接受。「三．一八慘案」發生後的第三天，林語堂就寫下了《悼劉和珍楊德群女士》，讚揚她們是「全國女革命之先烈」，「死得光榮」。在《討狗檄文》中，他深刻地認知到段祺瑞之流之所以膽敢鎮壓進步的學生運動，正是知識界內有一部分人為他助長聲勢。他稱這部分人為「叭兒狗」，揭露他們「一方面做老虎的間諜，一方面擾亂知識界自身之團結」，「依此下去，要打倒軍閥、打倒官僚，是絕對的空想」。他呼喚：「先除文妖再打軍閥，必使文妖銷聲匿跡而後已，至少亦使得他掛出『狼』的招牌來，要做他們的

狗事亦得偷偷摸摸的去做，不能像現在那麼舒服，白天在晨報或現代評論或九校聯席會公然幹他們的鬼勾當……我們打狗運動自今日後，使北京的叭兒狗、老黃狗、螺獅狗、笨狗及一切的狗，及一切大人所豢養的家禽、家畜能全數殲滅。」這篇文章與魯迅對痛打落水狗的看法十分接近。在《打狗釋疑》中，他說：「事實之經過使我益發信仰魯迅先生『凡是狗必先打落水裡又從而打之』的話。」在《「發微」與「告密」》中，以十分欽佩之心情說：「魯迅先生以其神異之照妖鏡一照，照得各種的醜態都照出來。」他還在《泛論赤化與喪家之狗》、《閒話與謠言》、《一封通信》等文中，明確贊同魯迅先生提出的痛打「落水狗」的主張。一九二六年一月二十三日，林語堂在《京報副刊》上登出自己繪製的《魯迅先生打叭兒狗圖》。漫畫上的魯迅，長袍八字鬍，手持竹竿，猛擊落水狗的頭，那狗在水中掙扎著。

「三．一八慘案」發生後，段祺瑞執政府從三月十九日到三月二十六日，接連開了兩次通緝名單，共四十八人，林語堂也在其內。

三

三〇年代，林語堂在上海主編《論語》、《人間世》、《宇宙風》等雜誌，以自由主義者的姿態，提倡「幽默」、「閒適」，抒寫「性靈」。這實際上是把小品文引向何處去的問題，是以其為武器向社會黑暗抗爭，還是以此為象牙之塔，來躲避現實的風風雨雨。

五四運動以後，「散文小品的成功，幾乎在小說戲曲和詩歌之上」。其中本來就有兩個流派：一是以魯迅為代表，以「掙扎和戰鬥」為特色的雜文，一是抒寫閒情逸致、追求「漂亮和縝密」的小品。後者雖不是向舊世界正面開戰，但也是向舊文學示威，說明舊文學以為特長者，新文學同樣也辦得到。所以，這兩種作品當時似乎並行不悖。

事實上，魯迅對於幽默小品並非一概否定，而是具體問題具體分析。對於五四時期出現的散文小品，魯迅是肯定的。因為當時它是做為新文學的一種文體出現的，「含著掙扎和戰鬥」。雖然它也帶點幽默和雍容，有的還寫得相當漂亮和縝密，所有這些，都並非過錯，因為這樣做「是為了對舊文學的示威，在表示舊文學之自以為特長者，白話文學也並非做不到」(5)。到了後來，大家都來罵幽默和小品，把幽默和小品罵得一無是處，魯迅有感於「人間世事，恨和尚往往就恨袈裟」，於是又站出來講話，為小品、幽默正名。魯迅指出，幽默小品做為一種文體，它的本身是無所謂功過的，「小品文大約在將來也還可以存在於文壇」，「只要並不是靠這來解決國政，佈置戰爭，在朋友之間，說幾句幽默，彼此莞爾而笑，我看是無關大體的」。這就是說，在一定的條件下，幽默小品仍有它存在的權利。

問題在於，三〇年代，東北淪陷，華北告急，日寇步步進逼，亡國滅種，是客觀存在的

危機。國內內戰不斷，災禍頻仍，民不聊生。在黃河決口之後，災民在淹得僅僅露出水面的樹梢頭上棲身，還有誰閒適得起來，來讀所謂的幽默小品呢？滅種與救亡，革命與反動，人民正在進行著拼死的鬥爭，人民需要的是匕首和投槍，去和自己一同殺出一條生存的血路。正是在這樣的時代背景下，林語堂在一九三三年下半年，特別是一九三四年後，在政治上轉為消極退縮，越來越向右傾斜。

林語堂在文藝上提倡「幽默」、「閒適」、「談談笑笑」，要使小品文成為「供雅人摩挲」的「小擺設」，沉醉於談「宇宙之大，蒼蠅之小」，酒宴的味道，明星舞女的風流逸事。林語堂寫了《論裸體運動》等文章，津津樂道於「性的吸引力」；還寫了《茶與交友》，稱「人類歷史中的傑出新發明……莫過於吸菸、飲酒、飲茶的發明」。鼓吹盡情享受生活。

魯迅與林語堂的觀點是對立的。林語堂是周作人的追隨者，魯迅關於小品文問題的見解既是批評周作人，也是批評林語堂的。這一點，我在魯迅與周作人一文中已有介紹。針對林語堂等人的觀點，魯迅寫了《從諷刺到幽默》、《「論語一年」——借此又談蕭伯納》、《小品文的危機》、《小品文的生機》等文章，闡述自己的觀點，批判林語堂的錯誤。魯迅尖銳地指出：「我們現在的國情，我們的國人都不允許幽默長久下去。」林語堂等人的幽默小品，講講笑話，談談「性靈」，玲瓏剔透，超然物外，是一種「麻醉品」，只會「將屠戶的兇殘，使大家化為一笑，收場大吉」。事實上，幽默小品只有不愁吃穿、生活安閒、心如古井的人，才能去摩挲賞鑑。但在那「風沙撲面，狼虎成群的時候」，「炸彈滿空，河水漫野之處」，誰還有閒工夫來賞玩這「小擺設」？在內憂外患的背景下，林語堂鼓吹這一套，豈不是缺乏起碼的民族責任心？

我們只要把爭論放在當時特定的歷史背景下去考察，就不難弄清是非問題。這場原則性的爭論，魯迅的意見無疑是正確的。應該指出的是，倘在今天這樣的社會條件下，搞一點林語堂式的閒適、幽默之類，也無可厚非。然而，昨天並不是今天，今天也不是昨天。這是不容混淆的歷史界限。

二〇年代的林語堂和三〇年代的林語堂判若兩人。它反映了林語堂的人格矛盾。周作人在《兩個鬼》中說他的心頭住著兩個鬼，「……其一是紳士鬼，其二是流氓鬼」。紳士鬼和流氓鬼纏於一身，用來評價林語堂，也是頗為合適的。

首先要明確的是，這裡的「流氓」，不是一般意義上調戲婦女之類的流氓，而是一種對正統社會的叛逆精神，是一種好打抱不平的俠氣。具體地說，就是《語絲》時期，林語堂諷名流、斥文妖，比章士釗於李彥青；揭穿丁在君說的「中國弄到這步田地完全是知識階級的責任」，乃是迎合官僚與軍閥的高調。唐弢在《林語堂論》(6)一文中說，那時的林語堂，「蔑

視世道，破口便罵，真可謂『流氣』十足。那時候的林先生如初生之犢，無所懼憚，實在有點可愛。他被人目為土匪（和流氓差不多），自信『生於草莽，死於草莽』，名其所著為《翦拂集》，老老實實地『以土匪自居』了。」唐弢在肯定前期的林語堂的同時，也指出林語堂「生於草莽」是實，「死於草莽」呢，可還得打個疑問號。三〇年代的林語堂就由「土匪」而變為「紳士」了。此後，他便一直「紳士」下去，他的自我矛盾基本上自行解決了，沒了匪氣，而成了一個標準的紳士，這是很讓人遺憾的。

四

魯迅和林語堂還有其他一些不大不小的糾紛，這裡介紹一下西崽問題，文人相輕問題，南雲樓風波，以為備忘。

魯迅罵林語堂為「西崽」，這是為人們熟悉的。不少人為林語堂抱不平時，就搬出這段往事，比如，一九八八年一月十五日上海的《聯合時報》上就發表了「全國政協委員、新聞界知名人士」徐鑄成對記者的談話，他說：「難道三十多年前魯迅的一句『西崽』就能把林語堂的一生概括嗎？何況林語堂並不是什麼『西崽』，按其生平，也可以說是沒有一點媚骨的文學大師。」

倘若我們細究起來，首先罵人「西崽」的，不是魯迅，而是林語堂。他在《人間世》第二十八期（一九三五年五月）發表《今文八弊》，攻擊別人譯介波蘭、捷克等被壓迫民族的文學，以及在文章中吸收外國語法，是「事人以顏色」，「其弊在奴」，「談文學雖不足，當西崽頗有才」。還說：「有食洋不化之洋場孽少，也必有自欺欺人之迂腐故老。」我們知道，介紹波蘭等被壓迫民族的文學，始於魯迅的《摩羅詩力說》，五四以後文學研究會也曾大力提倡。那不是「事人以顏色」，而是由於中國人同樣處於被壓迫的境地，譯介這類作品易於心心相印之故。林語堂的肆意批判，不能不激起魯迅的反擊，魯迅發表了《「題未定」草（二）》(7)，予以有力的批駁。魯迅以牙還牙，說：「要研究西崽，只能用自己做標本，雖不過『頗』，也夠合用了。」林語堂從小吮吸著洋人和教會的乳汁，是個「西化」程度很深的知識份子，在處理中西文化、華人與洋人的關係上也有不少可議之處。魯迅指出，他所懂得的大抵是「英文」，這是他們的吃飯傢伙，專事服侍洋東家的。魯迅說：西崽之可厭不在他的職業，而在他的『西崽相』。這裡之所謂『相』，非說相貌，乃是『誠於中而形於外』的，包括著『形式』和『內容』而言。這『相』，是覺得洋人勢力，高於群華人，自己懂洋話，近洋人，所以也高於群華人；但自己又系出黃帝，有古文明，深通華情，勝洋鬼子，所以也勝於勢力高於群華人的洋人，因此也更勝於還在洋人之下的群華人。」最後，魯迅歸納道：「倚徙華洋之間，

往來主奴之界，這就是現在洋場上的『西崽相』」。

一九七六年九月，陳望道在《文藝論叢》第1期發表《關於魯迅先生的片斷回憶》一文，其中談了一九三四年九月十三日在曹聚仁招飲的家宴上發生的一件事：「有一次……曹聚仁先生請客」，不僅有魯迅，而且林語堂也去了。他說，「席間，林語堂誇誇其談，得意地說……有一次在香港」，發現「幾個廣東人講廣東話，像講『國語』似的，講得很起勁」；也許是林語堂看他們「很起勁」的模樣而有意要壓他們一壓，於是他「就同他們講英語」，這「就把他們嚇住了……」陳望道說，「魯迅先生聽到這裡，怒不可遏，他拍著桌子站起來指斥林語堂：『你是什麼東西！你想借外國話來壓我們自己同胞嗎？』」其結果是，「弄得林語堂當眾出醜」。

陳望道的文章，不免留下當時時代的印痕，我以為，魯迅講話的口氣不會這樣生硬，但我想，基本的事實是不會錯的。林語堂以一身洋氣、滿嘴英語而沾沾自得，這一細節，倒是讓魯迅關於「西崽相」的議論得以坐實。

林語堂罵別人「西崽」，因為品題不切，所以黏不到別人身上；魯迅以子之矛，攻子之盾，稍稍勾勒一下「西崽相」，他可就難以脫掉關係。這是一場遭遇戰。林語堂搬起石頭砸了自己的腳，只能埋怨他自己，並非魯迅存心給他「戴帽子」。

林語堂曾在《做人與做文》一文中寫道：「文人好相輕，與女子互相評頭品足相同。文人相輕也是女子入宮見妒的心理……白話派罵文言派，文言派罵白話派，民族文學罵普羅，普羅罵第三種人，大家爭營奪壘……互相臭罵。」有的人甚至把鬥爭雙方一股腦兒定為「丑角」，說「兩邊都不是好東西」。

這種所謂「文人相輕」論，和「唯無是非觀」一樣，是一種唯心論和形而上學的詭辯。魯迅一針見血地指出：「所謂『文人相輕』，不但是混淆黑白的口號，掩護著文壇的昏暗，也在給有一些人『掛著羊頭賣狗肉』的。」(8) 上述林語堂這段話，用了對等的「相」字，白話派與文言派，新文學與舊文學，無產階級革命文藝與民族主義文學等等，它們的本質區別被抹煞了，它們的原則界限消融了，誰是誰非，誰對誰錯，統統沒有了！有的只是「互相臭罵」，混戰一場！然而，真的無是非嗎？顯然不是。魯迅指出：「文人還是人，既然還是人，他心裡就仍然有是非，有愛憎；但又因為是文人，他的是非就愈分明，愛憎也愈熱烈。從聖賢一直敬到騙子屠夫，從美人香草一直愛到麻瘋病菌的文人，在這世界上是找不到的，遇見所是和所愛的，他就擁抱，遇見所非和所憎的，他就反撥。如果第三者不以為難了，可以指出他所非的其實是『是』，他所憎的其實該愛來，單用了籠統的『文人相輕』這一句空話，是不能抹殺的，世間還沒有這種便宜事。」(9)

林語堂觀點的要害，在於把三〇年代的文壇鬥爭，把無產階級反對資產階級的文藝觀的衝突，混如一般意義上的文人相輕，都不是好東西，兩邊應該各打五十大板。這種論調，顯然是不符合實際的。先不說無產階級文學的對立面，就普羅文學而言，「左聯」等的行動，都是有組織、有計畫、有目的，絕不是文人相輕，意氣用事。魯迅批評了林語堂的觀點的同時，也指出了爭論雙方有傾向問題、是非問題，愛憎問題——愛什麼憎什麼，這也是立場問題。

所謂「南雲樓風波」，乃指一九二九年八月二十八日，北新書局老闆李小峰因拖欠不付魯迅稿酬事，在上海南雲樓設宴與魯迅講和。魯迅因版稅問題長期得不到解決，又聽說李小峰將錢拿去開紗廠了，故委託律師楊鏗代為交涉。李小峰得知後，要求和解，並電請杭州郁達夫參與調停，郁達夫又請章廷謙來滬一同調解。八月二十五日，在楊律師處調解達成協議，免予訴訟，李小峰此後慢慢撥還。八月二十八日的晚宴上，參加的有郁達夫、林語堂、章廷謙等人。據當時席上者章廷謙說，那天李小峰請客，意在與魯迅和解，席間談及有關北新開紗廠的傳聞是「奸人」造謠，魯迅受了挑撥。林語堂也說「奸人」在跟他搗亂，暗指張友松傳播他在漢口發了筆洋財一事。魯迅當即予以抗議，兩人爭吵激烈。據《魯迅日記》記載：「席將終，林語堂語含譏刺，直斥之，彼亦爭持，鄙相悉視。」《魯迅全集》對「語含譏刺」是這樣注釋的：「林語堂說魯迅因第三者挑撥而與北新書局涉訟，魯迅予以駁斥。」另一個當事人林語堂，四十年後，他在《憶魯迅》一文中說：「有一回，我幾乎跟他鬧翻了。事情是小之又小。是魯迅神經過敏所至。那時有一位青年作家，……他是大不滿於北新書店的老闆李小峰，說他對作者欠帳不還等等。他自己要好好的做。我也說了附和的話，不想魯迅疑心我在說他。……他是多心，我是無猜。兩人對視像一對雄雞一樣，對了足足兩分鐘。幸虧郁達夫做和事佬。幾位在座女人都覺得『無趣』。這樣一場小風波，也就安然流過了。」郁達夫一九二九年九月十九日致周作人的信中則是這樣說的：「近事之足資談助者，是魯迅與北新算版稅，與魯迅和語堂反目兩事，前者是魯迅應有的要求，後者是出於魯迅的誤解。」過了若干年，「和事佬」郁達夫在《回憶魯迅》[10]中再提此事，明確指出，這是「因誤解而起了正面的衝突」。當時，魯迅有了酒意，「臉色發青，從座位裡站了起來」，「一半也疑心語堂在責備這第三者的話，是對魯迅的譏刺。」林語堂也起身申辯，空氣十分緊張，郁達夫一面按魯迅坐下，一面拉林語堂夫婦走下樓去。郁達夫的結論說：「這事當然是兩方的誤解，後來魯迅原也明白了，他和語堂之間，是有過一次和解的。」概而言之，李小峰拖欠版稅、稿費，是為私人打算，而當時調解者又將責任推到了張友松身上，林語堂偏又補上對張友松的不滿之詞，引起魯迅誤解，認為林語堂是針對自己的，在指責他聽信了張友松的挑撥。此是小事。此後魯迅、

林語堂關係惡化，但沒有斷交。

五

魯迅逝世後，林語堂對魯迅基本上能持客觀評價的態度。在《悼魯迅》(11)一文中，他說：「吾始終敬魯迅；魯迅顧我，我喜其相知，魯迅棄我，我亦無悔」，「然吾私心終以長輩事之，至於硜硜小人之捕風捉影挑撥離間，早已置之度外矣」。一九六一年一月十六日在美國國會圖書館演講《五四以來的中國作家》時，他說：「談到散文，我不能不提出周氏兄弟，周作人和周樹人。」他認為，魯迅在「十九世紀二、三〇年代對青年一代極具影響」，「魯迅既寫批評當前事物的雜文，也寫短篇小說，兩者都寫得不壞。他今日在共產中國的地位，猶如高爾基在蘇聯，都是已閉了嘴的死偶像」。林語堂還認為，在短篇小說作家中，魯迅是最好的。

＊＊＊

(1) 林語堂：《悼魯迅》，原載一九三七年一月一日上海《宇宙風》第三十二期，《一九一三—一九八三魯迅研究學術論著資料彙編》第二卷，中國文聯出版公司一九八六年八月版。

(2) 《魯迅全集．三閒集．我和〈語絲〉的始終》。

(3)《魯迅全集・墳》。

(4)《魯迅全集・且介亭雜文末編》。

(5)《魯迅全集・南腔北調集・小品文的危機》。

(6)《魯迅研究月刊》一九八八年第七期。

(7)《魯迅全集・且介亭雜文二集》。

(8)(9)《魯迅全集・且介亭雜文二集・再論「文人相輕」》。

(10)原載一九四〇年宇宙風社月書第一冊《回憶魯迅及其他》，《大先生魯迅》有轉載，四川文藝出版社一九九七年一月版。

「女師大風潮」與「寡婦主義」

──魯迅與楊蔭榆

人的秉性是很難改的。外在因素的影響也只能讓其將固有的與生俱來的東西埋藏得更深，粉飾得更不露痕跡。比如說《雷雨》中的周樸園，留過洋，接受過現代文明的薰陶，照理應該有一點民主意識，然而，他除了套一身西裝以外，骨子裡封建性的東西有多少改變呢？楊蔭榆也是這樣一種人，她留學美國，又是中國入掌女子大學（國立北京女子師範大學號稱當時中國女界的最高學府）的頭一個女性，照理應該有一套西式管理，照理應該更理解中國女性的心聲。然而，事實上她採用的還是單調而古老的、延續了幾千年的極有中國特色的婆婆管媳婦的那一套。周建人在《回憶魯迅．談談魯迅關於解放婦女的問題》一文中是這麼說的：「楊一到校，就拿出婆婆對待媳婦的一手，壓迫學生，因此激起了學生的公憤，群起驅楊。」

一

楊蔭榆（一八八四──一九三八），江蘇無錫人。早年留學美國，據說「學識淵博」（周簡段語），但性格孤僻、古怪。她曾經纏過足，卻偏穿高跟鞋、黑大氅，一身中西結合，走起路來歪歪扭扭，樣子非常滑稽。由於她沉默寡言，不苟言笑，在學生印象中絕無親切感。

一九二四年二月，繼許壽裳出任女師大校長，上任後，她推行極富封建色彩的奴化教育，搞家長式統治，把她和學生的關係看成婆媳關係，禁止學生參加課外活動，尤其是政治活動，該校師生對她深為不滿。

一九二四年十一月，楊蔭榆無理勒令國文系預科三名學生退學，並辱罵為三名學生交涉的學生代表，激起全校公憤，醞釀已久的女師大風潮爆發了。許廣平回憶說：「風潮最初發動，是因為去年江浙戰後回南的同學受戰事影響遲到，後來楊氏整頓校規，把遲到的從嚴處治，按章是改為特別旁聽的，而楊氏連座位也不給她們設立，自然更不給她們補考，按法律、規則成立在事情之後，自然不能約束以前發生的事，而況同是遲回的人，而對於她的同鄉，她的同鄉的好友，就一點也不妨礙，別人就嚴格對待，這如何能服眾？於是風潮勃起……」[1]三個因戰事交通阻隔而未能按時返校的學生，被勒令退學顯然是不合理的。而對於同鄉之類的「不妨礙」，則是典型的有中國特色的「老子說了算」的風格。

女師大風潮擴大的又一原因，是公祭孫中山的活動引起的。一九二五年三月十二日，孫中山在北京病逝。北京各界人士將在中央公園舉行公祭。女師大學生自治會決定參加公祭，但楊蔭榆突然跳出來阻撓。她說：「孫中山是實行共產共妻的，妳們學了他沒有好處，不准

去！」這顯然是有違民心的倒行逆施。女師大學生衝破了她設置的障礙，不僅前往中央公園參加了孫中山的追悼會，而且公推學生自治會總幹事許廣平向楊蔭榆提出關於要求她立即去職的決定，發起了「驅楊運動」。

二

一九二五年四月，段祺瑞任命司法總長章士釗兼任教育總長。章士釗聲言「整頓學風」，這就更助長了楊蔭榆的氣焰。為了配合章士釗的行動，仰承他的意旨，楊蔭榆在一九二五年五月七日佈置一個演講會，請校外名人演講，想藉此鞏固她的校長地位。當天上午演講會舉行時，她登臺為主席，但即為全場學生的噓聲所趕走。許廣平在《女師大風潮與「三・一八」慘案》一文中寫道：

> 一九二五年，……五月七日是日本軍國主義強迫中國反動政府簽定二十一條的一天，楊蔭榆利用人們必然踴躍參加國恥紀念大會的愛國熱情，企圖偷樑換柱，把國恥紀念大會，變為替她洗滌污垢的場所，從而達到回校辦事的目的。同學們有所違抗，即加以搗亂國恥紀念會的罪名，於是著令其私黨歷史教員（亦在教育部供職）威脅劉和珍和我代表大家向楊認錯，否則有幾個人要被開除學籍。我們秉全體同學之命，且以手加頸表示：寧死

不屈，絕不認錯。這個毒計未能使堅持正義的學生屈服，於是楊蔭榆躲在校外寫出開除六個學生的佈告，清晨掛在牆上。大眾看見，知是預為佈置的陰謀，更加憤不可遏。學生會決定不承認這個非法開除，就把這個佈告牌取下來丟在教室講臺的地板內。……我們便照樣上課。

許廣平提到的開除六個學生事，是指五月七日下午，演講會後，楊蔭榆便在西安飯店召集若干教員宴飲，計畫迫害學生。到了九日，假借評議會名義開除學生自治會的蒲振聲、張平江、鄭德音、劉和珍、許廣平、姜伯諦六名學生。這就激起了學生更強烈的反抗。十一日，發展到學生輪流把守校門，堅決阻止楊蔭榆入校的地步。

魯迅原是受老友許壽裳之邀，於一九二三年七月應聘擔任女師大「國文系小說史科兼任教員」的。魯迅與楊蔭榆本無往來，她當校長後，曾到西三條魯迅住處送過聘書，據魯迅母親對俞芳說，魯迅先是婉言謝絕，後來又收下了。魯迅是受許壽裳之聘，現在換了一個校長，當然要表示婉拒；新校長懇留，繼而接受了聘請，這是一般的人情世故。除此以外，魯迅與楊似無恩怨了。

魯迅的最初捲入女師大風潮，便是因為五月七日演講會上發生衝突，楊蔭榆即「厲聲呼曰『叫員警』，同是總務長吳沆，掠袖擦掌，勢欲飽生等以老拳。」⑵學生鬧事，先不說有

理無理，立即就要「叫員警」，至少顯示了楊蔭榆應變能力很差。面對一群女學生，「捺袖擦掌」，不論在東方的高校，還是在西方的高校，都只會引起公憤。

魯迅對楊蔭榆及其幫兇進行了怒不可遏的斥責：「我還記得中國的女人是怎樣的被壓制，有時簡直並羊而不如。現在託了洋鬼子學說的福（按：楊蔭榆是美國留學生），似乎有些解放了。但她一得到可以逞威的地位如校長之類，不就雇用了『捺袖擦掌』的打手似的男人，來威嚇毫無武力的同性的學生們嗎？不是利用了外面正有別的學潮的時候(3)，和一些狐群狗黨趁勢來開除她私意所不喜的學生們嗎？而幾個在『男尊女卑』的社會生長的男人們，此時卻在異性的飯碗化身的面前搖尾，簡直並羊而不如。」魯迅進而分析道：「我想，要中國得救，也不必添什麼東西進去，只要青年們將這兩種性質的古傳用法，反過來一用就夠了：對手如凶獸時就如凶獸，對手如羊時就如羊！那麼，無論什麼魔鬼，就都只能回到他自己的地獄裡去。」(4)

三

楊蔭榆一九二五年七月三十一日寫信給京師員警廳：「此次因解決風潮，改組各班學生，誠恐某校男生來校援助，懇請於八月一日照派保安員警三、四十名來校，借資防護。」經過楊蔭榆的周密佈置，在章士釗的支持下，八月一日清晨，員警打手百餘名包圍了女師大，「全校突佈滿武裝軍警，各室封鎖，截斷電話線，停止飲食，斷絕交通。同學相顧失色。繼而楊氏率打手及其私黨……凶擁入校，旋即張貼解散四班學生之佈告。」(5) 強令解散國文系三年級等四個班，驅趕學生出校，毆打學生。同時還剪斷電線，停止伙食供應。

處理學校事務而叫員警——她甚至不曉得讓員警穿上便裝——隨意解散學生，而且是女生，我覺得，這不應該是受過美式教育的弱女子楊蔭榆幹的事，而應該是軍閥的勾當，或是「文革」中工宣隊、軍宣隊的做為。

入夜之後，被鎖在校內的三十多個又飢又困的學生，在燭光下相對飲泣。大門被緊鎖著，學生們在學生會總幹事許廣平的帶領下，打開了鐵門。在這個緊張的夜晚，魯迅應學生的請求，住在女師大教務處，給她們以有力支持，並為被困的學生的品行作證，撕破楊蔭榆輩製造的女師大「男女學生混雜」的流言。

楊蔭榆原想用「警管」解決問題，事與願違，卻把「女師大風潮」推向高潮。八月四日，《京報》同時出現三個啟事，一是《女師大學生自治會啟事》，是女師大學生揭露楊蔭榆迫害學生的罪行的；二是《楊蔭榆啟事》，是楊蔭榆為自己辯護的；三是《國立女子師範大學啟事》，是楊蔭榆利用學校名義掩飾其罪行的。八月六日北京《晨報》又刊出楊蔭榆致學生家長書，

要求學生再填入學志願書，「不交者以不願再入學校論」。魯迅於八月五日和六日接連寫了《流言和謊話》(6)和《女校長的男女的夢》(7)，對楊蔭榆的醜惡行徑和卑鄙心理進行揭發與抨擊。

魯迅透過對三個啟事的分析，從楊蔭榆的自相矛盾中，揭露她的「撒謊造謠」。

由於楊蔭榆下令「停止飲食茶水」，學生的啟事才說：「既感飢荒之苦，復慮生命之危。」可是，楊蔭榆假借女師大名義發的啟事卻說「全屬子虛」。而楊蔭榆自己的啟事又不打自招地說：「本校原望該生等及早覺悟，自動出校，並不願意其在生活上種種不便也。」既然學生「在校受生活上種種之不便」，當然已「停止飲食茶水」，並非「全屬子虛」。所謂「全屬子虛」，是楊蔭榆「撒謊造謠」。

學生的啟事說：「楊蔭榆突以武裝入校，勒令同學全校即刻離校，嗣覆命令軍警肆意毒打侮辱……」楊蔭榆的啟事則說：「暴劣學生肆行滋擾……故不能不請求警署，撥派巡警保護……」而她自己所假借的女師大啟事又公開承認：「不料該生等非特不肯遵命，竟敢任情謾罵，極端侮辱……幸先經內右二區派撥警士在校防護……」這就從矛盾中戳穿了她的謊言，並非臨時叫來員警，而是先期準備了「武裝入校」。

魯迅還揭露了楊蔭榆的卑鄙、下流。楊在七月三十一日函請員警廳於八月一日派員警來校，「誠恐某校男生來校援助」女師大學生。魯迅指出：員警「入校在八月初，而她已經在七月底做著『男生來幫女生』的夢，並且將如此夢話，敘入公文，倘非腦裡有些什麼貴恙，大概總該不至於此的吧……自己先設立一個夢境，而即以這夢境來誣人，倘是無意的，未免可笑，倘是有意，便是可惡，卑劣……」魯迅又說：「我真不解何以一定是男生來幫女生。因為同類嗎？那麼，請男巡警來幫的，莫非是女巡警？給女校長代筆的，莫非是男校長嗎？」這裡，魯迅對她的抨擊，深刻到尖刻的程度。

好比將一個皮球硬按到水底，壓力愈大，反抗力也愈大。女師大學生對楊蔭榆及北洋軍閥政府教育部施加的壓力無所畏懼，並且很快得到北京、上海等地學生界的聲援。八月四日，《京報》刊出《學聯會援助女師大》、《滬學生界電慰女師大》等消息。女師大學生深受鼓舞。八月六日《京報》刊出了《女師大學生請撤章、楊》的消息。由於女師大學生堅持抗爭，並得到各地的聲援，北洋軍閥政府被迫撤去包圍女師大的軍警，恢復水電，批准楊蔭榆辭職。

四

也許是「男女混雜」之類，激怒了魯迅，也激發了他的靈感。後來，他在一九二五年十一月二日寫的著名的《寡婦主義》(8)一文中，對楊蔭榆推行的封建教育的種種措施，極其乾脆地稱為「寡婦主義」。魯迅指出楊蔭榆和秦竹平是「寡婦」或「擬寡婦」。她們分別任

女師大的校長和舍監，實行「寡婦主義」教育，對於廣大學生，「始終用了她多年練就的眼光，觀察一切，見一封信，疑心是情書了，聞一聲笑，以為是懷春了；只要男人來訪，就是情夫……所以在寡婦或擬寡婦所辦的學校裡，正當的青年是不能生活的……」魯迅對病態人格進行描述，勾勒了寡婦的心態，確實是十分精彩的，對楊蔭榆在女師大實行封建家長式的統治，做了形象生動的概括。

魯迅的這些議論，都是不確定的推測，與楊蔭榆有涉但所涉無多。我們應該跳出具體，將其看作是對一種歷史文化現象的分析。其實，楊蔭榆雖然獨身，但她也和魯迅一樣，也是封建婚姻的受害者。據楊絳在《回憶我的姑母》(9)一文介紹，她是奉祖母之命訂親結婚的。她的夫家姓蔣。雖然門當戶對，然蔣少爺卻是一個「傻爺」，「老嘻著嘴，露出一顆顆紫紅的牙肉，嘴角流著哈拉子」。成親時，她把「傻爺」的臉皮都抓破了，後來逃回娘家，出外求學。當然，魯迅當時並不知道她的這一身世，倘知道，接受過母親「禮物」、與朱安有過不幸婚姻的魯迅，在下筆討伐「寡婦主義」時，以楊蔭榆為話頭，也許會有所躊躇？

我以為，魯迅關於「寡婦主義」的這種深切感受，可以說是鬱積於長久，得之於偶然。他之所以如此不無刻薄地罵楊蔭榆，只不過是找到了一個靈感的觸發點，借題發揮而已。心靈中有思想，總是要噴發的。若不是楊蔭榆的種種做為，在此後的某日，碰上了牛蔭榆、馬蔭榆，或者別的什麼蔭榆，一有機會，魯迅的這一思想肯定也要表露的。楊蔭榆被罵為「寡婦」之類，既冤枉也不冤枉。

我還覺得，寡婦，或者獨身者，固然有許多他們所特有的弱點、怪僻，但以現代觀念來看，對於他們的弱點、怪僻，也只能就事論事，最好不把政治鬥爭、思想鬥爭與具體人的獨身身分相聯繫。如此，才公允，才理性，這也是現代人應有的寬容品格。以今天的眼光看，「寡婦主義」是頗有一點人身攻擊和辱罵的成份的。楊蔭榆是不是敵人呢？在我看來，她只是一個有弱點、有污點、有劣跡的人，據說她後來還做過一些有益於社會的好事。即使是敵人吧，也不宜採用這樣的戰術，魯迅自己後來也說過，「辱罵和恐嚇絕不是戰鬥」。

有意思的是，一九八七年，八十五歲的梁實秋也說魯迅因「婚姻非常不幸」，獨身，所以變態（魯迅與原配夫人朱安是名義夫妻），因而才喜歡罵人的。⑽ 我提及這一點，要表達的意思是，以寡婦、獨身之類的來判斷人的行為，雖然不無片面之理，但往往情緒化。

女師大風潮，在中國現代教育史或文化史上應該佔有什麼地位呢？是無足輕重的嗎？我心中沒有結論。我以為，它至少有某種牽引力，由此牽引出了魯迅的「罵」章士釗，以及陳西瀅、李四光等等。女師大風潮的其他一些情況，還要在介紹章士釗等人的文章中才顯分曉。

五

楊蔭榆是著名作家、翻譯家楊絳的姑母。楊絳有篇散文《回憶我的姑母》介紹楊蔭榆的生平。楊絳只是對魯迅說了一兩句很「藝術」的話，以似乎無意評論是非的口氣道：「一九二四年，她做了北京師範大學的校長，從此打落下水，成了一條『落水狗』。」這句話既表明了她的傾向，又讓人抓不著把柄，話能說到這種水準，一般是外交部的新聞發言人才辦得到的。這話雖然讓人不好多說什麼，但細細咬嚼，其中的潛臺詞卻是相當豐富的。這是題外話，不提也吧。

楊蔭榆在學術上沒有什麼造詣，她只是一個學校的行政負責人而已，若非與魯迅的這場糾紛，我們也用不著為她花費精神了。

風潮過後，楊蔭榆無法立足京城，揮淚離別了女師大，來到蘇州。

楊絳在《回憶我的姑母》一文中，談到楊蔭榆一九二九年後，在蘇州東吳大學任教時，因學校開除學生而辭職的事：「有個大學四年級的學生自稱『怪物』，有意幹些怪事招人注意。他穿上戲裡紈絝少爺的花緞子袍子，鑲邊馬褂，戴著個紅結子的瓜皮帽，跑到街上去挑糞；或者叫洋車夫坐在洋車上，他拉著車在鬧市跑。然後又招出一個『大怪物』。『大怪物』和大學的門房交了朋友，一同拉胡琴唱戲。他違犯校規，經常夜裡溜出校門，半夜門房偷偷放他進校。學校就把『大怪物』連同門房一起開除。三姑母很可能吃了『怪物』灌給她的『米湯』而對這『怪物』有好感，她認為年輕人胡鬧不足怪，四年級開除學籍就影響這個青年的一輩子。她和學校意見不合，就此辭職了。」

此一楊蔭榆，彼一楊蔭榆。女師大時期的楊蔭榆與學生為敵，此時的楊蔭榆卻為學生而辭職，其中所包含的內容也許有所不同，但應該說此時的楊蔭榆多了惻隱之心。這種對學生的寬容，與女師大時期的影響是否有一定的關係呢？是否包含了楊蔭榆對先前粗暴言行的某種悔意呢？

據楊絳回憶，日本入侵後，楊蔭榆與虎謀皮，「三姑母住在盤門，四鄰是小戶人家，都深受敵軍的蹂躪。據那裡的傳聞，三姑母不只一次跑去見日本軍官，責備他縱容部下姦淫擄掠。軍官就勒令他部下的兵退還他們從三姑母四鄰搶到的財物。街坊上的婦女怕日本兵挨戶找『花姑娘』，都躲到三姑母家裡去。一九三八年六月一日，兩個日本兵到三姑母家去，不知用什麼話哄她出門，走到一座橋頂上，一個兵就向她開一槍，另一個就把她拋入河裡。他們發現三姑母還在游泳，就連發幾槍，看見河水泛紅，才揚長而去。」

楊蔭榆，這個「依附北洋軍閥，肆意壓迫學生，是當時推行帝國主義和封建主義奴化教育的代表人物」，也有抗日壯舉，每一個人都有他所特有的豐富性，足見評價一個人是多麼

不容易！無論如何，她畢竟為自己畫下了一個光榮的句號。

＊＊＊

(1)《許廣平憶魯迅》，廣東人民出版社一九七九年四月版。

(2)(4)《魯迅全集．華蓋集．忽然想到（七）》。

(3)當時南京的東南大學也在鬧「易長」的學潮。

(5)晚愚：《女師風潮紀事》，《婦女週刊》一九二五年八月三十六、三十七兩期。

(6)《魯迅全集．集外集》。

(7)《魯迅全集．集外集拾遺》。

(8)《魯迅全集．墳》。

(9)楊絳：《將飲茶》，中國社會科學出版社一九九二年二月版。

(10)《梁實秋今日談魯迅》，《魯迅研究動態》一九八八年第七期。

從「女師大風潮」到「三・一八慘案」

——魯迅與陳西瀅

陳西瀅（一八九六—一九七三），字通伯，江蘇無錫人，現代評論派的主要成員。一九一一年，十五歲時即留學英國，他的中學、大學教育全部在英國完成，一九二二年獲博士學位，回國後被聘為北京大學外文系教授。陳西瀅全身心地接受了西方文化和政治的薰陶，極力推崇西方文明，主張在中國建立英美式的資產階級社會。

陳西瀅與魯迅的論戰，主要是圍繞「女師大風潮」、「五卅運動」和「三・一八慘案」展開的。當然，此外還牽涉某些枝節之爭。

一

陳西瀅罵魯迅的文章大多是透過《現代評論》發表的。陳西瀅是現代評論派主要成員。魯迅的「罵」現代評論派，也主要是罵陳西瀅。在一些人看來，陳西瀅是和現代評論派畫等號的。因此，我們有必要首先搞清楚陳西瀅與現代評論派的關係，也要對現代評論派有一個粗略的瞭解。

《魯迅全集》對「現代評論派」的注釋是這樣的寫的：

《現代評論》週刊是當時一部分資產階級大學教授所辦的一種同人雜誌，一九二四年十二月創刊於北京，一九二七年七月移至上海出版，至一九二八年十二月停刊。主要撰稿人是王世傑、高一涵、胡適、陳西瀅、徐志摩、唐有壬等，也採用一些外來投搞。其中胡適雖沒有參加實際編輯，但事實上是這個刊物的首領。這派人物和帝國主義——特別是美英帝國主義、北洋軍閥以及後來的國民黨反動派有密切的關係。他們以自由主義的面目出現，積極充當帝國主義及其買辦資產階級的代言人；他們辦的這個刊物的主要特色，就是時而曲折時而露骨地反對當時在共產黨領導下的人民群眾的革命鬥爭。如五卅運動發生後，胡適、陳西瀅和其他一些人都曾先後在該刊發表文章，誣衊在共產黨領導下由工人、學生和市民所形成的廣泛的反帝運動。一九二六年三月十八日段祺瑞在北京屠殺愛國人民時，該刊公然誣衊被殺的愛國群眾，替段祺瑞辯護。一九二七年四月蔣介石舉行反革命政變以後，該刊逐步投靠蔣介石政權，成為赤裸裸的反共反人民的刊物。

筆者無意對這一注釋進行評論，照錄於此，只是便於讀者閱讀，提供一種參照而已。我們也應該看一看另一方面的事實。現代評論社成立於一九二四年六月，由太平洋社和創造社合併而成。兩社的合併，最初由太平洋社提出，他們建議停辦《太平洋》雜誌、擴大《創造週報》，政論和文藝各佔一半，太平洋社負責編輯政論，創造社負責編輯文藝。創造社骨幹郭沫若和成仿吾赴廣東，五月，《創造週報》準備停刊，郁達夫趕赴上海處理該刊善後事宜，在該刊的終刊號內預告了兩社合併的消息，六月，現代評論社成立。郭沫若沒有參與該社的活動，僅在《現代評論》上發表過一篇小說和一篇悼念孫中山的散文，並沒有成為陳西瀅所要擁戴的「天成領袖」，也沒有實現陳西瀅要他掌管《現代評論》編輯全權的許諾。郁達夫雖為籌創期創造社的代表人物，兩社合併不久，他也只好在自己的小說《十一月初三日》中，發洩自己做了「登場的傀儡」，「為增加人家的美處而存在的小丑」的不滿情緒。由此可見，現代評論社雖由太平洋社和創造社合併而成，但實際上太平洋社起著決定作用。

一九二七年七月前，現代評論派活躍在北京文壇。其成員和主要撰稿人有中間偏左或中間人物。後來逐步成長為無產階級革命的擁護者、支持者和戰士的，如創造社部分成員和李四光、丁西林、陳翰笙等。有當時就是共產黨人、或革命的、或傾向進步的文人，如陳啟修、杜國庠、田漢、胡也頻等。也有當時確實偏右的人，如胡適、陳西瀅，甚至後來成為敵人的王世傑、唐有壬等。該社成員和主要撰稿人的複雜，必然決定其政治立場、思想傾向和文藝觀點的迴異。郭沫若曾說現代評論派「構成份子大部分還是有點相當學識的自由主義者，所

發表的政論，公開地說，也還比較開明」。(1)的確，現代評論派刊物的政治思想傾向比較開明。該刊發表了大量反帝、反封建、反軍閥、支持正義、有進步思想傾向的文章，在「五卅運動」和「三・一八慘案」中，發表了一系列抗議帝國主義和軍閥政府的暴行、聲援愛國群眾運動、悼念烈士的文章。如《上海租界的殺氣》、《上海租界的慘劇》、《論上海英雄槍殺中國人的事》、《英國侵略中國的概況》、《要糾正政府的外交步驟》、《段政府的高壓手段》、《人權的保障在哪裡》、《示威運動與員警》、《持久的愛國運動》、《對愛國運動的謠言》、《悼三月十八日的犧牲者》、《論三月十八日慘劇》、《三月十八日慘案目擊記》等。刊發了不少共產黨人和進步人士宣傳介紹馬克思主義理論，擁護支持蘇聯和中國共產黨的文章，如《唯物論的警鐘響了》、《什麼是帝國主義》、《勞動階級政黨組織上之二種見解》、《蘇聯事情的研究與對蘇政策之研究》、《一個月在蘇聯的所見所聞》等。但是，現代評論派中也有不少人在該刊發表了一系列維護帝國主義、封建軍閥政府利益，為他們的罪行開脫，向革命群眾運動潑冷水，反對馬克思主義、攻擊蘇聯和中國共產黨的反動文章。如陳西瀅發表的許多《閒話》。

「現代評論派」沒有像其他文學社團那樣發表過文藝方面的宣言、宗旨或聲明，但從刊物發表的作品看，他們的文藝觀點也是比較複雜的。該社既支持擁護五四新文化運動和文學革命，熱情肯定新文學運動中出現的作家作品，批判反擊封建復古派和國粹派，甚至連陳西瀅也極力推薦過魯迅的《吶喊》等新文學作品。他們刊發文章時，沒有宗派門戶之見，注重發現和培養青年作者，如胡也頻、沈從文、凌叔華、李健吾、吳伯蕭、施蟄存等。由此可見，現代評論派無論在政治立場、思想傾向和文藝觀點方面都是複雜矛盾的，具有濃厚的自由主義色彩。

總之，現代評論派是複雜的，它既宣傳過馬克思主義，也反對過共產黨。在今天，我們已經有了這樣的環境，可以歷史的、全面的、實事求是的來評論現代評論派的具體人物、具體文章。或敵或友，或上天堂或下地獄，沒有中間狀態的機械單一的思維方式，已被淘汰。此外，我以為，陳西瀅就是陳西瀅，魯迅罵陳西瀅，不應該不加分析地推論是罵現代評論派的其他人。某一個人固然與某一個團體有某種聯繫，但以文章而言，它首先代表的只是作者自己。魯迅說過，《新青年》中有的人高升，有的人退隱。那麼，高升者或退隱者的任何言論，便都可以代表《新青年》嗎？假設當年有人罵高長虹，那麼，可否這樣推論，這便是罵《莽原》，便是罵魯迅呢？魯迅和高長虹在同一個時期內不是同屬於《莽原》嗎？

二

「女師大風潮」之初，魯迅並未捲入。我們知道，風潮始於一九二四年秋，而魯迅對於風潮的第一次公開表態文章是《忽然想到（七）》(2)，寫於一九二五年五月十日，發表於五月十二日的《京報副刊》。是在楊蔭榆變本加厲鎮壓學生運動，大鬧國恥紀念日，並於五月九日肆意開除六名學生的背景下，魯迅才忍無可忍，撰文指出了他們身上「凶獸和羊」的兩重性：他們是羊，同時也是凶獸；但遇見比他更凶的凶獸時，便現羊相，遇見比他更弱的羊時，但現凶獸樣。魯迅認為，對付他們的辦法是：對手如凶獸時就如凶獸，對手如羊時就如羊。

相較之下，陳西瀅則是較早地捲入風潮，並且，披著「公允」的紳士外衣，實際上是站在章士釗、楊蔭榆一邊。早在一九二五年二月七日，陳西瀅就在《現代評論》第九期的「時事短評」欄中，發表《北京的學潮》一文，蒙蔽世人，嘲諷女師大學生，指責學生運動。他說：「不過我們覺得那宣言中所舉的校長的劣跡，大都不值一笑。至於用『欲飽私囊』的字眼，加楊氏以『莫須有』之罪，我們實在為『全國女界的最高學府』的學生不取。」

三月二十一日，《現代評論》第十五期以「一個女讀者」來信的形式，刊登《女師大的學潮》一文，重申陳西瀅的觀點，不僅為楊蔭榆開脫罪責，而且居然把矛頭指向支持女師大學生運動的進步人士。文章寫道：「那些宣言中所列舉楊氏的罪名，大都不能成立。」「女師大中攻擊楊氏的學生，不過是極少數的學生；而這回風潮的產生和發展，校內外尚別有人在那裡主使。」

「校內外尚別有人」是指誰呢?

當然，這個「女讀者」確實道出了一個客觀事實，「女師大風潮」確實受到了校內外許多人士的支持，這在魯迅與楊蔭榆一文裡已有介紹。但有一點是應該明確的，學潮始於自發，後有魯迅等文化界及京滬學生界的支持，是聲援，而不是「主使」。

一九二五年五月二十日《晨報》發表了楊蔭榆開除學生自治會職員六人後所作《對於暴烈學生之感言》，其中說：「若夫拉雜讕言，齮齕筆舌，與此曹子勃谿相向，憎口縱極鼓簧，自待不宜過薄……夢中多曹社文謀，心上有杞天之慮；然而人紀一日猶存，公理百年自在。」楊蔭榆以婆婆自居，把學生當作「一群童養媳」，大造壓迫有理，造反有罪的輿論。

五月二十七日，針對楊蔭榆的「感言」，魯迅聯合馬裕藻、沈尹默、錢玄同、沈兼士、周作人、李泰棻六人，發表了七教授《對於北京女子師範大學風潮宣言》，「證明楊氏之誣妄」，堅定站在學生一邊，表明了支持女師大學潮的鮮明態度。

五月三十日，陳西瀅在《現代評論》第二十五期上發表《粉刷毛廁》(3)一文。他說：「以前學校鬧風潮，學生幾乎沒有對的，現在學校鬧風潮，學生幾乎沒有錯的。這可以說是今昔言論界的一種信條。在我這種喜歡懷疑的人看來，這兩種觀念都無非是迷信。」在表白一番他的「公允」之後，陳西瀅針對七教授宣言，以頗似關切愛惜的口吻說：「以前我們常常聽

說女師大的風潮，有在北京教育界佔最大勢力的某籍某系的人在暗中鼓動，可是我們總不敢相信。這個宣言語氣措詞，我們看來，未免過於偏袒一方，不大公允，看文中最精彩的幾句就知道了……這是很可惜的。我們自然還是不信我們平素所尊敬的人會暗中挑剔風潮，但是這篇宣言一齣，免不了流言傳佈得厲害了。」陳西瀅還說：「我們只覺得這次鬧得太不像樣了。到了這種時期，實在旁觀的人也不能再讓它醞釀下去，好像一個臭毛廁，人人都有掃除的義務……我們以為教育當局應當切實的調查這次風潮的內容……萬不可再敷衍姑息下去。」

陳西瀅把女師大比作「臭毛廁」，其傾向性是再明確不過了，他如果乾脆亮明旗幟，站在章、楊一邊，也算漢子，何必又有一副假紳士的嘴臉呢？五月三十日，魯迅在給許廣平的信中說：「所謂西瀅也者，對於我們的宣言出來說話了，裝作局外人的樣子，真會玩把戲。」魯迅又說：「『西瀅文托之『流言』，以為此次風潮是『某系某籍教員所鼓動』，那明明是說『國文系浙籍教員』了，別人我不知道，至於我之罵楊蔭榆，卻在此次風潮之後，而『楊家將』偏偏來誣賴，可謂卑劣萬分。但浙籍也好夷籍也好，既然罵起，就要罵下去，楊蔭榆尚無割舌之權，總還要被罵幾回的。」

魯迅幾乎是立即就對陳西瀅施之以反擊。陳西瀅的文章發表於五月三十日，六月一日《京報副刊》就發表了魯迅的《並非閒話》(4)，魯迅首先以他慣有的方式，表明「我就是這樣，並不想以騎牆或陰柔來買人尊敬」。又說：「假使一個人還有是非之心，倒不如直說的好，否則，雖然吞吞吐吐，明眼人也會看出他暗中『偏袒』哪一方，所表白的不過是自己的陰險和卑劣。」

關於七教授的籍貫等問題，照理不應該成為是否偏袒一方的根據，而要看七教授是否掌握事實，持論公允。倘持有事實，由事實得出的結論又是正確的，同籍同系，又有何妨？若非如此，也不會因為是不同籍不同系的人說了，非事實便成了事實，無理便成了有理。

不過，既然陳西瀅提出了籍和系的問題，魯迅便以其人之道還治其人之身。由於陳西瀅和楊蔭榆同是江蘇無錫人，所以，魯迅挖苦道：「『流言』本是畜類的武器，鬼蜮的手段，實在應該不信它。又如一查籍貫，則即使裝作公允，也容易啟人疑竇，總不如『不敢相信』的好，否則同籍的人固然憚於在一紙上宣言，而別一某籍的人也不便在暗中給同籍的人幫忙了。這些『流言』和『聽說』，當然都只配當作狗屁！」魯迅還說：「凡是自己善於在暗中播弄鼓動的，一看見別人明白質直的言動，便往往反噬他是播弄和鼓動，是某黨，是某系；正如偷漢的女人的丈夫，總願意說世人全是忘八，和他相同，他心裡才覺舒暢。」(5)言語辛辣，嬉笑怒罵，可謂入木三分。

後來，陳西瀅在《致志摩》(6)一文中，以頗為無奈的口吻說：「他說我同楊蔭榆女士有

親戚朋友的關係，並且吃了她許多的酒飯。實在呢，我同楊女士非但不是親戚，簡直就完全不認識。直到前年在女師大代課的時候，才在開會的時候見過她五、六面。從去年二月起我就沒有去代課。我從那時起直到今天，也就沒有在任何地方碰到楊女士。」我們現在難以考證陳、楊是否有「親戚朋友的關係」，有和沒有又有什麼關係呢？我寧可相信他們不是這種關係。這裡，有兩點是要搞清楚的，一是魯迅並沒有說他們是「親戚朋友的關係」，只說他們是同籍；二是這也怪不得魯迅，先以「籍」和「系」為武器的是陳西瀅，而不是魯迅。

「籍」的問題之外，還有一個「系」的問題。魯迅在《我的「籍」和「系」》(7)一文中說：「我確有一個『籍』，也是各人各有的一個籍，不足為奇。但我是什麼『系』呢？自己想想，既非『研究系』，也非『交通系』，真不知怎麼一回事。」這裡的「研究系」和「交通系」乃反唇相譏，有弦外之音，實際上是對「現代評論派」的有力抨擊。

一九一六年袁世凱死後，在黎元洪任北洋政府總統、段祺瑞任國務總理期間，原進步黨首領梁啟超、湯化龍等組織的「憲法研究會」，依附段祺瑞，並勾結西南軍閥，進行政治投機活動，這個政客集團被稱為「研究系」。袁世凱的祕書長兼交通銀行總理梁士詒曾奉命組織他的部屬為「公民黨」，充當袁世凱當選總統和復辟帝制的工具，這個政客集團被稱為「交通系」。魯迅認為「研究系比狐狸還壞，而國民黨則太老實，你看將來實力一大，他們轉過來拉攏，民國便會覺得他們也並不壞……」(7)這裡，魯迅點出了「研究系」趨炎附勢、投機善變的本領。「研究系」的成員不少是過去的保皇黨人。既然過去的保皇黨人可以一個筋斗翻到民國裡來，成為北洋軍閥政府謀士和幫兇，那麼，北伐一旦成功，國民黨的「實力一大，他們轉過來拉攏」，「這時他們自然也將故態隱藏起來」。「研究系」就是這樣的團體，而「現代評論派」的一些主要成員，跟「研究系」的政客、學者都有關係，有的關係還相當密切。

陳西瀅言外之意說魯迅搞派系，魯迅則由「系」的問題生發開去，點出了「研究系」「比狐狸還壞」，而陳西瀅及「現代評論派」與「研究系」卻有著難以掙脫的瓜葛。是誰在搞派系呢？當然不言自明。陳西瀅以「籍」和「系」為工具，結果並沒有佔到便宜，卻是搬起石頭砸了自己的腳。

三

從「女師大風潮」中，我們似乎可以看到陳西瀅與章士釗是同氣相投的。那麼，陳西瀅與章士釗私人交情怎樣？我一時查不到這方面的資料，但他們在「女師大風潮」以前是有來往的——我不是說他們的來往也應該受到非議，而是說，陳西瀅相對地比較瞭解章士釗，因為是熟人，他在敘說到章士釗時，也比較的自然而不生分。他在《現代評論第一週年紀念增刊》

發表的《做學問的工具》一文中說：「孤桐先生在英國德國買的書我是親自看見的。他柏林寓中兩間房，幾乎滿床滿架滿桌滿地，都是關於社會主義的德文書。我不知道這些書都在北京否。從《寒家再毀記》看來，好像他們夫婦兩位的藏書都散失了。這真是很可惜的。」可見，在柏林的時候，他們就已有交往了。

章宅被毀是怎麼回事呢？

一九二五年十一月二十八日，北京民眾為要求關稅自主和反對段祺瑞政府舉行示威遊行。群眾對於段祺瑞和平日依附他的一些政客如章士釗者流，深為痛恨，遊行時曾到他們的住宅示威；事後，章士釗即寫了一篇《寒家再毀記》(8)，說他「家中所有，以中西書籍為第一項……西籍為愚歷年續續購辦。哲學政計諸門差完……最後一批，乃兩年前在柏林所得，堪稱富有」。又說當日群眾「一擁而入，遇物即毀……自插架以至案陳。凡書之屬無完者」。章士釗的敘述若是事實，讓人想起了紅衛兵運動，革命既不是今日才有的，紅衛兵式的破壞也不是始於文革；「好得很」、「糟得很」的爭論，也因為人的地位不同而有了不同的角度和不同的看法。

魯迅沒有糾纏於書要毀還是不要毀，而是別開一個思路，探究書的來源。魯迅說：「據說北京『三十多個大學，不論國立私立，還不及我們私人的書多』云。這『我們』裡面……第二大概是『孤桐先生』即章士釗，因為在德國柏林時候，陳西瀅教授就親眼看見他兩間屋裡『幾乎滿床滿架滿桌滿地，都是關於社會主義的德文書』。現在呢。想來一定更多的了。這真令我欣羨佩服。記得自己留學時候，官費每月三十六元，支付衣食學費之外，簡直沒有盈餘，混了幾年，所有的書連一壁也遮不滿，而且還是雜書，並非專而又專，如『都是關於社會主義的德文書』之類。」如果說以上這段話只是帶有一種暗示的話，接下來，魯迅在《雜論管閒事・做學問・灰色等》(9)一文中乾脆把話說明瞭：「……這回之『散失』了『孤桐先生』夫婦的藏書，其加於中國的損失，就在毀壞了三十多個國立及私立圖書館之上。和這一比較，劉百昭司長的失少了家藏的公款八千元，要算小事件了，但我們所引為遺憾的是偏是章士釗、劉百昭有這麼多的儲藏，而這些儲藏偏又全遭了劫。」我想，章士釗書多，但未必多到比三十多家大學圖書館的還要多。大約是指「關於社會主義的德文書」，比三十多家大學圖書館這一類書還要多吧？魯迅這裡的責問不免刻薄，據我所知，有的清貧書生，一窮二白，省吃儉用，卻也購得許多書的。不過，章士釗既是官員，百姓對政府官員的財產來源有疑問，如此問問，也還算情理中的事。

四

這裡有一個插曲，就是所謂魯迅的「剽竊案」。

一九三六年十一月，曾經對魯迅表示過某種敬意，認為「魯迅是新文學界的老資格，過去十年內曾執過文壇牛耳」(10)的蘇雪林，給胡適、蔡元培寫了一封很長的信，一方面對胡適、蔡元培獻媚討好，肉麻捧場；一方面對魯迅歪曲謾罵，嘲諷醜化。三〇年代的胡適，已與五四時期不同，他與魯迅的關係已疏遠，甚至到了不相往來的程度。胡適多次被魯迅「罵」過，且自身的思想也日益西化，但是，即使在這樣的時候，胡適不僅不同意蘇雪林那種粗暴卑劣的做法，而且為魯迅與陳西瀅論戰中遭受的冤案鳴不平。胡適說：陳西瀅「先生當日誤信一個小人張鳳舉之言，說魯迅之小說史是抄襲鹽谷溫的……現今鹽谷溫的文學史已由孫工譯出了，其書是未見我和魯迅之小說研究以前的作品，其考據部分淺陋可笑。說魯迅抄鹽谷溫，真是萬分的冤枉。鹽谷一案，我們應該為魯迅洗刷明白」。

胡適要為魯迅「洗刷明白」的所謂「剽竊案」，就是關於魯迅的《中國小說史略》一書。

不過，話還得先從陳西瀅說起。

一九二五年底至一九二六年初，北京又發生了後來是陳西瀅夫人的凌叔華女士的「剽竊」事件。事情的經過是這樣的：一是凌叔華剽竊小說圖畫的問題。《晨報副刊》自一九二五年十月一日起由徐志摩主編，報頭用了一幅敞胸半裸的西洋女人黑白畫像，無署名，徐志摩在開場白《我為什麼來辦我想怎麼辦》中也未聲明畫的來源，只是在同日刊載的凌叔華所作小說《中秋晚》後的附記中，順便說「副刊篇首廣告的圖案也都是凌女士的」。十月八日，《京報副刊》上登載了署名重余（陳學昭）的《似曾相識的〈晨報副刊〉篇首圖案》，指出該畫是剽竊英國畫家琵亞詞侶（又譯畢亞茲萊）的。二是《現代評論》第二卷第四十八期（一九二五年十一月七日）發表了凌叔華的小說《花之寺》，十一月十四日《京報副刊》又發表了署名晨牧的《零零碎碎》一則，暗指凌叔華的《花之寺》說：「挽近文學界抄襲手段日益發達……現在某女士竟把柴霍甫的《在消夏別墅》抄竄來了……這樣換湯不換藥的小說，瞞得過世人嗎？」劉半農等也撰文揭發凌叔華的抄襲行為。

當時，陳西瀅正與凌叔華熱戀。陳西瀅不是批評抄襲，或者至少保持沉默，反而疑心這兩篇文章都是魯迅所作，故意與他為難，使他們難堪。陳西瀅在一九二五年十一月二十一日的《現代評論》第二卷第五十期的「閒話」專欄發表《剽竊與抄襲》一文，先是為凌叔華開脫和辨解：「至於文學，界限就不能這樣的分明了。許多情感是人類所共有的，他們情之所至，發為詩歌，也免不了有許多共同之點……難道一定要說誰抄襲了誰才稱心嗎？」因為有共同的情感，那麼就可以像流水線生產產品一樣，生產大同小異的作品了？難道一定要對抄襲不說是抄襲才稱心嗎？陳西瀅接著說：「『剽竊』『抄襲』的罪名，在文學裡，我以為只可以壓倒一般蠢才，卻不能損傷天才作家的……至於偉大的天才，有幾個不偶然的剽竊？不

用說廣義的他們心靈受了過去大作家的陶養，頭腦裡充滿了過去大作家的思想，就狹義的說，舉起例來也舉不勝舉。」我搞不懂，什麼是偶然的剽竊，又什麼是必然的剽竊？我也搞不懂，天才是否因為剽竊因而偉大的。愛情沖昏了陳西瀅的頭腦，使他喪失理性，甚至不惜以對偉大作家的詆毀，來證明剽竊似乎是有理的。接著，陳西瀅把矛頭指向了魯迅（他的文章寫著，彷彿重餘和晨牧真的成了魯迅了，他甚至不想搞清事實，而是迫切地要予以聲討），他含沙射影地誣衊魯迅說：「很不平的，我們中國的批評家有時實在太宏博了。他們俯伏了身軀，張大了眼睛，在地面上尋找竊賊，以致整大本的剽竊，他們倒往往視而不見。要舉個例嗎？還是不說吧，我實在不敢開罪『思想界的權威』。總之這些批評家不見大處，只見小處；不見小處，只見他們自己的宏博處。」接著，陳西瀅又在一九二六年一月三十日的《晨報副刊》上發表《閒話的閒話之閒話引出的幾封信》(13)，這幾封信是兩封《致豈明》，一封《致志摩》。在《致志摩》中，他又一次公開誣衊魯迅的《中國小說史略》是「日本人鹽谷溫的《支那文學概論講話》裡面的『小說』的一部分。其實拿人家的著述做你自己的藍本，本可以原諒，只要你書中有那樣的聲明。可是魯迅先生就沒有那樣的聲明。在我們看來，你自己做了不正當的事也就罷了，何苦再挖苦一個可憐的學生，可是他還盡量的把人家刻薄。『竊鉤者誅，竊國者侯』，本是自古已有的道理。」如上所述，陳西瀅說，「許多情感是人類所共有的」，所以不算剽竊；那麼，文學史上的許多客觀資料，不也是人類所共有的嗎？那也不算剽竊了？為凌叔華而出擊的昏頭昏腦的陳西瀅充滿了矛盾，什麼是剽竊呢？什麼不是剽竊呢？此時他已無理性標準，而只有自我感覺了。更何況，他所說的魯迅剽竊鹽谷溫一事，根本就是子虛烏有的，我甚至都懷疑，他究竟是否讀過魯迅和鹽谷溫的書？

魯迅是怎樣回敬陳西瀅的呢？

首先，魯迅告訴陳西瀅，揭發凌叔華剽竊案的文章並非他所作。魯迅說：「……我才悟到陳西瀅教授大概是以為揭發叔華女士的剽竊小說圖畫的文章，也是我做的，所以早就將『大盜』兩字掛在『冷箭』上，射向『思想界的權威者』。殊不知這也不是我做的，我並不看這些小說。『琵亞詞侶』的畫，我是愛看的，但是沒有書，直到那『剽竊』問題發生後，才刺激我去買了一本Art of A. Beardsley來，花錢一元七。可憐教授的心目中所看見的並不是我的影，叫跳竟都白費了。遇見的『糞車』，也是境由心造的，正是自己腦子裡的貨色，要吐的唾沫，還是靜靜的嚥下去吧。」 魯迅的言語不無刻薄之處，然而又不能說是刻薄得無理。「境由心造」，胡亂猜疑，無名之火肆意發洩，想蹧蹋別人，結果反蹧蹋了自己。

其次，魯迅將自己的《中國小說史略》和鹽谷溫的《支那文學概論講話》進行比較，為自己做了必要的辯解。他寫道：「鹽谷氏的書，確是我的參考書之一，我的《小說史略》

二十八篇的第二篇，是根據它的，還有論《紅樓夢》的幾點和一張《賈氏系圖》，也是根據它的，但不過是大意，次序和意見就很不同。其他二十六篇，我都有我獨立的準備，證據是和他的所說還時常相反。例如現有的漢人小說，他以為真，我以為假，唐人小說的分類他據森槐南，我卻用我法。六朝小說他據《漢魏叢書》，我據別本及自己的輯本，這工夫曾經費去兩年多，稿本有十冊在這裡；唐人小說他據謬誤最多的《唐人說薈》，我是用《太平廣記》的，此外還一本一本搜起來……其餘份量、取捨、考證的不同，尤難枚舉。自然，大致是不能不同的，例如他說漢後有唐，唐後有宋，我也這樣說，因為都以中國史實為『藍本』。」這裡，我們可以看到，魯迅是擺事實，講科學，有力地批駁了陳西瀅。魯迅還告訴陳西瀅：「好在鹽谷氏的書聽說（！）已有人譯成（？）中文，兩書的異點如何，怎樣『整大本的剽竊』，還是做『藍本』，不久（？）就可以明白了。在這以前，我以為恐怕連陳西瀅教授自己也不知道這些底細，因為不過是聽來的『耳食之言』。不知道對不對？」

其實，陳西瀅的著眼點並不在於魯迅的抄襲不抄襲，而在於證明凌叔華抄襲得有理，在於說明在抄襲的也不只是凌叔華，甚而至於魯迅也是這麼做的。自己剽竊，倒打一耙，「和尚摸得，我也摸得」，洋教授也有了阿Q心態。不管和尚摸了沒摸，總摸不得，更何況和尚並不曾摸呢！

十年以後，終於真相大白。魯迅在《且介亭雜文二集．後記》中說：

> 現在鹽谷教授的書早有中譯，我的書也有了日譯，兩國的讀者，有目共見，有誰指出我的「剽竊」來呢？嗚呼，「男盜女娼」，是人間大可恥事，我負了十年「剽竊」的惡名，現在總算可以卸下，並且將「謊狗」的旗子，回敬自稱「正人君子」的陳源教授，倘他無法洗刷，就只好插著生活，一直帶進墳墓裡去了。

所謂「剽竊案」，結果搞得陳西瀅自己十分狼狽。從這一事件中，我們可以看到陳西瀅的「罵」魯迅，摻雜了不少個人的情緒，彷彿十分公正和理性的紳士，也不過爾爾。陳西瀅的心目中，似乎並無明確的是非界限，他喜愛的人，即使真的剽竊了，也有一大堆的理由可以為其開脫；他厭惡的人，他甚至沒有耐心搞清楚基本事實，便把所謂的「竊國」之類的大帽扣上。有人說，魯迅多猜疑，愛罵人。現在看來，這頂帽子給紳士有如陳西瀅者戴上，倒是不大不小，頗為合適的。

五

陳西瀅和胡適是同一個陣營的。他們都是《現代評論》派的要員，都留學西洋，熱衷於西式的民主和自由，也開口閉口講西式的實證和科學。

為了更好地瞭解陳西瀅與魯迅之間因所謂「喊打」問題而引出的「這樣的中國人，呸！」以及「這樣的中國人，呸！呸！！！」的謾罵，我以為，在這裡有必要首先回顧一下胡適對「喊打」——宣戰問題的態度。

在胡適口述唐德剛整理的《胡適的自傳》一書中「青年期的政治訓練」一節，集中體現了胡適對宣戰問題的態度。

一九一五年，日本以戰爭威脅中國政府接受「二十一條」。當時，中國留學生為此熱烈討論，透過「中國學生月報」大家主張對日宣戰。「對日本立刻開戰」便是當時的口號。有的同學主張：「對日作戰！必要的話，就戰至亡國滅種！」也有的說：「縱使對日作戰不幸戰敗而至於亡國，縱使這是命中註定不可避免的後果，我們也只有對日作戰，被日本征服，做比利時第二！」還有的說：「中國人如今只有對日作戰（毫不遲疑的對日作戰），除此之外也再沒有第二條路可走！」

面對如此激動的情緒，狂熱的宣傳，胡適「甚為焦慮」！因此，他寫了一封致全國留學生的公開信，陳述了他的「忠告」：

這些在我看來簡直是不折不扣的瘋癲。我們都情感衝動，神經緊張——不是的，簡直是發了「愛國癲」！弟兄們，在這種緊要的關頭，衝動是毫無用處的。情感的衝動，慷慨激昂的愛國呼號，和充滿情緒的建議條陳，未嘗有助於任何國家的危難。談兵「紙上」對我輩自稱為「留學生」和「幹材」的人們來說，實在是膚淺之極。

……

> 我敢說，在目前的條件下，對日作戰，簡直是發瘋。我們拿什麼去作戰呢？我們的總編輯說，我們有百萬雄師。說我們正視現實：我們至多只有十二萬部隊可以稱為「訓練有素」，但是裝備則甚為窳劣。我們壓根兒沒有海軍。我們最大的兵船只是一艘排水量不過四千三百噸的第三級的巡洋艦。再看我們有多少軍火吧?!我們拿什麼來作戰呢？
>
> 所以出諸至誠和報國之心我要說對日用兵論是胡說和愚昧。我們在戰爭中將毫無所獲，剩下的只是一連串的毀滅、毀滅和再毀滅。

這裡，我們在過去了八、九十年後，可以隔著一段遙遠的距離來看問題。我以為，胡適表現了一種「知其不可為則不為」的務實態度。雖然，他只強調了實力對比的懸殊，沒有說明當時的中國政府不足以領導這樣一場戰爭，沒有說明當時「沒有先進政黨領導」狀態下的人民的覺悟程度，然而，這仍不失為一種知己並勇於直面的理性態度。即使當年中國有足夠實力可以因「二十一條」問題與日作戰，從國家意志而言，選擇戰爭，也是最後的手段。打不過的情況下不打，或者暫時不打，積極備戰，忍辱負重，臥薪嘗膽，從而爭取最後的勝利，

這既是古代的也是現代的戰略原則，中西皆然。就說毛澤東吧，也有打不過就跑，敵進我退的戰略思想，他甚至認為王明之流打不過硬幹的蠻幹是「機會主義」。所以，胡適說：「用只手來推挽大海的狂瀾，算不得勇敢；以卵擊石，更不算英雄。」

那麼，怎麼辦呢？在胡適看來，要利用英美等國制約日本（是否也可以說是利用帝國主義之間的矛盾），要開展外交努力，至少要推遲戰爭爆發的時間。「落後就要挨打」，不落後就要人人力爭上游。在胡適看來，救國要強國，強國是一個歷史過程，不僅需要鼓動家和宣傳家，還需要各式各樣的人才。胡適說：「救國的事件需要各式各樣的人才；真正的救國的預備在於把自己造成一個有用的人才。」(17)（《愛國運動與求學》）胡適又說：「在我個人看來，我輩留學生如今與祖國遠隔重洋；值此時機，我們的當務之急，實在應該是保持冷靜。讓我們各就本份，盡我們自己的責任；我們的責任便是讀書學習。我們不要讓報章上所傳的糾紛耽誤了我們神聖的任務。我們要嚴肅冷靜、不驚、不慌的繼續我們的學業。充實自己，為祖國力爭上游，如果祖國能度此大難的話——這點我想是絕無問題的，或者去為祖國起死回生，如果祖國真有此需要的話！」總之，打不打仗，是政府的事，是士兵的事，學生固然要愛國，愛國的最切實的辦法就是崗位愛國，加倍努力地學習，成為對國家有用之才。

胡適這樣的表述，在某些國人看來，完全可以給他戴上一頂「不抵抗主義者」的帽子的，說他是「賣國賊」也不是全無道理。其實不然，抗日戰爭爆發後，胡適以北京大學文學院長的身分到歐美各國開展國民外交，宣傳中國人民團結抗戰的決心，並爭取各國政府與民眾的同情和支持。此後，胡適出使美國，在大使任內，不辭辛苦，為國難奔走呼號，贏得國內外一片讚揚聲。

言歸正傳。我們再來看看陳西瀅的「喊打」問題。有了胡適的鋪墊，也許更有益於對這一歷史公案的理解。

一九二五年，上海爆發了「五卅運動」。這一年的五月十四日，上海日商內外棉紗廠工人，為抗議資方無理開除工人，舉行罷工。次日，日本資本家槍殺工人顧正紅（共產黨員），激起上海各界人民的公憤。三十日，上海學生兩千餘人，在租界進行宣傳，聲援工人，號召收回租界，被英帝國主義逮捕一百餘人。隨後群眾萬餘人集中在英租界南京路捕房前，要求釋放被捕者，高呼「打倒帝國主義」等口號，英巡捕開槍射擊，當即傷亡數十人。

事件發生後，陳西瀅寫了《五卅慘案》(19)一文，從中我們可以看出他這個「在國外的時候，事事處於旁觀的地位」的人也走上了街頭，對鎮壓學生的執政府的官員和員警表示了強烈的厭惡之情。「當初我們立在執政府門前的時候，看看出出進進的執事人們，不禁得到一個奇異的印象，中國人本是一個醜陋的民族，可是像那些其貌不揚的人們，一時也不容易找

出這許多來。難道物以類聚，不那樣便不會進那個門了呢？還是進了那個門便連相貌都變了呢？」而且認知到這慘案是英、日的侵略行為，極力主張除「應當竭力反抗」日、英外，還應聯合「主持正義、自由、人道的外國人」，盡快組織起與國外交換新聞的組織把「事實的真相」傳播到世界各國去，以爭取世界正義人民的同情和支持。另外，考慮到各階層人民經濟狀況的不同，對國內募捐支援上海同胞的工作提出自己的看法，他說：「希望捐助愈多愈好，卻並不贊成高限度的劃一徵收辦法。」在《乾著急》(20)中，他指出，梁任公等只知嘆息痛恨「乾著急」，要求「殺人抵命」。「他們看見了目前的土壤便看不見遠處的山丘，他們看見了兩三個斑點便忘記了全豹。五月三十日的慘殺可以說是租界使役人們個人的暴行，可是事前的禁止遊行，濫捕學生，是個人的行為嗎？後幾天的『戒嚴令』，是個人的行為嗎？中國外交當局雖然提出抗議，租界軍警還是天天慘殺，天天查封學校，天天施行種種高壓強暴手段，也是個人的行為嗎？」「滬案是一個政治問題，北京大學教職員同人在他們所宣佈的關於滬案性質的辯證一篇文章裡已經說得明明白白。」從以上文字，我們可以感受到陳西瀅明白的是非之心和愛國熱情。

但是，陳西瀅在表示了反帝愛國的思想的同時，也發表了反對以武力抵禦日、英的「閒話」。他對學生悲憤填胸、置生死於度外與段祺瑞執政府的軍警決一死鬥的行動大呼「真不值得」。在《多數與少數》(21)一文中，他主張：「我是不贊成高唱宣戰的。中國的大兵，叫他們殘殺同胞雖然力量有餘，叫他們打外國人就非但沒有充份的訓練，並且沒有至少限度的設備。如果許多熱心的軍民人等自己投效去作戰，那麼，以血肉之軀去和機關槍、毒氣砲相拼，就完全犧牲完了也得不到什麼。」「我們雖然打不過人家，我們不妨據理力爭」，「要求英國撤回公使，派兵到租界去保護人民並不就是宣戰。英國政府也一定不會因此就與中國宣戰，因為他們是以民意為向背的，中國政府這樣的態度正可以告訴英國民眾，這次的運動不是暴動，而是全國的義憤。」又說：許多中國人「一聽見外國人就頭痛，一看見外國人就膽戰。這與拳匪的一味強蠻通是一樣的不得當。如果一個孔武有力的大漢打你一個耳光，你雖然不能與他決鬥，你盡可理直氣壯地與他評一評理，不能因為恐怕他再打你一頓便縮縮頸跑了，你如縮縮頸跑了，或是對他做一個揖，說他打得不大得當，他非但不見得看得起你，還許要罵你一聲『死豬』呢！」在《知識階級》(22)一文中，他又重彈「宣戰我是不贊成的」。「我們現在應當在宣戰一途之外想在種種方面來抵抗英國人。如果不讓步而避免戰事，終要設法避免戰事。可是如果英國人與我們宣戰，或是逼得我們到不得不作戰的一步，那麼我們也只好作戰。我們明明知道作戰是犧牲，作戰是不會贏的。但是我們替這幾千年的老大古國究竟爭了一點面子。」「戰爭是苦事」，「戰爭是恐怖，戰爭是地獄。」

以上例舉陳西瀅的觀點，歸納起來有兩條：一是反對學生赤手空拳地與軍警搏鬥，這樣的犧牲「真不值得」；二是不到萬不得已，中國政府不應參戰。

對於「五卅慘案」問題，魯迅是否明確表示過要「宣戰」，我至少目前沒有看到過這方面的資料；至於學生與軍警衝突，實際上魯迅與陳西瀅的觀點是一致的──反對學生與虎謀皮。「三．一八慘案」發生後，《華蓋集續編》裡為慘案而寫的幾篇戰鬥雜文，幾乎每篇都提到請願問題，他反覆指出：「但我卻懇切地希望：『請願』的事，從此可以停止了。」（《「死地」》）「請願的事，我一向就不以為然的。」「但願這樣的請願，從此停止就好。」（《空談》）

許廣平後來回憶說：

我還記得「三一八」那天清早，我把手頭抄完的《小說舊聞鈔》送到魯迅先生寓所去。我知道魯迅的脾氣，是要用最短的時間做好預定的工作的，在大隊集合前還有些許時間，所以就趕著給他送去。放下了抄稿，連忙轉身要走。魯迅問我：「為什麼這樣匆促？」我說：「要去請願！」魯迅聽了以後就說：「請願請願，天天請願，我還有些東西等著要抄呢！」那明明是先生挽留的話，學生不好執拗，於是我只得在故居的南屋裡抄起來。寫著寫著，到十點多鐘的時候，就有人來報訊，說鐵獅子胡同段執政命令軍警關起兩扇鐵門拿

機關槍向群眾掃射，死傷多少還不知道。我立刻放下筆，跑回學校。（23）

明知「三．一八」那天北京學生要舉行請願，而把許廣平留下抄東西，不讓她去參加，這就更具體反映了魯迅對請願的態度。對於段祺瑞鎮壓學生遊行請願的罪惡歷史，魯迅是歷歷在目的，因而他對北洋軍閥反動本質的認識是極其深刻的，認為「他們麻木，沒有良心，不足與言，而況是請願，而況又是徒手」。（24）魯迅對「三．一八慘案」的態度如此，對「五卅慘案」的態度也是如此。

反對學生與軍警衝突的問題，魯迅與陳西瀅認知的深度不一，但一樣懷有深厚的愛心，希望他們不白白送死。那麼，我們的話題似乎可以再回到「參戰」上來。陳西瀅在上述反對「參戰」的思想指導下，在《現代評論》第二卷第三十八期發表了《參戰》（25）一文。文章是講張歆海（浙江海鹽人，曾任華盛頓會議中國代表團隨員，當時是清華大學教授）先生某天晚上行走在王府井大街上，忽聞吶喊聲，便上前探個究竟。原來是一個黃包車夫拉了一個喝醉酒的美國兵，他不但沒收到車錢，反而被美國兵打了一頓，一名黃衣巡警也倒在爛泥裡，掙扎著起不來。三四名中國人跟在兩個美國兵後面叫嚷著「打！打！」兩個美國兵若無其事，不慌不忙地慢慢走著，不時還停下轉身看看後面的中國人。中國人總是與美國兵隔著六、七丈的距離，喊著「打！打！」美國兵走，他們便跟著走，美國兵停住，他們也停住。（這讓我想起了某些電

影中枯瘦如柴的印度人或黑人，跟在洋人後頭，又奔又跳的「抗議」場面。——作者）一會兒中國人越來越多，有百餘人，還有幾個員警，但仍只是遠隔著美國兵，口喊：「打！打！」當兩個美國兵到東交民巷口時，返身笑嚷道：「來呀！來呀！」此時，百餘人不到兩分鐘居然走散得無影無蹤了。陳西瀅在文末憤恨罵道：「打！打！宣戰！宣戰！這樣的中國人，呸！」

《參戰》當然不是一篇就事論事的文章，它借題發揮，反映了陳西瀅一貫的、和胡適同氣相投的思想：不要妄言「參戰」，參戰不只是宣傳，要有諸種的準備，參戰是迫不得已的最後的手段。陳西瀅還認為，如此愚弱和麻木的國民，參戰了也必敗。

陳西瀅在於證明這樣的中國人以及領導這樣的中國人的中國政府，是不能贏得戰爭的。只喊打，最終的結果是毀滅。陳西瀅是理性的，但他的理性帶有濃烈的失敗主義的色彩。

當然，若論美國兵打人這一具體事件，陳西瀅對美國兵沒有表示義憤，對向肇事者示威的同胞，不僅不表示同情、支援，反而辱罵，這很不近情理。一個「呸」字，留洋紳士高高在上的可憎面目，暴露無遺。對此，魯迅在《並非閒話（二）》(26)中評價道：

這樣的中國人真應該受「呸！」他們為什麼不打的呢，雖然打了也許又有人來說是「拳匪」。但人們哪裡顧忌得許多，終於不打，「怯」是無疑的。他們所有的不是拳頭嗎？但不知道他們可曾等候美國兵走進了東交民巷之後，遠遠地吐了唾沫？（若真如魯迅所想像的，吐了唾沫，那不是活生生的一群阿Q嗎？——作者）《現代評論》上沒有記載，或者雖然「怯」，還不至於「卑劣」到那樣吧！

然而美國兵終於走進東交民巷口了，毫無損傷，還笑嚷著「來呀來呀」哩！你們還不怕嗎？你們還敢說「打！打！宣戰！宣戰！」嗎？這百餘人，就證明著中國人該被打而不作聲！

「這樣的中國人，呸！呸！！！」

顯然，魯迅老夫子動了感情了，以牙還牙，以呸還呸。不過，這裡的「呸！！！」若說有什麼不雅，那首先是先呸起來的那個人，而魯迅此「呸」，卻有一點毛澤東的「不須放屁」一樣的磅礴大氣。

我以為，陳西瀅這裡的意思不是、至少不只是「證明著中國人該被打而不作聲」，而是對中國人卑怯心理的一種痛恨，痛之深，故言之也苛。實際上，它與魯迅的改造國民性的思想，很大程度上是一致的。

我們不妨回顧一下《吶喊·自序》中的那件影響魯迅思想的事情。魯迅在仙台醫專學習時，正值日俄戰爭時期，日俄以我國東北為主要戰場，進行了一場分贓戰爭。魯迅在微生物學的課堂上，經常看到老師在課間放映關於日俄戰爭的畫片。他說：

有一回，我竟在畫片上忽然會見我久違的許多中國人了，一個綁在中間，許多站在左右，一樣是強壯的體格，而顯出麻木的神情。據解說，則綁著的是替俄國做了軍事上的偵探，正要被日軍砍下頭顱來示眾，而圍著的便是來賞鑑這示眾盛舉的人們。

由此，魯迅感悟道：「凡是愚弱的國民，即使體格如何健全，如何茁壯，也只能做毫無意義的示眾的材料和看客，病死多少是不必以為不幸的。」哀其不幸，痛其不爭，這末一句話「不必以為不幸」，道盡了魯迅對中國人的絕望。他對麻木、卑怯的中國人的痛恨程度，比陳西瀅有過之而無不及。我們在閱讀《藥》、《阿Q正傳》、《示眾》等作品時，小說中直接間接反映的民眾圍觀革命志士犧牲的場面，和他們將烈士的血當藥吃等情節，讓讀者不能不為作品所反映的民眾的「厚重的麻木相」和低沉的政治氣氛而感到壓得透不過氣來。此外，魯迅的許多有關論述，就顯得更為直截了當了，有的甚至就彷彿對「喊打」事件的直接評說。魯迅說：「勝了，我是一群中的人，自然也勝了；若敗了時，一群中有許多人，未必是我受虧……他們舉動，看似猛烈，其實卻很卑怯。」(27)魯迅又說：「中國人不但『不為戎首』，『不為禍始』……既是『不為最先』，自然也不敢『不恥最後』，所以雖是一大堆群眾，略見危機，便『紛紛做鳥獸散』了。如果偶有幾個不肯退轉，因而受害的，公論家便異口同聲，

稱之曰傻子。對於『鍥而不捨』的人們也一樣。」(28)

魯迅可以批評國民性問題，陳西瀅當然也可以。從魯迅留學時期見到的看客，到陳西瀅的《參戰》，如果說中國人有什麼長進的話，那也只是從觀看到喊打。

一般說來，「五卅慘案」這一具體事件，在當時歷史條件下，不可能促使爆發中日、中英之間的戰爭。我除了看到魯迅的「罵」陳西瀅的觀點外，也看不出他對中國是否參戰有如對請願問題那樣明確的態度。概而言之，關於病態中國人的問題，魯迅與陳西瀅的思想客觀上是相近的，至於對要否「宣戰」問題，魯迅並沒有發表意見。

喊打問題，參戰問題，似乎犯不著呸來呸去。以我而言，我很難否認胡適、陳西瀅的理性態度，一樣的，也很難否認魯迅的激憤，畢竟，那是一個可激憤的時代。不過，我還是要說，胡適、陳西瀅的理性，科學到了「冷」的程度，說到底，他們是紳士和學者；而魯迅，他總是激憤，總是澎湃著激情，魯迅和他們不是同一路人，魯迅首先是戰士，其次才是作家、學者等等。

六

「女師大風潮」不久，「三・一八慘案」發生了。

首先應該肯定，在這一重大的歷史事件中，陳西瀅寫過一些斥責封建軍閥屠殺無辜學生，悼念死難學生的進步文章。在《文化的交流》(29)一文中，他痛切地說：「『我中華物質雖不及他國，而文化優異有足多者。』這句話引起了我們的注意後，不到幾天，就有了很好的證明。真的，像三月十八日那樣的慘殺愛國民眾，只有在文化優異的中國才看得到。」「要是我們的『文化』就是這樣的『優異』，我還是覺得越不『足多』越好些了。要是我們的『精神文明』就是這麼一回事，我情願還是不要我們原有的精神文明吧！」魯迅關於傳統文化的「吃人」的思想，關於「不讀中國書」的思想，與陳西瀅此處所言，有似曾相似之處，不謀而合之妙。

但是，陳西瀅在譴責軍閥的同時，胡說慘案也應該由群眾領袖負責，誣蠛楊德群烈士的慘死，是受女師大教員所驅使。他在《現代評論》第三卷第六十八期上寫道：「當時一些人本不打算再到執政府。因為他們聽見宣佈執政府的衛隊已經解除了武裝，又偏信了李鳴鐘（此人據說為負有治安責任者）所言，「對於這一天的運動，軍警當妥當保護」。陳西瀅因此說：「我們不能不相信，至少有一部分人的死，是由主席的那幾句話。要是主席明明知道衛隊沒有解除武裝，他故意那樣說，他的罪孽當然不下於開槍殺人者；要是他誤聽流言，不思索調查，便信以為真，公然宣佈，也未免太不負民眾領袖的責任。」「要是李氏並沒有信去，那麼宣讀的信，出於捏造，那捏造的人，又犯了故意引人去死的嫌疑。」儘管在這則「閒話」

中，陳西瀅有了一個前提：他用憤怒的語言責問道：「這主謀的誰，下令的誰，行兇的誰，他們都負有殺人的罪，一個都不能輕輕放過。我們希望特別法庭即日成立，徹底的調查案情，嚴重的執行各罪犯應得的懲罰。」在當時軍閥統治下的北平，有此言論，殊屬不易！然而，就像我們將要介紹梁實秋的「與抗戰無關論」的完整意思是——寫抗戰有關的尤為歡迎，寫與抗戰無關的，只要不是八股，也應允許——被省去前提只剩下「與抗戰無關」一樣，陳西瀅為正義吶喊的一面被有意無意地忽略了，在一些文章中，陳西瀅彷彿成了執政府的戈培爾，這自然是不公正的。

魯迅是不主張請願的，他認為「正無需乎震駭一時的犧牲，不如深沉的韌性的戰鬥」。(30)如前所述，許廣平要去請願，魯迅請她安坐勿躁，埋頭抄稿。魯迅認為請願之類，實際上是與虎謀皮，這與陳西瀅所惋惜的，學生白白送死，有什麼區別呢？陳西瀅說：「對於未成年的男女孩童」，「對理性沒有充份發展的幼童，勉強灌輸種種武斷的政治的或宗教的信條，在我們看來，已經當得起虐待的名字，何況叫他們去參加種種他們還莫名其妙的運動，甚而至於像這次一樣，叫他們去冒槍林彈雨的險，受踐踏死傷的苦！」這裡，陳西瀅雖然有一點悲天憫人的做作，但也不能說有什麼大不對。在歷次學生運動中，鼓動別人去死，自己卻逃之夭夭的人，不管他是哪黨哪派的「領袖」，是應該負有道義責任的。難道譴責幾句這樣的

煽動者，就有什麼大不敬的嗎？就可以和劊子手相提並論了嗎？

魯迅在《「死地」》(31)中對陳西瀅指責「學生們本不應該蹈死地」的言論，感到「比刀槍更可以驚心動魄」。彷佛陳西瀅比段祺瑞及其劊子手還要壞了。在《空談》中，魯迅譴責陳西瀅道：「群眾領袖應負道義的責任。這些東西彷佛就承認了對徒手群眾應該開槍，執政府前原是『死地』，死者不如同自投羅網一般。群眾領袖本沒有和段祺瑞等輩心心相印，也未曾互相溝通，怎麼能夠料到這陰險的辣手。這樣的辣手，只要略有人氣者，是萬萬預想不到的。」魯迅又說：「這次用了四十七條性命，只購得一種見識：本國的執政府前是『槍林彈雨』的地方，要去送死，應該待到成年，出於自願才是。我以為『女志士』和『未成年的男女孩童』，參加學校運動會，大概倒還不至於有很大的危險的。至於『槍林彈雨』中的請願，則雖是成年的男志士們，也應該切切記住，從此甘休！」在這裡，魯迅則主張「真的猛士」，應該是「敢於直面慘澹的人生，敢於正視淋漓的鮮血」。(32)魯迅是不錯的，「三・一八慘案」以後，首先，也是最重要的，是聲討劊子手，而不是「群眾領袖」。陳西瀅在這樣的時候，仍不忘他的「公允」，從歷史的眼光看固然公允，而在當時，難免會激起人們的憤恨。

儘管如此，我仍然要說，陳西瀅和段祺瑞等劊子手不是同一路人，段是殺人犯，陳不是為段抹去血跡的人。陳西瀅和魯迅一樣，都旗幟鮮明地譴責了殺人者。陳西瀅和魯迅不同的是對待「群眾領袖」的問題。

指出這一點，不是沒有必要的，我們要是不看陳西瀅的原文，只從魯迅的文章看，我們完全可以把他當作殺人者同一路的人，只不過他是用筆桿子殺人。

當然，也不是只有魯迅對陳西瀅憤恨，也還有別人。當時在北大英語系讀書並旁聽魯迅課程的學生董秋芳寫了一篇雜文，題為《可怕與可殺》，發表於《京報副刊》第四五四號。文章斥罵陳西瀅「逍遙法外，說幾句風涼話」，「真聰明到萬萬分，卻也陰狠到萬萬分」，「簡直是畜生的畜生，這種畜生，這種畜生的畜生，生殖在人類裡面，早就可怕，而且早就可殺人了」。這篇文章沒有太多的說理。讀了不說理的文章，陳西瀅也不說理了。陳西瀅惱羞成怒，濫用他擔任北大英語系主任的職權，以不發給英文練習本為報復，使董秋芳沒有翻譯成績，不能畢業。事後，董秋芳寫了三張申訴啟事，張貼在北河沿北大三院門口，當眾揭發陳西瀅的醜行。他又向魯迅陳述這一事件經過，請求魯迅聲援。凡是陳西瀅反對的，魯迅就要支持。魯迅不但鼓勵董秋芳把他翻譯的高爾基等人的小說、散文整理出版，而且親自推薦到書店印行。這本書，就是後來出版的《爭自由的波浪》。一九二六年六月九日，魯迅在《通信（覆未名）》中，又揭露了陳西瀅迫害董秋芳的劣跡。

魯迅的支持不是無足輕重的，董秋芳後來成了一個著名的翻譯家。

七

一九二七年，陳西瀅發表《新文學運動以來的十部著作》一文。陳西瀅所列十部著作包括：胡適的《胡適文存》，吳稚暉的《一個新信仰的宇宙觀與人生觀》、顧頡剛的《古史辨》、郁達夫的小說《沉淪》、魯迅的小說集《吶喊》、郭沫若的詩集《女神》，徐志摩的《志摩的詩》、西林的戲劇《一隻馬蜂》、楊振聲的長篇小說《玉君》以及冰心的小說集《超人》。其中，對魯迅的評價是這樣的：陳西瀅認為《孔乙己》、《風波》、《故鄉》是魯迅「描寫他回憶中的故鄉的人們風物，都是好作品。」但又說，小說裡的「鄉下人」，「雖然口吻舉止，維妙維肖，還是一種外表的觀察，皮毛的描寫。」即使只肯定了這些小說的描寫風土人情的好處，也不忘大打折扣。他同時又認為《阿Q正傳》要高出一籌，但也不過認為阿Q是和李逵、魯智深、劉姥姥等「同樣生動，同樣有趣的人物，將來大約會同樣的不朽的」。只承認在藝術上的生動有趣，並不談及魯迅的思想深度，以陳西瀅留英博士的訓練，這種評價絕不是眼光問題。他同時更不忘表示對魯迅雜文的不恭。在文後的說明中，陳西瀅說了一段別有意味的話：「我不能因為我不尊敬魯迅先生的人格，就不說他的小說好，我也不能因為佩服他的小說，就稱讚他其餘的文章。我覺得他的雜感，除了《熱風》中兩三篇外，實在沒有一讀的價值。」——後面這幾句話可以說是點睛之筆：恭維魯迅的小說寫得好，是為了給自己掛上「公正」的招牌，然後，再以此「公正」的面目，來徹底否定魯迅的雜文——欲取姑予，此之謂也！

陳西瀅一九四六年任國民黨駐巴黎聯合國科教文組織首任常駐代表。一九六五年中法建交，臺灣當局「大使」降旗返臺，而陳西瀅奉命以聯合國中國代表名義駐館看守，頂著冬寒和斷炊之苦，猶自頑守，最終被法國軍警強行架出，尚拼命掙扎，以致血壓升高，心臟衰竭，當場暈厥，此後他便宣佈「引咎辭職」，於一九六六年退休，長住倫敦養病。

＊＊＊

⑴ 郭沫若：《創造十年續編》，《創造社資料》，福建人民出版社一九八五年一月版。

⑵⑷⑺(26)《魯迅全集・華蓋集》。

⑶(21)(22)(25)(29)《西瀅閒話》，中國文聯出版公司「中國現代散文名家名作原版庫」，一九九三年版。

⑸《魯迅全集・華蓋集・並非閒話》。

⑹《六十年來魯迅研究論文選》，中國社會科學出版社中國社會科學出版社一九八二年九月版。

⑺《魯迅致許廣平書簡》第109頁，河北人民出版社一九八〇年一月版。

⑻ 一九二五年十二月五日《甲寅》週刊第一卷第二十一號。同年五月七日，因章士釗禁止學

生紀念國恥，學生曾赴章宅質問，發生衝突，因此章稱這次為「再毀」。

(9)(31)《魯迅全集・華蓋集續編》。

(10)蘇雪林：《〈阿Q正傳〉及魯迅創作的藝術》，《六十年來魯迅研究論文選》，中國社會科學出版社一九八二年九月版。

《胡適來往書信選（中冊）》，中華書局一九七九年版。

《恩怨錄・魯迅和他的論敵文選》，今日中國出版社一九九六年十一月版）。

《魯迅全集・華蓋集續編・不是信》。

《胡適的自傳》，華東師範大學出版社一九八一年二月版。

《愛國運動與求學》，《胡適哲學思想研究資料》，華東師範大學出版社一九八一年二月版。

(23)《魯迅回憶錄》，《許廣平文集》第二卷，江蘇文藝出版社一九九八年一月版。

(24)《魯迅全集・華蓋集續編・空談》。

(27)《魯迅全集・熱風・隨感錄之三十八》。

(28)《魯迅全集・華蓋集・這個與那個》。

(30)《魯迅全集・墳・娜拉走後怎樣》。

(32)《魯迅全集・華蓋集續編・紀念劉和珍君》。

復古與學潮

——魯迅與章士釗

一

魯迅與章士釗的關係，可以從這幾方面加以考察：《甲寅》與復古；「女師大風潮」與魯迅的被免職；「三．一八慘案」；魯迅對章士釗人品的評價，章士釗晚年對魯迅的議論。為了相對全面地瞭解魯迅的「罵」章士釗，有必要對章的一生做簡略的介紹。

章士釗（一八八一—一九七三），字行嚴，筆名秋桐、孤桐、青桐、無卯等，湖南長沙白茅鋪何家沖人。與魯迅同歲。他是跨越中國近現代史上清王朝、民國和新中國三個時代的歷史人物。一九○一年，章考入南京陸師學堂，這時，被稱為是「壯志毅魂，呼嘯風雲，吞長江而飲歇湖」的人物。一九○二年上海南洋公學鬧學潮，章積極回應，率領三十多個同學趕赴滬上，推波助瀾。辛亥革命前，章士釗曾參加反清抗爭，策劃過暗殺清廷要員的活動。章士釗早期與章太炎、黃興、孫中山過從甚密；他資助過毛澤東，與陳獨秀是超越政見的親密朋友；他接近過袁世凱，投靠了段祺瑞，和蔣介石的關係也不錯，還當上了杜月笙的法律

顧問；新中國成立後，這位老鄉，成了毛澤東的摯友。與章士釗複雜的人生經歷一樣，章士釗的思想傾向也是色彩斑駁的。他鼓吹過舊民主主義革命，又主張復古倒退，恢復舊禮教；他贊成過資產階級代議制，又宣傳基爾特社會主義……

章士釗一度是新文化運動的「公敵」，高一涵、成仿吾、徐志摩、郁達夫、林語堂、周作人、胡適等都曾與其論戰。章士釗也是魯迅一生中罵得最多最狠的人物之一。魯迅寫了《評心雕龍》、《十四年的「讀經」》、《古書與白話》、《再來一次》、《答KS君》等十餘篇文章，對章士釗的人品、學問、文化觀點、政治傾向都進行了批判。

二

對以章士釗為代表的《甲寅》派的鬥爭，是現代文學史上三次反對封建復古派的鬥爭之一。《甲寅》雜誌原為月刊，一九一四年創刊於東京，兩年後出至十期停刊。該刊本有進步傾向，支持過孫中山領導的辛亥革命。一九二五年七月他主持《甲寅》週刊復刊，這個封面上印有黃斑虎標誌的所謂「老虎報」，就成了專門反對愛國學生運動、反對新思潮和新文學的「半官報」。《甲寅》週刊上接連發表了《評新文化運動》和《評新文學運動》，集中攻擊新文化運動和白話文，企圖從邏輯學、語言學、文化史等角度來證明文言文的優越，說什麼「吾之國性群德，悉存文言，國苟不亡，理不可棄」。《甲寅》派這次反撲與以往幾次復古思潮不同，它直接由章士釗這樣的封建文化機構的掌權人物發起，得到北洋軍閥政府支持，與反動當局鎮壓學生運動，屠殺愛國群眾的政治行動緊密配合，所以鬥爭實際上超出了文化界。正如當時《京報》副刊所披露的：「新文化……到了現在，平地一聲雷，遇著一隻紙老虎，章總長劈頭反對白話，進而評新文化運動。紙張潔白，印刷精緻，一望而知為『總長』之出版物。唯狗能誅聯，謬話百出，斯為憾耳。『頌揚執政，恭維自己』，這八字鐵證，即可見我總長之厚臉矣！」於是，「章士釗之名」，為「儒林所不齒」了。

魯迅對章士釗的《甲寅》派展開了批判。

《甲寅》出刊不久，魯迅就寫了《答KS君》⑴一文。在這篇文章裡，魯迅辛辣地諷刺「甲寅」派是「連成語都用不清楚」的古文家。原來，章士釗在《孤桐雜記》中，把出於《莊子·知北遊》中的「每下愈況」寫成「每況愈下」了。魯迅抓住以後，大做文章，對他們表示了極大的輕蔑。魯迅說：「倘說這是復古運動的代表，那可是只見得復古派的可憐，不過以此當作訃聞，公佈文言文的氣絕罷了。」魯迅接著分析道：「所以，即使……將有文言白話之爭，我以為也該是爭的終結，而非爭的開頭，因為《甲寅》不足稱為敵手，也無所謂戰鬥。倘要開頭，他們還得有一個更通古學，更長古文的人，才能勝對壘之任，單是現在似的每週印一

回公牘和遊談的堆積，紙張雖白，圈點雖多，是毫無用處的。」」魯迅還揭露了「甲寅」派提出「讀經救國」，其實也並非真的要「讀經」和「救國」，只不過是「耍些把戲」，做為「闊人」愚弄、統治大眾「偶爾用到的工具」。魯迅的攻擊，確如訃聞，公佈了《甲寅》的氣絕。

在魯迅為代表的新文學戰線的回擊之下，隨著北洋軍閥段祺瑞政府的倒臺，「甲寅」派也很快銷聲匿跡了。新文學和白話文更加站穩了腳跟，此後雖也不時有復古的沉渣泛起，但終究成不了什麼氣候。

三

雖然如前所述，章士釗自己青年時代也曾參與學生運動，可是時過境遷，一旦坐上「教育總長」的寶座，自然又是另一番情形了。此一是非，彼一是非。章士釗的女兒章含之說：「父親當時想用『讀書救國』來辦教育，因此企圖整頓學風，嚴格考核。他反對學生參加政治，主張閉門讀經書，因此他禁令學生不得上街遊行，從而激怒了愛國進步學生。」

章士釗到任以後，以整頓教育自命，當然要支持楊蔭榆。當楊蔭榆製造事端，迫害學生的時候，章士釗在一九二五年八月六日的國務會議上提請停辦女師大，當即被通過，十日由教育部下令執行。章士釗親自草擬的《停辦北京女子師範大學呈文》也在八月八日出版的

《甲寅週刊》第一卷第四號上發表。呈文說，女師大學生「不受檢制，竟體忘形，嘯聚男生，蔑視長上……謹願者喪其所守，狡黠者毫無忌憚，學紀大紊，禮教全荒」。隨後章士釗又決定在女師大校址另立女子大學，派他的親信、教育部專門教育司司長劉百昭負責籌備。八月二十二日，劉百昭雇用流氓女丐毆拽女師大學生出校，這樣就算是把女師大徹底摧毀了。

女師大學生聞訊，堅決反對教育部停辦女師大的命令，開會決定由學生公舉十一人，教員公舉九人（包括魯迅在內），組成維持會，在《京報》上刊出了《國立北京女子師範大學教育維持會成立啟事》，魯迅等向女師大全體教員發出成立女師大校務維持委員會的倡議信，並且和一些教員組成了校務維持會，在西城宗帽胡同租賃房屋做為臨時校舍，義務給被趕出學校的學生授課，表示支持。

這時，章士釗向段祺瑞寫了免去魯迅教育部「僉事」的呈文：

> 敬祈呈者，竊查官吏服務，首先恪守本份，服從命令。茲有本部僉事周樹人，兼任國立女子師範大學教員，於本部下令停辦該校以後，結合黨徒，附和女生，倡設校務維持會，充任委員。似此違法抗令，殊屬不合，應請明令免去本職，以示懲戒（並請補交高等文官懲戒委員會核議，以完法律手續）。是否有當，理合呈請，鑒核施行。謹呈臨時執政
>
> 十二日

這個呈文第二天即獲批准。就這樣，在教育部擔任十四年「僉事」的魯迅，因「女師大風潮」而被免職了。

魯迅被免職後，據說，當部員們在教育部的牌告上看到這一消息以後，曾經出現了一陣子嘩亂。一部分追隨章士釗的人表示高興，但另外為數不少的人表示反對，還有一部分人雖然心裡反對，但不敢說。(2)蔡元培先生在回憶這一段往事時說：「先生在教育部時，同事中有高陽齊君壽山，對他非常崇拜，教育部免先生職後，齊君就聲明辭職，與先生同退。齊君為人豪爽，與先生的沉毅不同；留德習法政，並不喜歡文學，但崇拜先生如此，這是先生人格的影響。」(3)與齊壽山一起辭職的，還有魯迅的終生摯友許壽裳先生。

女師大學生於一九二五年五月九日向北洋政府臨時執政段祺瑞提出罷免章士釗的要求。章士釗採用了以退為進的手段，於五月十一日向段祺瑞提出辭呈。首先斥責女師大學生，「夫束髮小生，千百成群，至以本營長官之進退，形諸條件」，然後說他的辭職不是為他個人，而是怕影響段祺瑞的健康和時局的安寧，「釗誠舉措失當，眾怒齊攖，一人之禍福安危，自不足計，萬一鈞座因而減膳，時局為之不寧……釗有百身，亦何能贖。」(4)軟綿綿的語氣，活脫脫一隻馴服的羔羊！正在這時，魯迅看到報上有化名「武者」的師大學生寫的一篇文章，說他「發現了兩樣東西：凶獸和羊，踐踏者和奴隸」。(5)魯迅立即指出章士釗、楊蔭榆「是凶獸樣的羊，羊樣的凶獸」。「他們是羊，同時也是凶獸；但遇見比他更凶的凶獸時，便現羊樣，遇見比他更弱的羊時便現凶獸樣。因此，武者君誤認為兩樣東西了。」(6) 在段祺瑞面前是羊，在學生面前是狼，這就是魯迅眼裡的章士釗。

為了抗爭，魯迅決定與章士釗進行一次合法抗爭。魯迅於八月二十二日向北平政院提起行政訴訟，控告章士釗違法。一九二六年初，易培基接替章士釗出任教育總長，他沒有興趣維護章的決定，結果魯迅勝訴了，於一九二六年一月回教育部工作。女師大也在同時恢復了，風潮始告平息。

四

中國人對「三．一八慘案」並不陌生。一九二六年三月，在馮玉祥國民軍與奉系軍閥張作霖、李景林等作戰期間，日本帝國主義因見奉軍戰事失利，便公開出面援助，於十二日以軍艦兩艘駛進大沽口，砲擊國民軍守軍，國民軍亦開砲還擊，於是日本便向段祺瑞政府提出抗議，並聯合英、美、法、意、荷、比、西等國，藉口維護《辛丑合約》，於三月十六日以八國名義提出最後通牒，要求停止津沽間的軍事行動和撤除防務等等，並限於四十八小時內予以答覆。北京各界為反對日本帝國主義這種侵犯中國主權的行為，於三月十八日在天安門集會抗議，

會後結隊赴段祺瑞執政府請願；不料段祺瑞竟命令衛隊開槍射擊，並用大刀鐵棍追打砍殺，死四十七人，傷一百五十餘人。

那麼，「三．一八慘案」與章士釗有什麼關係呢？我以為，由於一九二五年的「女師大風潮」與「三．一八慘案」相距太近的緣故（很多魯迅傳記是把兩者並在一節裡敘述的）；由於死難的劉和珍、楊德群等人都曾是「女師大風潮」的積極參與者（劉和珍是六個學生自治會成員之一）；還由於慘案發生時章士釗是段祺瑞臨時政府的祕書長，而「嚴拿」李大釗等「暴徒」的通緝令亦是章士釗起草的諸種原因，人們似乎習慣於把章士釗當作與段祺瑞一樣的劊子手。

章士釗的女兒章含之說：「在我中學時代，我們的語文課文裡選進了兩篇魯迅先生的文章：《論『費厄潑賴』應該緩行》和《紀念劉和珍君》。魯迅先生在這兩篇文章中用憤怒的語言斥責父親參與製造『三．一八慘案』，是一隻必須窮追猛打的『落水狗』。」(7) 我重讀了章含之提到的魯迅的兩篇名文，事實上，魯迅並沒有用憤怒的語言斥責章士釗，也不曾說章士釗參與製造「三．一八慘案」。魯迅斥責的是段祺瑞的軍閥政府。如果說魯迅間接斥責了章士釗的話，如果說魯迅的文章客觀上給人的感覺是斥責了章士釗的話，那也只是因為章士釗事實上是段執政的一名寵臣。

應該說，「三．一八慘案」發生時，章士釗是站在與大眾對立的段政府一邊的；魯迅也是認為章士釗與段祺瑞政府其他要員一樣，是有間接責任的。在《可慘與可笑》(8)一文中，魯迅把「三．一八慘案」與章士釗任教育總長時的局勢聯繫起來。魯迅說，「其實，去年有些『正人君子』們稱別人為『學棍』『學匪』的時候，就有殺機存在，因為這類諢號，和『臭紳士』『文士』之類不同，在『棍』『匪』字裡，就藏著可死之道的。」又說：「去年，為『整頓學風』計，大傳播學風怎樣不良的流言，學匪怎樣可惡的流言，居然很奏了效。今年，為『整頓學風』計，又大傳播共產黨怎樣活動，怎樣可惡的流言，又居然很奏了效。」罵魯迅等人為「學匪」，以及「整頓學風」，都是章士釗任教育總長時的「仁政」。魯迅舊事重提，不會一無用心吧！「三．一八慘案」以後，段政府通緝嚴拿「暴徒」，魯迅也認為這可能是章士釗的計畫。魯迅說：「同日就又有一種謠言。便是說還要通緝五十多人；但那姓名的一部分，卻至今日才見於《京報》。這種計畫，在目下的段祺瑞政府的祕書長章士釗之流的腦子裡，是確實會有的。」這裡，魯迅對章士釗「腦子裡」「會有」的東西進行推論，魯迅不是章士釗肚子裡的蛔蟲，這種無根據或者說根據不充份的推論，當然只是表現了魯迅對章士釗的惡感。

章士釗畢竟不是軍閥，倘認為是章直接下令槍殺學生，確實不符合歷史事實。這一點，章士釗不僅當年就發表聲明，為自己辯白；到了晚年，章士釗在與章含之的談話中也一再強調。他說：「『三．一八慘案』與我並無直接關係。」章含之補充道，慘案發生時，章士釗已不

是教育總長。不過，章也承認「做為段祺瑞政府的祕書長，慘案之後他曾奉命草擬過一份通緝令」。

我手頭有林志浩、朱正、曾慶瑞、林非與劉再復著的四部魯迅傳記，都沒有說章士釗是「三·一八慘案」的製造者。章含之似乎對魯迅原文記憶有誤，是憑感覺歸納出了她父親的冤枉——魯迅並沒有冤枉章士釗。

五

章含之的回憶錄《我的父親章士釗》為我們提供了晚年章士釗對魯迅的評價。章士釗除了對自己進行必要的辯護外，還一廂情願地做了某種假設，他說：「魯迅要是活到解放，我和他可能是朋友呢！」他以為的「和魯迅硬是有緣」，有什麼根據呢？他說自五〇年代初起，他和許廣平都是歷屆人大代表，每次開大會又都是主席團成員，後來又都是常委會委員。「章」和「許」兩個姓氏筆劃相同，因此每次上主席臺，章士釗和許廣平都是比鄰而坐。章說：「我們很客氣嘛，誰都不提幾十年前的事了。」有一次服務員上茶先送許廣平，許廣平把茶讓給章士釗說：「您是我的師長，您先用。」章士釗說：「我和魯迅的夫人都和解了，坐在一起開會，魯迅如果活著，當然也無事了。」

若是活到了新中國成立後，魯迅和章士釗有可能成為朋友嗎？我以為，魯迅與章士釗畢竟有本質的不同，也有氣質上的區別。章含之在回憶喬冠華的時候還提到，喬冠華最愛讀魯迅的書，而章士釗是不讀魯迅的書的。因而，我可以斷定，章士釗至死，也未必瞭解魯迅，所以才把魯迅引以為可能的「朋友」了。

魯迅一生中有許多的論敵和怨敵，在他的《死》(9)一文中，有一段著名的文字：「只還記得在發熱時，又曾想到歐洲人臨死時，往往有一種儀式，是請別人寬恕，自己也寬恕了別人。我的怨敵可謂多矣，倘有新式的人問起我來，怎麼回答呢？我想了一想，決定的是：讓他們怨恨去，我也一個都不寬恕。」魯迅至死也不會「寬恕」的，這與魯迅的「打落水狗」精神、「硬骨頭」精神一致，是魯迅的基本品格之一。倘若章士釗懂得一點魯迅，大約也不會發以上輕飄飄的「風趣」的談話吧！

魯迅的「罵」章士釗，亦多有蔑視的。魯迅在致許廣平的信中私議了章士釗：「至於今之教育當局，則我不知其人。但看他輓孫中山對聯中之自誇，與對於完全『道不同』之段祺瑞之密切，為人亦可想而知。所聞的歷來的言行，蓋是一大言無實，欺善怕惡之流而已。要之，能在這昏濁的政局中，居然出為高官，清流大約無這種手段。」(10)章士釗輓孫中山的對聯是：「景行有二十餘年，著錄紀興中，掩跡鄭洪題字大；立義以三、五為號，生平無黨籍，追懷

蜀洛淚痕多。」鄭、洪指鄭成功和洪秀全；三五，指三民主義和五權憲法；蜀、洛，指北宋時期以蘇軾為首的蜀黨和以程頤為首的洛黨。章士釗在這副對聯中，吹噓了他和孫中山的關係。至於段祺瑞，章士釗曾先後任他的政府的司法總長、教育總長、祕書長等職，「段執政」的雅號，亦是章士釗移植的結果。章、段是不是真如魯迅所說「道不同」呢？我以為這個結論似乎有失偏頗。章士釗在「昏濁的政局中，居然出為高官」，這是魯迅所佩服的，遺憾的是，魯迅沒能多活一些日子，否則，大約也可以看到他和蔣介石、杜月笙者流的種種合作吧！

此外，一九二五年八月二十日，在章士釗將魯迅免職後，魯迅寫的《答 KS 君》一文，懷著平靜的心情，以歷史觀照現實，用頗帶滄桑感的口氣說：「我們看歷史，能夠據過去以推知未來，看一個人的已往的經歷，也有一樣的效用。你先有了一種無端的迷信，將章士釗當作學者或知識階級的領袖看，於是從他的行為上感到失望，發生不平，其實是作繭自縛；他這人本來就只能這樣，有著更好的期望倒是你自己的誤謬。」「因為我本來就沒有預期章士釗能做出比現在更好的事情來」。魯迅的這些話，平和中透出某種沉痛，「他這人本來就只能這樣」，話說絕了。正確與否不敢妄論，暮年章士釗若讀了或者重溫了魯迅的這些話，該不會那麼輕鬆自在地對章含之笑談魯迅了吧？我想。

雖然魯迅讚賞的人——比如胡風、馮雪峰——新中國成立以後，並不能因魯迅的賞識而免遭厄運。然而，一般情況下，魯迅「罵」過的人，大多是在劫難逃，殃及妻兒的。不過，有一個人卻是例外，這就是章士釗。

很多未必有劣跡的人，都受到了各式各樣運動的衝擊，而憑著章士釗的劣跡，他的劣跡又是壓制學生運動，鼓吹復古，居然能在「文革」中不受衝擊，這雖不敢說是絕無僅有的，如此特例，大約也不會太多吧！

這全因為了他的同鄉、老友或晚輩毛澤東的周到安排。在全國都取消了稿費制度的情況下，從一九六二年起，毛還藉故從自己的稿費中抽取，每年「還」章士釗二千元錢。在萬馬齊喑的「文革」時期，毛特為他開綠燈，於一九七一年出版了章士釗的四大卷逾百萬字的《柳文指要》。毛章之間，還有許多啞迷，比如，毛曾讓警衛員突然給章送去一隻雞等，連毛的身邊人員也百思不得其解。正如李育中所說，章士釗「一生最大幸運，是後半生遇上一個……最得力的保護人。不然的話，就很難堪了」(11)。

***

(1)《魯迅全集．華蓋集》。

(2)孫瑛：《魯迅在教育部》，天津人民出版社一九七九年八月版。

⑶ 蔡元培：《記魯迅先生軼事》，湖南人民出版社《我心中的魯迅》，一九七九年十月版。
⑷ 轉引自吳奔星：《魯迅和「女師大風潮」》。
⑸ 一九二五年五月九日《京報副刊》。
⑹ 《魯迅全集．華蓋集．忽然想到（七）》。
⑺ 章含之：《我的父親章士釗》，《新華文摘》一九八八年第七期。
⑻ 《魯迅全集．華蓋集續編．可慘與可笑》。
⑼ 《魯迅全集．且介亭雜文末編》。
⑽ 《魯迅全集．兩地書．一五》。
李育中：《兩個社會的人物》，《隨筆》一九九四年第六期。

氣質和氣質之外的衝突

——魯迅與徐志摩

徐志摩（一八九六—一九三一），原名徐章垿，筆名南湖、詩哲、仙鶴等。浙江海寧人。詩人、散文家。先後在上海滬江大學、天津北洋大學、北京大學讀書。一九一八年夏離開北京大學，先後入美國克拉克大學社會學系、紐約哥倫比亞大學研究院、英國劍橋大學研究院讀書。在美國結識了胡適。一九二一年開始寫詩，一九二二年底回國，一面從事教育工作，一面寫詩。一九二三年，新月社在北京成立，徐志摩是主要成員之一。一九二七年春，與胡適等於上海籌建新月書店，並任《新月》月刊總編輯。有《徐志摩全集》等行世。

魯迅對留學西洋的洋紳士有一種本能的反感，反感他們對勞苦大眾的冷漠，反感他們以高等華人自居的派頭。魯迅說：「梁實秋有一個白璧德，徐志摩有一個泰戈爾，胡適之有一個杜威，——是的，徐志摩還有一個曼殊斐兒，他到她墳上去哭過。」(1) 其實，梁實秋、陳西瀅、徐志摩等人後面還有一個莎士比亞，魯迅不是討厭莎士比亞，而是討厭徐志摩把莎士比亞據為己有、並將其當作洋紳士的徽章的作態。

徐志摩一九二五年十月二十六日在《晨報副刊》發表的《漢姆雷德與留學生》一文中說：

「我們是去過大英國，莎士比亞是英國人，他寫英文的，我們懂英文的，在學堂裡研究過他的戲……英國留學生難得高興時講他的莎士比亞，多體面多夠根兒的事情，你們沒到過外國看不完全原文的當然不配插嘴，你們就配扁著耳朵悉心的聽……沒有我們是不成的，信不信？」陳西瀅同月二十一日在《晨報副刊》發表的《聽琴》一文中也說：「不愛莎士比亞你就是傻子。」魯迅是一個實在人，看了這樣彆扭、輕飄的文字，不講想作嘔，至少也是皺眉頭的。所以，當有人勸魯迅少做一些短評，爭取去寫一些莎士比亞似的偉大著作時，魯迅在感激了人們的好意之後說：「……我以為如果藝術之宮裡有這麼麻煩的禁令，倒不如不進去；還是站在沙漠上，看看飛沙走石，樂則大笑，悲則大叫，憤則大罵，即使被沙礫打得遍身粗糙，頭破血流，而時時撫摩自己的凝血，覺得若有花紋，也未必不及跟著中國的文士們去陪莎士比亞吃黃油麵包之有趣。」⑵這裡的「文士們」，就是徐志摩等人。

一九二四年，印度詩人泰戈爾到中國旅行，徐志摩追隨泰戈爾左右。當時有人稱泰戈爾是「詩聖」，也有人稱徐志摩為「詩哲」。魯迅認為，徐志摩他們把泰戈爾「捧殺」了，在《罵殺和捧殺》⑶一文中，當談及「捧殺」時，魯迅就引了泰戈爾的例：「人近而事古的，我記起了泰戈爾。他到中國來了，開壇演講，人給他擺出一張琴，燒上一爐香，左有林長民，右有徐志摩，各各頭戴印度帽。徐詩人開始介紹了：『唵！嘰哩咕嚕，白雲清風，銀磬……當！』

說得他好像活神仙一樣，於是我們的地上的青年們失望，離開了。神仙和凡人，怎能不離開呢？」當然，泰戈爾畢竟不是那麼嫩、那麼好「殺」的。

徐志摩是怎麼「捧」泰戈爾的呢？一九二四年五月十九日《晨報副刊》曾刊登了徐志摩的一份演講詞，他以詩人特有的方式稱讚泰戈爾說：「他的人格我們只能到歷史上搜尋比擬，他的博大的溫柔的靈魂我敢說永遠是人類記憶裡的一次靈跡。他的無邊際的想像與遼闊的同情使我們想起惠德曼；他的博愛的福音與宣傳的熱心使我們記起托爾斯泰；他的堅韌的意志與藝術的天才使我們想起造摩西像的米開朗基羅；他的詼諧與智慧使我們想像當年的蘇格拉底與老聃；他的人格的和諧與優美使我們想念暮年的葛德；他的慈祥的純愛的撫摩，他的為人道不厭的努力，他的磅礡的大聲，有時竟使我們喚起救主的心像；他的光彩，他的音樂，他的雄偉，使我們想念奧林匹克山頂的大神。他是不可侵凌的，不可逾越的，他是自然界的一個神祕的現象。」泰戈爾是偉大的，但在徐志摩眼裡，他近乎是神了，所以魯迅說：「大約他到中國來的時候，絕不至於還糊塗，如果我們的詩人諸公不將他製成一個活神仙，青年們對於他是不至於如此隔膜的。現在可是老大的晦氣。」(4)魯迅似乎覺得，徐志摩捧「詩聖」，是為了沾點光，使自己也成了「詩哲」。所以，魯迅在若干文章或書信中，都以挖苦的口吻稱徐志摩為「詩哲」。徐志摩也有趣，他乾脆取筆名為「詩哲」。

魯迅在《集外集》的《序言》中，回顧了他跟徐志摩發生糾葛的一件往事：「我更不喜歡徐志摩那樣的詩，而他偏愛到各處投稿，《語絲》一齣版，他也就來了，有人贊成他，登了出來，我就做了一篇雜感，和他開一通玩笑，使他不能來，他也果然不來了。這是我和後來的『新月派』積仇的第一步；語絲社同人中有幾位也因此很不高興我。」《語絲》一九二四年十二月一日第三期刊登了徐志摩譯的法國波德賴爾《惡之花》詩集中《死屍》一詩，詩前還有徐志摩的長篇議論，把詩人的主觀感受渲染到了神祕的程度。他說：「我不僅會聽有音的樂，我也會聽無音的樂（其實也有音就是你聽不見），我直認為我是一個乾脆的 Mystis（按即神祕主義者）……你聽不著就該怨你自己的耳輪太笨，或是皮粗，別怨我。」他認為「詩的真妙處不在他的字義裡，卻在他的不可捉摸的音節裡；他刺戟著也不是你的皮膚（那本來就太粗太厚！）卻是你自己一樣不可捉摸的魂靈。」徐志摩所說的這一套並非他的發明，而是藉波特賴爾介紹象徵主義文藝思潮。象徵主義是十九世紀八〇年代從文學波及其他藝術的一種思潮。象徵主義不承認正常的五官感覺而承認官能交錯現象，在藝術上就是混淆詩、音樂、繪畫和雕塑的界限和區別。他們的名言是「一切的一切，音樂為先」，「象徵喚起靈魂的音樂」。徐志摩在二十世紀二〇年代，是著意而認真地要介紹西方這種新的文藝流派的。針對徐志摩的觀點，魯迅在《語絲》第五期發表《「音樂」？》(5)一文，加以嘲諷。魯迅認為，此後「他也果然不來了」。一年後，當周作人要徐志摩給《語絲》寫點東西時，徐就說他「不敢隨口答應」，原因之一是，「我如其投稿不致再遭《語絲》同人的嫌（上回的耳朵！）」（一九二六年一月二十六日致周作人信）他對魯迅的《「音樂」》一文，一直耿耿於懷的。

此外，魯迅在雜文裡多次直接或間接地嘲諷過徐志摩，如《十四年的「讀經」》裡所謂「被盧幣換去了良心」；《評心雕龍》裡類比徐志摩的文字；《並非閒話（三）》裡對「文士」充當托爾斯泰「侍衛」的諷刺；以及《有趣的消息》裡譏評徐志摩對陳西瀅的吹捧。這些文章中，魯迅都沒有點名，只是順筆「刺」了一下。不瞭解有關背景的讀者，有可能忽略過去。但是，如魚飲水，冷暖自知，徐志摩自己卻有切膚之感。

魯迅與陳西瀅「閒話」問題論戰持續半年之後，徐志摩介入了，他於一九二六年初相繼發表了幾篇文章：一九二六年一月十三日的《「閒話」引出來的閒話》，一月二十發表了《再添幾句閒話的閒話乘便妄想解圍》，二月三日又以《結束閒話，結束廢話》為題，發表了他與李四光的通信等文章。他的這些文章配合了陳西瀅等人的言論，客觀上代表了「現代評論派」袒護北洋軍閥和帝國主義的政治立場。最讓魯迅不滿的是，在魯迅和陳西瀅的衝突中，徐志摩和陳西瀅合夥在《晨報副刊》炮製了「攻周專號」，魯迅還沒有還擊，他就對著「混鬥的雙方」高喊「帶住」。對魯迅放了一頓排炮，不等別人回擊，自己就裝作局外人要求雙

方「休戰」。這好比甲看著乙把丙揍了一頓，丙一還擊，甲便擠在彼此間，打著公正的腔調說：「你們不要打了。」事實上，甲是偏袒了另一方的。關於這一段舊事，我在魯迅與陳西瀅以及李四光部分，已詳加介紹，有興趣的讀者可以參閱，此處就略去不表了。

在「攻周專號」發表的第二天，徐志摩在致周作人的信中，一面假惺惺的表示自己「十三分懊悵，前晚不該付印那一大束通信」，一面要求周作人勸說魯迅「休戰」。他說：「只有令兄魯迅先生脾氣不易捉摸，怕不易調和，我們又不易與他接近，聽說我與他雖則素昧平生，並且他似乎嘲弄我幾回我並不曾還口，但他對我還像是有什麼過不去似的，我真不懂，惶惑極了。我極願意知道開罪所在，要我怎樣改過我都可以，此意有機會時希為轉致。」

確實，魯迅與徐志摩的衝突，表面上看都是雞毛蒜皮的小事情，但唯其沒有大事件又令魯迅如此反感，正說明了他們是氣質的衝突，是徐志摩身上的西洋氣讓魯迅聞了不舒服。生活中不是有這樣一種現象嗎？有的人，雖是敵人，卻讓人敬慕；有的人，雖然一無衝突，卻讓人討厭，甚至多看一眼也覺得難受。所謂「心有靈犀一點通，話不投機半句多」，多少也表達了這一層意思。我以為，這種難以言傳的矛盾，就是氣質的衝突。當然，這種氣質背後還有立場問題。

此後，魯迅繼續對徐志摩的其他一些言行做了揭露。如《無花的薔薇》(6)中有三處。一是針對徐志摩在《羅曼羅蘭》一文中說的「……但如其有人拿一些時行的口號，什麼打倒帝國主義等等，或是分裂與猜忌的現象，去報告羅蘭先生說這是新中國，我再也不能預料他的感想了」。在當時，遭受入侵的中國人要「打倒帝國主義」，竟成了徐志摩攻擊的目標。魯迅氣憤地反駁道：「莫非從『詩哲』的眼光看來，羅蘭先生的意思，是以為新中國應該歡迎帝國主義的嗎？」何滿子先生說過意思大致這樣的話：徐志摩當然是個才子，一身又充滿著羅曼史，連他的死也是在飛機失事中遇難，當時也極罕見，有點羅曼蒂克。他的詩當時有很多人喜歡，現在也是。但他所歌唱的也無非是愛情呀，悲哀呀，我愛女人女人不愛我呀等等，與北洋軍閥和以後蔣介石統治下的苦難現實毫不相干。這種情調怎麼能使心繫民族命運、關懷生民疾苦的魯迅愛得起來？魯迅對徐志摩只即興來了點並非咬牙切齒的輕度的諷刺，並未大張撻伐。魯迅之不愛徐志摩，絕非單純的對某種作品的愛憎，而是立足於民族命運和歷史責任感的方向性的理性取捨。二是針對徐志摩吹捧陳西瀅是「有根」的「學者」，和陳西瀅聲稱「尤其」徐志摩「非但在思想方面，就是在體制方面，他的詩和散文，都已經有一種中國文學裡從來不曾有過的風格」，魯迅加以譏諷道：「但中國現今『有根』的『學者』和『尤其』的思想家及文人，總算已經互相選出了」。三是針對徐志摩和陳西瀅一唱一和地否定魯迅著作的言論，魯迅表示「但我總算已經被中國現在『有根』的『學者』和『尤其』的思想

家及文人協力踏倒了」。又如《馬上日記之二》(7)中，魯迅指出，泰戈爾一九二四年訪華，「可惜被戴印度帽子的震旦人（按：指徐志摩）弄得一榻糊塗，終於莫名其妙而去——」等等。

＊＊＊

(1)《魯迅全集．三閒集．現今的新文學的概觀》。
(2)《魯迅全集．華蓋集．題記》。
(3)《魯迅全集．花邊文學》。
(4)《魯迅全集．花邊文學．殺與捧殺》。
(5)《魯迅全集．集外集》。
(6)
(7)《魯迅全集．華蓋集續編》。

「乏走狗」與「乏牛」

——魯迅與梁實秋

梁實秋（一九〇二－一九八七），原名梁治華，筆名秋郎、子佳、希臘人。浙江餘杭人。文藝理論家、散文家、翻譯家。著譯有《雅舍小品》、《莎士比亞全集》、《遠東英漢大辭典》等。

在當今大陸許多人的印象中，梁實秋的名字是和「喪家的資本家的『乏』走狗」膠結在一起的。在那場發生於二十世紀二〇年代末期和三〇年代初期的關於文學階級性的論戰之後，梁實秋在革命陣營中的名聲不好。一九四〇年初，梁實秋準備隨「國民參政會華北慰問視察團」赴延安，毛澤東明確表示他是不受歡迎的人；一九四二年五月，毛澤東在《在延安文藝座談會上的講話》中，將他定為資產階級文學的代表。那麼，那場爭論的來龍去脈究竟怎樣呢？問題似乎並不是「乏走狗」幾個字這麼簡單。

一

梁實秋與魯迅的衝突，最主要的內容是關於文學的階級性問題。魯迅對居於社會下層的勞苦大眾有著深厚的愛心，支持描寫民間疾苦的現實主義文學，因而也就自然而然地支持無產階級的普羅文學；而梁實秋反對文學的階級性，其主要目的是在於否認普羅文學，他認為無產階級沒有文學，大眾也不配鑑賞文學，因而，他的文學觀是缺乏人民性思想的貴族的文學觀。

五四運動以後，隨著中國革命形勢的發展，在蘇聯的影響下，許多作家積極宣導無產階級革命文學，文學與革命、文學的階級性等問題，被廣大作家所矚目。梁實秋立刻把矛頭對準了無產階級文學。他認為，不應該特別的提倡什麼無產階級的文學，因為文學是沒有階級性的。他說：

> 文學的國土是最寬泛的，在根本上和在理論上沒有國界，更沒有階級的界限。一個資本家和一個勞動者，他們的不同的地方是有的，遺傳不同，教育不同，經濟的環境不同，因之生活狀態也不同，但是他們還有同的地方。他們的人性並沒有兩樣，他們都感到生老病死的無常，他們都有愛的要求，他們都有憐憫與恐怖的情緒，他們都有倫常的觀念，他們都企求身心的愉快。文學就是表現這最基本的人性的藝術。無產階級的生活苦痛固然值得描寫，但是這苦痛如其真是深刻的必定不是屬於一階級的。人生現象有許多方面都是超於階級的。例如，戀愛（我說的是戀愛的本身，不是戀愛的方式）的表現，可有階級的分別嗎？例如，歌詠山水花草的美麗，可有階級的分別嗎？沒有的。如其文學只是生活現象

的外表的描寫，那麼，我們可以承認文學是有階級性的，我們也可以瞭解無產階級文學是有它的理論根據；但是文學不是這樣膚淺的東西，文學是從人心中最深處發出來的聲音。如其「煙囪呀」！「汽笛呀」！「機輪呀」！「列寧呀」！便是無產文學，那麼無產文學就用不著什麼理論，由它自生自滅吧！我以為把文學的題材限於一個階級的生活現象的範圍之內，實在是把文學看得太膚淺太狹隘了。⑴

梁實秋的話是抽象的，也是籠統的。「人的生活狀態不同」，就是說人的階層不同、階級地位不同，那麼，在許許多多的言行方面是會有大不同的。抽象地說、籠統地說，窮人富人都有愛情。可是阿Q愛起來，只會說要和吳媽困覺（倘若他們結合了，如梁實秋所言，對國家的貢獻也「只是靠了生孩子」。要是在今天，生孩子不僅不是貢獻，反而增加了國家的負擔），全然不同於賈寶玉和林黛玉的纏綿悱惻。再說花吧，富人有賞梅花之雅興，窮人則往往蹲在菜地上，盯著油菜花，夢想著有個好收成。至於梁實秋說的，題材的廣泛，原是不錯的。可是，事實是，很長一個時期以來，文壇上的題材只侷限於才子佳人，鴛鴦蝴蝶，帝王將相，達官貴人，然而，他不吭氣，他不抨擊。文壇上才剛剛有了無產者的作品、無產者的形象，他便如此按捺不住，這不是太性急了嗎？一向被譽為溫柔敦厚的梁實秋，為什麼一碰到無產者的文學，就既不溫柔也不敦厚了呢？怎麼就這樣的武斷和粗暴呢？

對於梁實秋的上述言論，魯迅認為「這些話是矛盾而空虛的」。魯迅認為，文學是有階級性的。他在《「硬譯」與「文學的階級性」》(2)（《二心集》）一文中說：「文學不借人，也無以表示『性』，一用人，而且還在階級社會裡，即斷不能免掉所屬的階級性，無需加以『束縛』，實乃出於必然。自然，『喜怒哀樂，人之情也』，然而窮人決無開交易所折本的懊惱，煤油大王哪會知道北京撿煤渣老婆子身受的酸辛，飢區的災民，大約總不去種蘭花，像闊人的老太爺一樣，賈府上的焦大，也不愛林妹妹的。」魯迅在《文學和出汗》(3)一文中也說：「譬如出汗吧，我想，似乎於古有之，於今也有，將來一定暫時也還有，該可以算得較為『永久不變的人性』了。然而『弱不禁風』的小姐出的是香汗，『蠢笨如牛』的工人出的是臭汗。不知道倘要做長留世上的文字，要充長留世上的文學家，是描寫香汗好呢，還是描寫臭汗好？這問題倘不先行解決，則在將來文學史上的位置，委實是『岌岌乎殆哉』。」魯迅還批評了「表現最普通的人性的文學為至高」的觀點，倘是如此，魯迅認為「則表現最普遍的動物性——營養，呼吸，運動，生殖——的文學，或者除去『運動』，表現生物性的文學，必當更在其上」。魯迅認為：「倘說，因為我們是人，所以以表現人性為限，那麼，無產者就因為是無產階級，所以要做無產文學。」旗幟鮮明地亮出了無產者文學的大旗。

關於文學的階級性問題，魯迅還有過許多論述。魯迅一以貫之的觀點是：「世界上有兩種人：壓迫者和被壓迫者！」(4)「地球上不只一個世界，實際上的不同，比人們空想中的陰陽兩界還利害。這一世界中人，會輕蔑，憎惡，壓迫，恐怖，殺戮別一世界中人……」(5)魯迅的階級性觀點，與他的人民性是緊緊聯繫在一起，是密不可分的。他憎恨上層社會，至於什麼階級倒是在其次的；他同情下層人民的不幸，不論他是工人、農民，還是孔乙己之類的窮酸的讀書人。

關於階級性問題，梁實秋還有一個見解，認為文學作品與作者的階級無關。他說：「文學家就是一個比別人感情豐富感覺敏銳想像發達藝術完美的人。他是屬於資產階級或無產階級，這於他的作品有什麼關係？托爾斯泰是出身貴族，但是他對於平民的同情真可說是無限量的，然而他並不主張階級鬥爭；許多人奉為神明的馬克斯，他自己並不是什麼無產階級中的人物；終身窮苦的約翰孫博士，他的志行高潔吐屬文雅比貴族還有過無不及。我們估量文學的性質與價值，是只就文學作品本身立論，不能連累到作者的階級和身分。」(6)

對此，魯迅駁斥說：「這些例子，也全不足以證明文學的無階級性的。托爾斯泰正因為出身貴族，舊性蕩滌不盡，所以只同情於貧民而不主張階級鬥爭。馬克思原先誠非無產階級中的人物，但也並無文學作品，我們不能懸擬他如果動筆，所表現的一定是不用方式的戀愛本身。至於約翰孫博士終身窮苦，而志行吐屬，過於王侯者，我卻實在不明白那緣故，因為

我不知道英國文學和他的傳記。也許，他原想『辛辛苦苦誠誠實實的工作一生，多少必定可以得到相當的資產』，然後再爬上貴族階級去，不料終於『劣敗』，連相當的資產也積不起來，所以只落得擺空架子，『爽快』了吧！」(7)

我以為梁實秋與魯迅的這些話，都是不錯的。文學家與作品是既有關係，又無關係，應該具體問題具體對待。馬克思背叛了本階級，魯迅是地主階級的「逆子貳臣」，梁實秋、胡適的個人生活也許（至少是某一時期）是清貧的，是「無產」的。然而，這一切都不能改變他們本身的思想傾向和階級屬性。關於這一點，我在以下談到梁實秋是不是「資本家的走狗」時，還要涉及，也可做為反證。

往下，魯迅還駁斥了梁實秋攻擊「無產階級文學理論以文藝為鬥爭的武器，就是當作宣傳品」的觀點。關於這個問題，魯迅的基本觀點是：一切的文藝都是宣傳，但不是所有的宣傳品都是文藝。魯迅的這一基本立場，我在本書的其他文章中已有涉及，這裡就不贅述了。

梁實秋也是一個死不改悔的「走資派」，他的公子梁文騏曾說：「……我父親晚年提到過關於文學階級性的那場論戰，但他的見解沒有變，還是老樣子。」(8)

我是贊成魯迅的觀點的。梁實秋抱著他的小媳婦韓菁清上床時，帶著紳士的幽默說「我是舉人了」（參見他的情書），再看他那些談吃談穿的「雅舍小品」，較之魯迅對祥林嫂，對阿Q，對孔乙己的深切同情，以及魯迅字裡行間的深廣憂憤，梁實秋屬於什麼階級的文學，魯迅又屬於什麼階級的文學，這不是不言而喻嗎？今天，雖不好多說什麼「資產階級」和「無產階級」，但說梁實秋折騰的是「貴族文學」，魯迅推崇的是「平民文學」，應該還是切合實際的。當然了，身為真正貴族的列夫．托爾斯泰卻有著平民情懷，而不過是一個教書匠的梁實秋卻很有「貴族作派」，這倒是另外一個問題了。

人性論與階級論之爭，不能視為魯迅和梁實秋兩人的私鬥，也不能只簡單看作文學觀念的學術之爭，在新月社乃至自由主義作家與左翼作家之間，這是一場必然要爆發的論戰。魯迅參加這場論戰也是必然的，因為從根本上講，魯迅是一個極具人道主義思想的平民作家，他對下層人的深廣同情，使得他必定也只能站在勞苦大眾一邊，站在無產階級文學一邊。

二

一九三〇年二月，《拓荒者》第二期刊載了馮乃超的《文藝理論講座（第二回）．階級社會的藝術》(9)，它批駁了梁實秋的《文學是有階級性的嗎？》一文中的某些觀點，其中說：「無產階級既然從其鬥爭經驗中已經意識到自己階級的存在，更進一步意識其歷史的使命。然而，梁實秋卻來說教——所謂『正當的生活鬥爭手段』。『一個無產者假如他是有出息的，

只消辛辛苦苦誠誠實實的工作一生（！），多少必定可以得到相當的資產』。那末，這樣一來，資本家更能夠安穩的加緊其榨取的手段，天下便太平。對於這樣的說教人，我們要送『資本家的走狗』這樣的稱號的。」

也許，梁實秋的觀點包含了某種主觀合理性，即希望大眾能勞動致富。由勞動而獲得一定數量的資產，這當然是人道的。但是，梁實秋並不懂得資本主義，特別是不懂得中國的資本主義。資本主義，在我看來就是資本操縱一切，以錢生錢，有錢的就越有錢。這種金錢萬能的社會狀況，實際上是對人的尊嚴的蔑視，是對人的勞動價值的否定，是不人道的。我們在千百萬辛辛苦苦、誠誠實實的勞動者當中——雖然是他們創造了世界——幾乎看不到他們成為資產的擁有者的。倒是擅長於坑蒙拐騙、燒殺姦淫之皮厚心黑之人，成了鉅額資產的掠奪者和佔有者。此外，梁實秋說「有出息的」，就「必定可以得到相當的資產」，那麼，沒有得到相當資產的，便是沒有出息的。處於社會下層的人，總是大多數，大多數人是沒出息的——高高在上的梁實秋，因為他高入雲端了，所以見芸芸眾生如見螻蟻。

馮乃超的文章顯然讓梁實秋生氣了，所以特別聲明「我不生氣」！梁實秋在一九二九年十一月十日出版的《新月》第二卷第九期發表《「資本家的走狗」》⑽一文，他「覺得我自己便有點像是無產階級裡的一個」，他認為「大凡做走狗的都是想討主子的歡心因而得到一點恩惠」，於是，他反問道：

> 《拓荒者》說我是資本家的走狗，是哪一個資本家，還是所有的資本家？我還不知道我的主子是誰，我若知道，我一定要帶著幾份雜誌去到主子面前表功，或者還許得到幾個金鎊和盧布的賞賚呢……我只知道不斷的勞動下去，便可以賺到錢來維持生計，至於如何可以做走狗，如何可以到資本家的帳房去領金鎊，如何可以到××黨去領盧布，這一套本領，我可怎麼能知道呢？

梁實秋在為自己開脫，認為自己不是資本家的走狗的同時，卻反唇相譏，隱指領盧布的那些人才是××黨即共產黨的走狗。在同一期上，還刊載了梁實秋的《答魯迅先生》(11)一文，同樣暗含殺機地說：「在電線桿上寫『武裝保護蘇聯』，到報館門前敲碎一兩塊價值五六百元大塊玻璃，我是不幹的。」

魯迅立即加入了對梁實秋的批判。馮雪峰回憶說：

> 梁實秋因為左聯機關刊之一的《拓荒者》某期上罵他為「資本家的走狗」，而寫了一篇文章表示他的著急和傷心的時候，魯迅先生愉快地說：「有趣！還沒有怎樣打中了他的命脈就這麼叫了起來，可見是一隻沒有什麼用的走狗！……乃超這人真是忠厚人……我

來寫它一點。」魯迅就寫了題叫《「喪家的」「資本家的乏走狗」》，不僅替馮乃超同志回答了梁實秋，而且真還擊中了梁實秋的要害了。當魯迅先生寫好這篇雜文交給我去編進《萌芽月刊》的時候，他自己高興得笑起來說：「你看，比起乃超來，我真要『刻薄』得多了。」接著又說：「可是，對付梁實秋這類人，就得這樣……我幫乃超一手，以助他不足。」

結合魯迅的文章，接下來，我們要搞清楚的，一個是「走狗」問題，一個是「盧布」問題。我們先來看看魯迅的名文《「喪家的」「資本家的乏走狗」》，魯迅的回答是肯定的，梁實秋是資本家的走狗，只不過加了兩條定語，即是「喪家的」，是「乏」的走狗。魯迅說：

凡走狗，雖或為一個資本家所豢養，其實是屬於所有的資本家的，所以牠遇見所有的闊人都馴良，遇見所有的窮人都狂吠。不知道誰是牠的主子，正是牠遇見所有闊人都馴良的原因，也就是屬於所有的資本家的證據。即使無人豢養，餓的精瘦，變成野狗了，但還是遇見所有的闊人都馴良，遇見所有的窮人都狂吠的，不過這時牠就愈不明白誰是主子了。

魯迅接著對「乏」字做了闡釋，所謂乏者，即文藝評論的貧乏。因為是走狗，所以就不講道理了，所以貧乏。魯迅說：

> 我還記得，「國共合作」時代，通信和演說，稱讚蘇聯，是極時髦的，現在可不同了，報章所載，則電桿上寫字和「××黨」，捕房正在捉得非常起勁，那麼，為將自己的論敵指為「擁護蘇聯」或「××黨」，自然也就時髦得合時，或者還許會得到主子的「一點恩惠」了。但倘說梁先生意在要得「恩惠」或「金鎊」，是冤枉的，決沒有這回事，不過想借此助一臂之力，以濟其「文藝批評」之窮罷了。所以從「文藝批評」方面看來，就還得在「走狗」之上，加上一個形容字：「乏。」

梁實秋在論戰中總是極力把他和魯迅的思想分歧引向國民黨政權白色恐怖下的政治層面，妄圖把魯迅的生命遣送到國民黨政權的屠刀之下。梁實秋罵別人領盧布，魯迅則認為梁實秋絕沒有領金鎊的事，魔高一尺，道高一丈，這表明了魯迅在道義上的優越感。然而，雖是不領金鎊，但歹毒卻是夠歹毒的，把論敵推到當局正捕得起勁的那方面去，這是要致人於死地的。這一點，在關於「盧布」問題時，還要繼續談到。

魯迅罵梁實秋是「乏走狗」，梁實秋反擊魯迅為「瘦牛」。他在《新月》第三卷第十一期上發表《魯迅與牛》(13)一文，他藉魯迅在《阿Q正傳的成因》中，曾自比為「一匹乏牛」，

表示自己雖然力量微弱，便也要盡微薄之力，「有時不免吶喊幾聲，想給人們去添點熱鬧」。梁實秋故意曲解，嘲諷魯迅把自己比作一匹瘦牛太巧妙了，他歷數魯迅在軍閥政府做僉事，在思想界做權威，在文學界做左翼作家後，要魯迅也該想想自己「吃了幾家的草，當過幾回『乏牛』」！進而質問「究竟要吃哪一家的草，屬於哪一個黨」。他惡毒地說，魯迅將舊禮教否定了，將國家主義罵了，「然而偏偏只留下一種主義和一個政黨沒有嘲笑過一個字，不但沒有嘲笑過，分明還在從旁支持著它」。魯迅做僉事，這是職業；魯迅做「權威」，這是別人送的紙冠；魯迅做左翼作家，這是魯迅對勞苦大眾的同情使然，何罪之有？梁實秋的反擊是沒有說服力的，但目的卻是明確的，即把魯迅推到「共匪」一邊去。

梁實秋的個人生活也許是清貧的，他無非愛讀書，是個書呆子。從某種意義上說，也許確實像「無產階級裡的一個」。但是，這並不能否認他的觀念體系是資產階級的，他是紳士、貴族、資本家和一切高高在上的人們的代言人。任繼愈在《老子新譯》的「緒論」中說：「一個階級的代言人，他自己不一定參加那個階級的直接的經濟活動。資產階級大學教授並不是大資本的擁有者，墨子後來也不靠當木匠維持生活，孔子、孟子已失去貴族的身分，老子也不是氏族公社的成員。但他們都分別代表著各自所代表的階級利益。」任繼愈的觀點，對於我們正確理解梁實秋，是頗有啟迪意義的。

我們再來看看「盧布」問題。魯迅把歷史和現實結合起來考察。他說：

> 在《答魯迅先生》那一篇裡，很巧妙地插進電桿上寫「武裝保護蘇聯」，敲碎報館玻璃那些句子去，在上文所引的一段裡又寫出「到××黨去領盧布」字樣來，那故意暗藏的兩個×，是令人立刻可以悟出的「共產」這兩字，指示著凡主張「文學有階級性」，得罪了梁先生的人，都是在做「擁護蘇聯」，或「去領盧布」的勾當，和段祺瑞的衛兵槍殺學生，《晨報》卻道學生為了幾個盧布送命，自由大同盟上有我的名字，《革命日報》的通信上便說為「金光燦爛的盧布所買收」，都是同一手段。在梁先生，也許以為給主子嗅出匪類（學匪），也就是一種「批評」，然而這職業，比起「劊子手」來，也就是更加下賤了。

在《造謠的藝術》一文中，他則明確地把魯迅與共產黨捆在一起：「我不知道馬克思列寧斯丹林鮑羅庭盧拿卡爾斯基蒲力汗諾夫以至於魯迅先生他們自己有沒有汽車，不過，我在外國會到過的共產黨人社會主義者的確很有些是有汽車的」。這哪裡是嚴肅的學術和思想論戰，分明是用心險惡的檢舉和彈劾。實際情況是，在大革命失敗後的這段時間裡，魯迅和共產黨並沒有什麼具體的接觸。共產黨人以組織名義正式和魯迅接觸，由馮雪峰、夏衍、馮乃

超三人和魯迅談話，傳達黨要求創造社、太陽社停止對魯迅的圍攻的指示，並希望聯合起來，成立中國左翼作家聯盟，則是梁實秋寫這篇文章一年之後的一九二九年底了。當然，魯迅在一九二八年確實已表現出向左轉的思想傾向，這表現在他的文章中，特別是他對馬克思主義文藝理論及蘇共文藝政策的翻譯介紹中。梁實秋說魯迅「和某顏色的黨接近」，也就是從魯迅這一時期的文字中感覺出來的。

《剖視人生》的作者廖超慧指出，梁實秋和一些反無產階級革命和無產階級文學運動的論者不同，「……還沒有誰像梁實秋那樣對魯迅等人進行政治陷害，公開進讒誣衊魯迅向『××黨領盧布』、在電線桿上張貼擁護蘇聯的傳單等等。林語堂與魯迅關係惡化後，也還與魯迅同列名『中國自由運動大同盟』之中，他對魯迅的批評也有不滿之處，但仍然能客觀歸結為『其即其離，皆出自然』，更未對魯迅暗含殺機，即使是周作人最後投敵附逆，還出於人道主義和中庸思想，營救過黨的地下工作者，為李大釗同志保存藏書並設法送其子女到延安。他與魯迅兄弟情誼斷裂，也未從死裡去告發和陷害他；而深藏心機的胡適後來與魯迅破裂，魯迅對他有不少譏諷的尖銳批判，他也一直並未作答，更沒有梁實秋似的政治陷害和置魯迅於死地的揭露。」(15) 由此可見，梁實秋走得太遠了。他的紳士的燕尾服，被魯迅剝了下來，惱羞成怒，沒了燕尾服，也不講什麼紳士風度了。現代文學史上，沒有一個人像魯迅這樣，讓梁實秋坐在雅舍裡也雅不起來，倘忘了魯迅，到了今天，梁實秋又成了雅士和紳士了。

關於「盧布」說，此後魯迅還多次提到。一九三二年四月二十四日，魯迅在《三閒集》的《序言》中，就提到了「左翼作家都為了盧布」的問題，說這是「老譜裡面的一著」。這裡，魯迅是有所指的。比如，一九三〇年五月十四日上海《民國日報·覺悟》刊載的《解放中國文壇》中說，進步作家「受了赤色帝國主義的收買，受了蘇俄盧布的津貼」；一九三一年二月六日上海小報《金鋼鑽報》刊載的《魯迅加盟左聯的動機》中說，「共產黨最初以每月八十萬盧布，在滬充文藝宣傳費，造成所謂普羅文藝」等等。一九三二年四月三十日，在《二心集》的《序言》中，魯迅又說：「而這時左翼作家拿著蘇聯的盧布之說，在所謂『大報』和小報上，一面又紛紛的宣傳起來，新月社的批評家也從旁很賣了些力氣。」這裡，「新月社的批評家」指的就是梁實秋之流。接著，魯迅再次點出了「盧布說」的惡毒之所在。他說：「這又正是祖傳的老譜，宋末有所謂『通虜』，清初又有所謂『通海』，向來就用這類的口實，害過許多人們的。所以含血噴人，已成了中國士君子的常經……」

不在理論上與因學術思想分歧而引起論戰的對手進行辯駁，而只是根據對方的文字對對方公開進行政治態度的判定，這在國民黨政權正瘋狂捕殺共產黨人和革命群眾的形勢下，其用心不是過於險惡，手段不是也過於卑劣了嗎？魯迅對梁實秋明知當時白色恐怖嚴重，「殺

人如草不聞聲」，涉嫌赤色份子均有生命危險的時刻，卻以政治陷害來代替文藝批評的卑劣、下賤的手段，是極為不滿的！如此看來，送梁實秋一頂「走狗」的帽子，並不為過。

時過近半個世紀，臺灣國民黨「國民大會」的代表劉心皇，也著書批評了「新月」社，認為他們在「盧布」問題上搞的是人身攻擊。他說，所謂「魯迅拿盧布」乃是新月派梁實秋繼陳西瀅誣衊魯迅抄襲之後所造的又一謠言。劉心皇寫道：「說到魯迅到底有沒有拿盧布呢？這就要談到『新月派』對魯迅戰術的不高明。他們批評魯迅的文學思想，反對文學有階級性，這在自由主義者看來，自然是正確的。但，他們的失敗，不在主題，而在主題之外的『人身攻擊』。這個『人身攻擊』的失敗，影響了讀者的同情，在讀者看來，失敗則在『新月派』，主要原因，則在於『人身攻擊』的不實。」

事實是，魯迅不僅沒有拿盧布，反而拿了國民黨政府的錢。根據《魯迅日記》統計，從一九二八年至一九三一年，魯迅任大學院（教育部）特約撰述員期間，共從國民黨政府中支薪一萬四千七百元，約合黃金四百九十兩。劉心皇稱：魯迅之所以一再挖苦盧布之謠，是他沒有拿共產黨的錢，反而拿了國民黨的錢的緣故。這不是很值得玩味嗎？拿了國民黨政府的錢，仍然罵、仍要罵，可見這個政府也真是該罵的。反之，共產黨並不曾給盧布，魯迅卻為它說好話，這說明這個黨為勞苦大眾謀利益，是有其自身的道義力量的。

三

魯梁糾紛，最主要的便是以上所介紹的關於文學的階級性和「資本家的走狗」的問題。

此外，還有一些在我看來不是特別重要但也值得一提的問題，一是「硬譯」問題，一是關於女子人格問題，一是關於不滿現狀問題，還有一個「吐半口血看秋海棠」和《幸福的家庭》中的「You please，You please」問題，我把它們歸在這一節裡分別敘說。

「硬譯」問題，魯迅是將其和「文學的階級性」問題一起談的。今天看來，關於「硬譯」，還是有它的相對的獨立性。

梁實秋在《新月》第二卷第六、七號合刊上發表了《論魯迅先生的「硬譯」》(18)一文，他寫道：「曲譯誠然要不得，因為對原文太不忠實，把精華譯成了糟粕，但是一部書斷斷不會從頭至尾的完全曲譯，一頁上就是發現幾處曲譯的地方，究竟還有沒有曲譯的地方；並且部分的曲譯即使是錯誤，究竟也還給你一個錯誤，這個錯誤也許真是害人無窮的，而你讀的時候究竟還落個爽快。死譯就不同了：死譯一定是從頭至尾的死譯，讀了等於不讀，枉費時間精力。況且犯曲譯的毛病的同時絕不會犯死譯的毛病，而死譯者卻有時正不妨同時是曲譯。所以我以為，曲譯固是我們深惡痛絕的，然而死譯之風也斷不可長。」梁實秋是既有兩點論，

又有重點論，兩點論是既批評了曲譯，又批評了死譯；重點論是死譯比曲譯可惡。

梁實秋說魯迅的「硬譯」「近於死譯」。「硬譯」一詞，正是魯迅自己在《《文藝與批評》譯者附記》裡對自己翻譯的自謙之詞。魯迅說：「因為譯者的能力不夠和中國文本來的缺點，譯完一看，晦澀，甚而至於難解之處也真多；」「唯一的希望，只在讀者還肯硬著頭皮看下去而已。」(19) 魯迅的這本譯著是盧那察爾斯基關於文藝批評的論文集。梁實秋還說：「魯迅先生前些年翻譯的文字，例如廚川白村的《苦悶的象徵》，還不是令人看不懂的東西。」「最近翻譯的書」，「盧那卡爾斯基：《藝術論》，《文藝與批評》」卻「極端難懂」，「不能免於『死譯』」。然而，魯迅為了批駁梁實秋，頗有意氣地為自己的「硬譯」辯護：「我的譯作，本不在博讀者的『爽快』，卻往往給以不舒服，甚而至於使人氣悶，憎惡，憤恨。」這裡，不知魯迅是說他譯作的內容，還是他的譯作的語言形式。若是內容，那是翻譯對象的選擇問題，與硬譯還是軟譯無涉；若就翻譯技術而言，我想，所有的譯者大約都不會如魯迅所說，與讀者為難的。這裡魯迅說的是氣頭上的話，魯迅自己可以檢討自己的「硬譯」，但他不能容忍梁實秋的充滿自身的優越感的居高臨下的批評。接著，魯迅的氣愈益盛了，他跳出了翻譯，一股腦兒地批評了新月社的其他人。他說：「讀了會『落個爽快』的東西，自有新月社的人們的譯著在：徐志摩先生的詩，沈從文、凌叔華先生的小說，陳西瀅（即陳源）

先生的閒話，梁實秋先生的批評，潘光旦先生的優生學，還有白璧德先生的人文主義。」

關於翻譯，魯迅是主張「寧信而不順」的，他說：「譯得『信而不順』的至多不過看不懂，想一想也許能懂，譯得『順而不信』的卻令人迷誤，怎樣想也不會懂，如果好像已經懂得，那麼你正是入了迷途了。」翻譯首先要忠於原著，在信的基礎上求順等等，今天看來，這是不成問題的。

中國文人有一毛病，為了強調自己的正確，總是極力貶損別人，不容易做到「並存」：我是對的，你也是對的；彼此是一個問題的兩個方面，是互相補充的。這就好比喜歡吃肉的人，盡可以鼓吹肉怎麼有營養，卻不必說青菜不好，青菜是最沒營養的。反之，也同此理。我的意思是說，在翻譯問題上，他們各是把自己的理由強調到了極端，如此而已。這一糾紛，並不像有的人所說的那樣，不是翻譯問題，而是把矛頭指向無產階級革命文學理論。問題有那麼嚴重嗎？

關於「女子人格問題」，是梁實秋發表在《復旦旬報》上的《盧梭論女子教育》(21)一文引出的。梁實秋的文章中說：「近代生物學和心理學研究的結果，證明不但男人和女人是有差別的，就是男子和男子，女人和女人，又有差別。簡言之，天下就沒有兩個人是無差別的。因此，對什麼樣的人，就應該相應地施以什麼樣的教育。」他這裡講的是人的個性問題，人

的個性問題當然更多地涉及生物學和心理學。但他接下來所說的又是人格問題，人格問題關係到人權問題，更多的是社會學和政治學的問題。我認為，梁實秋把「個性」與「人格」雜糅起來了，對所要論述對象的概念本身沒有闡釋清楚。他說：「聰明絕頂的人，我們叫他做人，蠢笨如牛的人，也一樣的叫做人，弱不禁風的女子，叫做人，粗暴強大的男人，也叫做人，人裡面的三流九等，無一非人。」他要承認人的差別，把人分做三流九等，實行有針對性的教育。他說：「人的身心各方面的特點既有差別，實即人格上亦有差別。所謂侮辱人格的人，即是不承認一個人特有的人格，盧梭承認女子有女子的人格，所以盧梭正是尊重女子的人格。抹殺女子所特有之特性者，才是侮辱女子人格。」

顯然，他要把人分成三流九等，而居於九等之下的勞苦大眾，當然是「非人」了。針對梁實秋的怎樣的人就應該施以怎樣的教育的觀點，魯迅在《盧梭與胃口》(22)一文中予以批評他說，「那麼，所謂正當的教育者，也應該使『弱不禁風』者，成為完全的『弱不禁風』，『蠢笨如牛』者，成為完全的『蠢笨如牛』」，這樣才能免於侮辱各人的「人格」。顯然，梁實秋的教育觀無非是說，「絕頂聰明」的人是不能和「蠢笨如牛」的人受一樣的教育的。梁實秋還主張對女子的教育應注重培養溫柔順從的性格，婚後的女子應該重新回到家庭，成為丈夫的賢內助。如此，豈不又回到了男女人格的不平等的立場，回到了盧梭所反對的封建的立場上去了嗎？

接著，魯迅指出：「許多問題大抵發生於『胃口』」，所謂「胃口」，也就是個人好惡。由「胃口」而產生的好惡，必然是主觀的。女性的人格由梁實秋的「胃口」而定，那肯定不會是平等的人格。以「胃口」做為標準，得出的肯定是偏見。

梁實秋骨子裡對「賢妻良母」，對傳統女性是持讚賞的態度的。然而，富有諷刺意味的是，他將近八十歲時娶的小媳婦韓菁清並沒有回到家庭。有文章提到，一九八七年十一月一日晚，八十六歲的梁實秋心臟病突發時，他孤身一人在家，韓菁清正在美容院洗髮。平時夜間，韓菁清經常外出應酬、逛街、美容。梁實秋入睡了，她才開始活動。待她回家入睡，梁實秋卻正好起床。如此陰陽倒錯的現實，也許正是對梁實秋早年的錯誤觀念的一種報應。

關於「不滿現狀」問題，是梁實秋首先含沙射影地攻擊了魯迅。梁實秋在《新月》月刊第二卷第八期（一九二九年十月）發表《「不滿現狀」，便怎樣呢？》（23）一文，其中說：「有一種人，只是一味的『不滿於現狀』，今天說這裡有毛病，明天說那裡有毛病，有數不清的毛病，於是也有無窮無盡的雜感，等到有些個人開了藥方，他格外的不滿……好像唯恐一旦現狀令他滿意起來，他就沒有雜感可做的樣子。」開了什麼藥方呢？梁實秋說：「三民主義是一副藥，共產主義也是一副藥，國家主義也是一副藥，無政府主義也是

一副藥，好政府主義也是一副藥」，現在你「把所有的藥方都褒貶得一文不值，都挖苦得不留餘地……這可是什麼心理呢？」

對此，魯迅在《「好政府主義」》(24)一文中予以反擊。魯迅首先承認，「這種心理，實在應該責難的」。可是，他筆鋒一轉，認為這是梁實秋的虛構，「是將他所見的雜感的罪狀誇大了」。魯迅說，「但在實際上，我還未曾見過這樣的雜感，譬如說，同一作者，而以為三民主義者是違背了英美的自由，共產主義者又收受了俄國的盧布，國家主義太狹，無政府主義又太空……」至於對任何具體的主義，魯迅認為：「指摘一種主義的理由的缺點，或因此而生的弊病，雖是並非某一主義者，原也無所不可的。有如被壓榨得痛了，就要叫喊，原不必在想出更好的主義之前，就定要咬住牙關。但自然，能有更好的主張，便更成一個樣子。」

魯迅歷來是鼓吹不滿的，要向現實抗爭，就應該對現實不滿。不滿是改造社會的前提，倘若都滿意了，何論改革、改造？如此，社會豈不是停滯不前？早在十年前的一九一九年，魯迅就寫了《不滿》一文，認為「不滿是向上的車輪，能夠載著不自滿的人類，向人道前進」。魯迅還認為：「多有不自滿的人的種族，永遠前進，永遠有希望。」(25)

魯迅對於梁實秋反對不滿是不滿的。因此，他還捎帶挖苦了梁實秋的用詞不當，比如

「褒貶得一文不值」，魯迅指出，「褒」是「稱讚」之意，用在這裡，不但「不通」，也證明了不識「褒」字。又如，魯迅認為三民主義或無政府主義，可以說是藥名，「獨有『好政府主義』這『一副藥』，他在藥方上所開的卻不是藥名，而是『好藥料』三個大字」。這是邏輯上的問題。梁實秋被魯迅揪住了。是的，魯迅總是不滿，大到國家大事，小到一個「褒」字。

梁實秋的名著《雅舍小品》中有一篇《病》，寫於一九四〇年抗戰中的重慶，文章開頭寫道：「魯迅曾幻想到吐半口血扶兩個丫環到階前看秋海棠，以為那是雅事。」30年後，在《西雅圖札記》的《拔卓特花園》一文中，談到這個花園中的美國海棠，梁先生又說：「這種海棠不是魯迅所豔羨的『吐兩口血扶著丫環到階前看秋海棠』的那個品種的秋海棠。」

做為戰士的魯迅，有這樣士大夫一般的雅興（還是在吐血以後）嗎？只要懂得魯迅人格精神的人，勿須考證，就可以認定，其中有詐。

其實，這個所謂魯迅的「幻想」，就出在他的一篇十分著名的雜文《病後雜談》[26]中。不過，非常令梁實秋遺憾的是，那只是魯迅轉述別人的幻想。原文說得很明白：

我曾經愛管閒事，知道過許多人，這些人物，都懷著一個大願……他們中最特別的有兩位：一位是願天下的人都死掉，只剩下他自己和一個好看的姑娘，還有一個賣大餅的；另一位是願秋天薄暮，吐半口血，兩個侍兒扶著，懨懨的到階前去看秋海棠。這種志向，一看好像離奇，其實卻照顧得很周到。第一位姑且不談他吧，第二位的「吐半口血」，就有很大的道理。才子本來多病，但要「多」，就不能重，假如一吐就是一碗或幾升，一個人的血，能有幾回好吐呢？

很顯然，這位有「吐半口血……」「大願」的雅士，不僅不是魯迅，還正是魯迅批評、諷刺的對象。對這樣的「才子」，魯迅是大不以為然的。

那麼，梁實秋為什麼一口咬定是魯迅呢？也許有種種原因，但我寧可這樣推測，梁實秋甚至沒有看到魯迅的原文，而只是由他人轉述得來的印象。梁實秋對魯迅積怨甚深，一般來說是不可能有興趣和耐心去詳讀《魯迅全集》的。當然，也可能出於記憶的誤差。

葉凡先生有一篇短文《是魯迅可笑還是梁實秋可鄙》(27) 指出梁實秋在《歐化文》(《偏見集》)一文中對魯迅的硬譯進行了一番義正辭嚴的討伐，其中有特妙的一段：

記得魯迅的《徬徨集》中有一短篇，描寫一位美國留學生的家庭，在吃飯的時候舉箸曰You please，You please！魯迅先生自以為這是得意之筆，其實留學生雖然無聊，何至於此荒謬，譯「您請，您請」為You pleae，You pleae！這只是魯迅先生的「硬譯」之一貫的表演罷了。

梁實秋寫這段文字的用意明顯：讓大家看看魯迅鬧的笑話。他竟然不知道「您請」在英語中應說「Please」而不應說「You please」！「You please」，上海灘西崽的洋涇浜英語也。在梁實秋的極盡挖苦之能事的描繪下，魯迅成了一個寫了洋涇浜英語還自以為是「得意之筆」的淺薄可笑之徒。

接著，葉凡指出，只要比較認真地讀過《徬徨》（不是《徬徨集》，魯迅根本沒有出過如此書名的書）的讀者，都會明白可笑的究竟是誰。

《徬徨》中寫道「一位美國留學生的家庭，在吃飯的時候舉箸曰You please」的短篇，是《幸福的家庭》。裡面確實寫道一對西洋留學生夫婦（並非專指「美國留學生」，美國留學生的梁實秋不必自行對號入座），他們在吃飯的時候確實玩出了一套「You please」的把戲的。可惜的是，讓他們玩出這套把戲的不是魯迅，而是魯迅塑造的一位青年作家。這位青年作家迎合小市民讀者群的庸俗趣味，編造一些美化現實的作品以換取若干稿費。那對西洋留學生夫婦吃飯時「相敬如客」的鏡頭，就出自這位青年作家的構思。「You please」云云，正是為了

表現這位青年作家根本不瞭解留學生家庭生活也不懂英語偏要去胡編的淺薄可笑。不是魯迅不懂得「您請」在英語中不應說「You please」。葉凡說，魯迅的英語確實不精通，不如十三歲就進清華學校後又赴美留學專攻英語的梁實秋遠甚，但也不至於淺薄無知到如梁實秋所譏嘲的那種程度。

其實，以梁實秋的中文水準，絕不至於連《幸福的家庭》都讀不懂。那麼，他偏要製造出一些笑料來加到魯迅身上，並譏之為「魯迅先生的『硬譯』之一貫的表演」，那又是為什嗎？梁實秋的這段文字，「自以為這是得意之筆」的。然而，揭出了真相，剩下來的只是一副不擇手段攻訐魯迅的不僅可笑的而且可鄙的嘴臉。

梁實秋重複了一個錯誤，即把作品中的人物當作作者本身。如果這樣的邏輯可以成立的話，阿Q要跟吳媽困覺，那就是魯迅要跟吳媽上床了。從品行的角度看，為人不能像梁實秋這麼不厚道；從做學問方面看，研究問題不宜帶私人偏見，先入為主，不能如此隨意而不講科學和理性。

梁實秋有句名言：「我不生氣。」當年魯迅的名文《「喪家的」「資本家的乏走狗」》發表後，梁實秋即以此自慰自解。後來，在文壇的數十年風風雨雨中，他表現了相當大的雅量和紳士風度，甚至尊魯迅為中國現代五大散文家之一。獨行齋言：「根據佛洛德的學說，當年的魯、梁積怨，也未必不在梁的內心深處留下一個不愉快的『情意結』。這個『結』，便在數年、數十年之後，有意無意地、自覺不自覺地在『秋海棠』之類的事情上冒了出來。這也許不能不引起人們的欷歔浩嘆吧！」我的結論是，他的「我不生氣」，只是為了表現他的紳士風度，做給場面上的人物看的，實際上他很生氣，耿耿於懷，也許至死也不釋然。

四

魯迅與梁實秋的衝突，是一種必然，這根源於他們的思想之迥異，而在他們種種的思想差別中，最突出的就是對處於社會底層的勞動人民即無產階級的態度。魯迅同情下層社會的不幸，痛恨上層社會的墮落、自私和虛偽。梁實秋高高在上，傲視蒼生，視大眾如螻蟻。

中國現代文學的開端，是與中國現代的偉大思想文化巨人魯迅聯繫在一起的，魯迅的創作，是現代文學實績的突出表現。魯迅作品的偉大，也正在於他對勞苦大眾的深刻的同情。魯迅小說的人物，有許多是受損害、被侮辱的社會最底層的人們。在《藥》裡，僅僅用一床「滿幅補釘的夾被」，暗示了華老栓一家生活的拮据；在《故鄉》裡，閏土的因貧困而麻木；在《明天》裡，單四嫂子的失夫喪子；在《祝福》裡，祥林嫂的無路可走的恐懼與絕望……魯迅對他們是「哀其不幸，痛其不爭」。那麼，魯迅要他們向誰抗爭呢？被壓迫者的抗爭對

象當然是壓迫者，是社會上層這樣那樣雅舍裡的紳士與雅士。魯迅在《一件小事》中，讚美了人力車夫的道德高尚，車夫「滿身灰塵的後影，剎時高大了，而且愈走愈大，須仰視才見。而且他對於我，漸漸的又幾乎變成一種威壓，甚至要榨出皮袍下面藏著的『小』來」。車夫「教我慚愧，催我自新，並且增長我的勇氣和希望」。這已經超越了同情，而有了自省，有了安泰那樣增長勇氣的力量來源。

而梁實秋呢？他無視甚至蔑視這一切。一九二五年，梁實秋在《晨報副刊》上發表了《中國現代文學之浪漫的趨勢》一文，對五四文學革命持否定的意見。他認為人們「處處要求擴張，要求自由，到時候情感就如同鐵籠裡的老虎一樣，不但把禮教的束縛層層打破，把監視著情感的理性也撲倒了」。他說，「新文學的成就」，「幾乎一無足觀」。他猛烈抨擊新詩創作，指責反映青年男女愛情苦悶、要求婚姻自由的詩歌是不道德的，是頹廢主義的。他極力挖苦以人道主義同情的態度描寫勞動人民疾苦和歌頌「勞工神聖」的新詩，認為「近來詩歌中產生了一個人力車夫派」，他們「張口人力車夫，閉口人力車夫，普遍的同情心由人力車夫復施于農夫、石匠、打鐵的、抬轎的，以至倚門賣笑的娼妓」，他認為這些人不值得讚美，反對作家描寫「拖泥帶水」的污穢人生。(28)

梁實秋反對文學作品描寫勞苦大眾「拖泥帶水」的生活，而且還認為勞苦大眾不配接觸真正的文學，他說：「好的作品永遠是少數人的專利品，大多數永遠是蠢的永遠是與文學無緣的……創造文學固是天才，鑑賞文學也是天生的一種福氣。所以文學的價值絕不能以讀者數目多寡而定。一般勞工勞農需要娛樂，也許需要少量的藝術的娛樂，例如什麼通俗的戲劇，電影、偵探小說之類。為大多數人讀的文學必是逢迎群眾的，必是俯就的，必是淺薄的；所以我們不該責令文學家來做這種的投機買賣。」(29)是的，文學創作也許需要天才。不過，魯迅認為，天才需要「使天才得以生長的民眾」。他說：「天才並不是自生自長在深林荒野裡的怪物，是由可以使天才生長的民眾產生，長育出來的，所以沒有民眾，就沒有天才……在要求天才的產生之前，應該先要求可以使天才生長的民眾。——譬如想有喬木，想看好花，一定要有好土；沒有土，便沒有花木了；所以土實在較花木還重要。」(30)沒有俄羅斯人民的哺育和那場偉大的戰爭，會有托爾斯泰的《戰爭與和平》嗎？至於大眾的鑑賞力問題，自然，梁實秋雅舍裡生產出來的東西，大眾是無法鑑賞的，但雅舍裡的小品，除了有一點景德鎮陶瓷那樣的高雅之外，也不見得不淺薄。《三國》和《水滸》為大眾所津津樂道，難道就註定是淺薄的嗎？不一定。讀了以上的話，除了表明了梁實秋對勞苦大眾天生的蔑視外，餘下的就是當年年輕氣盛的紳士的淺薄了。

梁實秋還以嘲諷的口吻諷刺無產階級文學。他故作驚異地說：「『普羅列塔利亞的文

學』！多麼嶄新的一個名詞。」旋即他又否定道：「『普羅列塔利亞』這個名詞並不新。」他故作優越地說：「其實翻翻字典（按：指《韋白斯特大字典》），這個字的涵意並不見得體面。」「一個屬於『普羅列塔利亞』的人就是『國家裡最下階級的國民，他是沒有資產的，他向國家服務只是靠了生孩子』。普羅列塔利亞是國家裡只會生孩子的階級！」(31)

「只會生孩子的階級！」一句話道盡了梁實秋的無知——歷史觀的無知，因政治偏見而帶來的無知。這裡，我實在沒有必要闡釋一番人民創造歷史的原理，這不是常識嗎？我不禁要問的是，以錢生錢的不人道的資產者，倘若離開了大眾的勞動，所謂錢，不就是幾張臭紙嗎？沒有「只會生孩子的階級」的點點滴滴的創造，安有人類的進步與文明？至於普羅文學的實績，梁實秋是閉而不見的。魯迅的創作，就是普羅文學。高爾基的創作，就是普羅文學。甚至歐·亨利的創作，也是普羅文學。還有《鋼鐵是怎樣煉成的》、《青春之歌》，那神聖的革命激情，那詩一樣的戰鬥呼號，是梁實秋所能理解的嗎？梁實秋是一個景德鎮的陶瓷，可做擺設，可供觀賞，然而他第一是冷漠、第二是冷漠、第三還是冷漠。就是到了臺灣後，梁實秋依然故我，寫了《白貓王子及其他》、《雅舍談吃》一類散文小品，瑣屑如牙籤、痰盂，平凡如洗澡、睡覺，鄙俗如髒、懶、饞、鼾，無所不談，就是不抨擊時弊。有人認為白貓是梁實秋的影子——斯文、柔弱、撒嬌，就是不捕捉老鼠。

梁實秋蔑視大眾的根源在哪裡呢？我以為在於他的天生的貴族化的思想。他表面上一身洋服，實際上一肚子的孔孟之道。很多論者把梁實秋說成是資產階級的學者。資產階級講天賦人權，人人平等，梁實秋有一點資產階級的氣味嗎？我倒覺得他只是穿洋服（與他相反，魯迅從來不穿西裝）的封建貴族的餘孽。郭沫若罵魯迅的話，送給他倒是非常合適的：

> 他是資本主義以前的一個封建餘孽。
> 資本主義對於社會主義是反革命，封建餘孽對於社會主義是雙重的反革命。
> 梁實秋是雙重性的反革命的人物。

五

如果我們唯讀梁實秋的「小品」，也許會以為他是一個優容平和，富有生活情趣，有修養有氣量的「正人君子」。可是我們只要深入研究一下這個人的內心，就不難看到他在大度牌的燕尾服裡，裹著是一顆褊狹的心；就不難發現他在貌似公允理性背後的自私下作與卑鄙圓滑。

與魯迅的論戰，使得魯迅像幽靈一樣依附在他的生命中，一有機會，他總不忘記舊帳，總要數數這些陳芝麻爛穀子。上文提到的「秋海棠」和「You please」也可以證明。

蕭伯納到上海時，與魯迅會見過，魯迅也寫了《頌蕭》、《誰的矛盾》、《看蕭和「看蕭的人們」記》等雜文，並為《蕭伯納在上海》作序。梁實秋立刻寫了一篇《蕭伯納去後》(32)，對有人將魯迅比作蕭伯納進行諷刺。他說把魯迅比作蕭伯納很精當，除去下列差別：「（一）蕭有三部長篇小說，魯迅有兩集短篇小說；（二）蕭有戲劇若干部，魯迅無；（三）蕭有關於社會主義的著作，魯迅無；（四）蕭有他的思想體系，魯迅無；（五）魯迅有雜感若干集，蕭無；（六）魯迅有《中國小說史略》、《小說舊聞鈔》、《唐宋傳奇集》，蕭無。」梁實秋顯然以為魯迅不如蕭伯納，所以諷刺道：「凡是西方有的，我們中國都能找到一個勢均力敵的對偶，而並不覺得寒傖。」

他在一九七〇年五月二十六日寫的《悼念陳伯通先生》(33)一文中，就拉出魯迅為好朋友陳源（字伯通）墊背：「我認識伯通先生是在民國十五年夏，那時候他正在《現代評論》上寫『閒話』，和魯迅先生打筆墨戰正殷。魯迅先生文筆潑辣刻薄，伯通的文字冷靜俊雅，一方面是偏激儌幸，一方面是正人君子。」文章中還就陳源將自己《閒話》付印時刪掉了其中與魯迅論戰的文字做這樣的分析：「刪去的一部分，其實是很精彩的一部分，只因事過境遷，對象已不存在，他認為無需再留痕跡，這是他的忠厚處。以視『臨死嚥氣的時候一個敵人也不饒』的那種人，真不可同日而語。」──這裡，又是用魯迅至死都不肯饒恕自己敵人來反襯自己朋友的「忠厚」！梁實秋就沒有想過，他這樣拿已死去三十四年的魯迅來為自己剛死去的朋友墊背是不是「忠厚」之舉？為什麼不學習學習自己剛死去的朋友的「忠厚處」呢？而在寫與一九六三年九月九日的《重印〈西瀅閒話〉序》（34）中，他又這麼說：「讀過魯迅幾冊『雜感』的人應該記得，他曾不時把西瀅先生挑選出來做為攻訐的對象，其最得意的諷刺詞就是『正人君子』四個字。當然魯迅先生所謂『正人君子』，是一個反語，意謂非正人君子。如今事隔三十多年，究竟誰是正人君子，誰是行險徼幸，這筆帳可以比較容易清算出來了。」——顯然，這又是在拐彎抹角地罵魯迅是個「行險徼幸」的小人，並以此恭維自己的朋友乃不折不扣的「正人君子」！

尤其可惡的是：在梁實秋晚年所做的《憶周作人先生》（35）一文中，他也老是在寫周作人時拉扯魯迅，並一再隱隱略略地暗示周作人的經歷思想和魯迅一樣——結論當然是：魯迅要活到抗日戰爭的話，有可能走他弟弟一樣的道路：做漢奸。譬如，文章在論及周作人抗戰前的思想時，這麼說：「他也曾寫信給我提到『和日和共的狂妄主張』。是他對於抗日戰爭早就有了自己的一套看法。他平夙對於時局，和他哥哥魯迅一樣，一向抱有不滿態度。」然後又揭露：「他（按：指周作人）有許多要好的日本朋友，更是意料之中事，猶之魯迅先生之與上海虹口內山書店老闆過從甚密。」為了更深入的說明這一點，他還全文引用了一九八二年九月二十

日《聯合報》萬象版所登載的《高陽談魯迅心頭的烙痕》一文，極力強調，小時候「魯迅兄弟被寄養在親戚家，每天在白眼中討生活：十幾歲的少年，由此而形成的人格，不是魯迅的偏激負氣，就是周作人的冷漠孤傲，是件不難想像的事。」並由此得出結論：「魯迅心頭的烙痕也正是周作人心頭的烙痕，再加上抗戰開始後北平愛國志士的那一槍槍擊，作人先生無法按捺他的激憤，遂失足成千古恨了。」字裡行間，其用心之周密惡毒，有心人自不難一一讀出！

我這裡還想插一點似乎是題外的話。我總覺得，梁實秋表面熱情、甜膩，有生活情趣，實際上就像對大眾的冷漠一樣。他在熱情的外表下有一顆冷漠的心。我有一個未必妥貼的比喻，魯迅是尖酸刻薄的林黛玉，但卻有個性，有追求自由的熱情；梁實秋是熱情圓滑的薛寶釵，貌似公允、理性，卻頗自私、下作。

李敖在其回憶錄《快意恩仇錄》中曾寫道：一九六五年十二月二十八日，李敖主編的《文星》受到國民黨打壓，被罰停刊一年，李敖應《紐約時報》之邀寫新聞稿揭露此事，因為梁實秋英語水準高，所以他想請梁為他稿件做翻譯。可是梁實秋不敢得罪國民黨，表示「為難」，李敖因此感慨：「梁實秋連這點小忙都不幫，真與文星對他的尊敬太不相稱了。」更妙的是：當李敖被警備總部捕去約談，最後由特務陪同，放出找保。李敖以為這種政治性案子一般人不敢保，只好找一位德高望重有名氣的大人物保一保。於是想到了梁實秋——以為既然國民黨把自己放出找保，那說明事情不大，梁實秋想來不會拒絕。結果，當他找上門時，梁實秋卻當著特務的面，婉為拒絕——而且，還這樣花言巧語：「你還是找別人保吧！實在找不到別人，我再保你？」李敖只好知難而退，另找別人。末了，梁實秋還裝好人打電話給李敖的朋友余光中，表示未能替李敖做保，至感難受云云——可謂做了婊子，還立牌坊！李敖至此方恍然大悟：「決定自己在逆境中，絕對不要妄想正人君子會援之以手。」

梁實秋的黃昏之戀，也是一個證明。據說，七十六歲的梁實秋跟影歌雙棲明星韓菁清分別兩月，致韓信就達八十五封，有時一天寫兩三封，每封都是密密麻麻的兩大張，連背面、旁邊都是字。韓覆梁信也有六十封。梁實秋八十壽辰時，有人寫詩祝賀：

秋公八十看不老，敦厚溫柔國之寶。
雅舍文光重宇宙，窗前喜伴青青草。

但也有人對梁實秋的黃昏之戀不以為然。梁實秋與原配夫人程季淑風雨同舟四十七年。一九七四年，程夫人因意外事故死於僑居地美國西雅圖，梁實秋作《槐園夢憶》痛悼。這本書因情文並茂，打動了無數讀者的心，但一九七五年五月九日，距《槐園夢憶》出版還不到兩個月，梁實秋就跟年輕時代風靡過上海灘的美女韓菁清宣告結婚。有的讀者說，《槐園夢

憶》給人的淚水猶且溫熱不絕之際，忽然聽到這種消息，其驚愕茫然之狀，恰似讀完《出師表》之後，就聽說諸葛亮不出師了；讀完《正氣歌》之後，又傳出文天祥投降的消息。他們覺得自己上了當，受了騙，感情上久久轉不過彎來。

梁實秋的熱情與冷漠在這裡已經表現得淋漓盡致了。

六

魯迅去世後，左翼文壇也算是繼承魯迅的遺志吧！梁實秋仍然是批判的靶子，其中最著名的便是一九三八年十二月開始的對文學「與抗戰無關論」的鬥爭。

當時，梁實秋接手編輯重慶的《中央日報》副刊《平明》，他在《編者的話》中先是談了「拉稿」的難處：「我老實承認，我的交遊不廣，所謂『文壇』我就根本不知其座落何處，至於『文壇』上誰是盟主，誰是大將，我更茫然，所以要想拉名家的稿子來給我撐場面，我未曾無此想，而實無此能力。」(36)我們知道，當年右翼文壇抨擊魯迅時，說他是左翼公，是「左聯」盟主，是新文化運動的大將等等。我們不好說梁實秋這裡就是針對魯迅的，然而，當他寫這幾個字的時候，潛意識裡不會沒有魯迅的影子吧？「拉稿」難，怎麼辦呢？梁實秋希望「讀者不要永遠做讀者，讓這小小篇幅做為讀者公共發表文字的場所。」他說：

文字的性質並不拘定。不過我也有幾點意見。現在抗戰高於一切，所以有人一下筆就忘不了抗戰。我的意見稍微不同。於抗戰有關的資料，我們最歡迎，但是與抗戰無關的資料，只要真實流暢，也是好的，不必勉強把抗戰截搭上去。至於空洞的「抗戰八股」那是對誰都沒有益處的。(37)

梁實秋的上述觀點，立即遭到批駁。羅蓀在一九三八年十二月五日重慶《大公報》上發表《「與抗戰無關」》，認為「在今日的中國，要使一個作者既忠於真實，又要找尋『與抗戰無關的資料』，依我拙笨的想法也實在還不容易，除非他把『真實』丟開，硬關在自己的客廳裡去幻想吧……」因為「這次的戰爭已然成為中華民族生死存亡的主要樞紐，它波及到的地方，已不僅限於通都大邑，它已擴大到達於中國底每一個纖微，影響之廣，可以說是歷史所無，在這種情況下，想令人緊閉了眼睛，裝作看不見，幾乎是不可能的事情」。此外，宋之的在一九三八年十二月十日出版的《抗戰文藝》第三卷第二期發表《談「抗戰八股」》的文章，對「抗戰八股」論進行了批駁。

平心而論，梁實秋是講兩點論的，與抗戰有關的，最為歡迎；與抗戰無關的，也是歡迎的。這不能說錯。然而，結合他的一貫的文藝觀，即反對文藝的功利性和提倡寫永久的人性，

左翼文壇當然會認為他的最為歡迎與抗戰有關的，只是幌子；他的實質是提倡與抗戰無關的。梁實秋是這樣一種人，他修練到這樣一種程度，可以在炮火連天的歲月裡，在他的雅舍裡不動聲色地談女人，談喝茶。他的《雅舍小品》就是他的上述藝術主張的藝術實踐；或者借用臺灣文學史家周錦的話說，創作《雅舍小品》正是上述主張遭到批判之後，梁實秋所進行的「無言的抵抗」。

我想，這種面面俱到的觀點，倘不是梁實秋提出，而是魯迅或者別的什麼人，人們大約不會揪住一點，不及其餘的。實際上，在梁實秋之前，左翼文壇關於抗日問題的見解，比梁實秋更有包容性，卻被認為是合理的、正確的，並沒有被批判。比如，一九三六年七月，馮雪峰包辦的、以魯迅的名義發表的《論現在我們的文學運動》(38)一文中，就有這樣的觀點：

以過去的經驗，我們的批評常流於標準太狹窄，看法太膚淺；我們的創作也常現出近於出題目做八股的弱點。所以我想現在應當特別注意這點：民族革命戰爭的大眾文學絕不是只侷限於寫義勇軍打仗，學生請願示威……等等的作品。這些當然是最好的，但不應這樣狹窄。它廣泛得多，廣泛到包括描寫現在中國各種生活和鬥爭的意識的一切文學……作者可以自由去寫工人，農民，學生，強盜，娼妓，窮人，闊佬，什麼資料都可以，寫出來都可以成為民族革命戰爭的大眾文學。也無需在作品的後面有意地插一條民族革命戰爭的

> 尾巴，翹起來當作旗子；因為我們需要的，不是作品後面添上去的口號和矯作的尾巴，而是全部作品中的真實的生活，生龍活虎的戰鬥，跳動著的脈搏、思想和熱情等等。

寫義勇軍打仗的抗日作品是最好的，但不應該這樣狹窄，甚至可以寫強盜，娼妓，闊佬，什麼都可以寫。左派右起來的時候，可以比右派更右，但右只是一種手段，而不是終極目的，終究還是左派。右派雖然說了客觀的話，甚至左傾的話，但終其一生，觀其全面，本質上還是右派。梁實秋是一種象徵，在當時背景下，他無論說得怎樣圓滿，左翼文壇總會揪住他的辮子的。

不過，因為「與抗戰無關論」的影響，在國人的心目中，梁實秋似乎是不抗日的。這一點，我們應該為其澄清。梁實秋是為抗日做過有益的工作的。梁實秋在大陸的女兒梁文茜在《懷念先父梁實秋》[39]一文中說：「七七事變，盧溝橋一聲炮響，抗日戰爭開始，爸爸認為天下與亡，匹夫有責，以一介書生竟想投筆從戎。深夜和媽媽長談計議，如何安排好我們三個孩子的生活，爸爸打算到後方參加抗日工作……不久爸爸就一個人毅然決然地走了。媽媽沒有哭，但很緊張，我問媽媽：『爸爸幹嘛去？』媽媽小聲告訴我說『打日本』。中國的知識份子絕大部分是愛國的，爸爸也不例外。」梁實秋當時正天明即起，日沒而息，翻譯莎士比亞的戲劇，為了參加抗日，他只好中止了這項工作。梁實秋抗日和魯迅抗日是一樣的，只能做做文字工

作。我們不能設想他們也去上戰場，拼刺刀。這一點在今天，大約不會有觀念上的分歧了。

進入新時期，大陸文藝界對梁實秋的「抗戰無關論」有過一番爭論。有人認為梁實秋抗戰時期並沒有提倡與抗戰無關的作品，只是說寫抗戰有關的尤為歡迎，寫與抗戰無關的，只要不是八股，也應允許。所以左翼文壇對他的批評是錯誤的，至少是一種誤會。有人在反思歷史的過程中指出當年的這種指摘有「曲解之嫌」，也有人更進一步指出這是「故意栽誣」，是「冤假錯案」。為了用事實說話，大陸有一位青年對梁實秋主編的《平明》副刊發表的二百五十四篇作品進行統計，指出其中明確含有「抗戰」二字的多達一百七十篇，其他篇也大多與抗戰有關。另一種意見是：梁實秋的按語似乎講得面面俱到，但他一貫反對文藝的功利性。他自己在那一時期的作品，其實就是「抗戰無關論」的標本，而在當時，迫切需要的卻是戰鬥、吶喊的作品，即使藝術上有些粗糙，也不應譏之為抗戰八股。所以，當時對梁實秋的批評仍然有其歷史的合理性。

***

(1)(6)(29)(31)《文學是有階級性的嗎？》，《文學運動史料選》第三冊，上海教育出版社一九七九年六月版。

(2)《魯迅全集・二心集》。

(3)《魯迅全集・而已集》。

(4)《魯迅全集・南腔北調集・祝中俄文字之交》。

(5)《魯迅全集・且介亭雜文二集・葉紫作《豐收》序》。

(7)《魯迅全集・二心集・「硬譯」與「文學的階級性」》。

(8)陳漱渝：《「今我來思，雨雪霏霏」》，《魯迅研究月刊》一九九三年第三期。

(9)轉引自《魯迅梁實秋論戰實錄》304頁，華齡出版社一九九七年十一月版。

(10)(11)(13)(18)(21)(22)(23)《恩怨錄・魯迅和他的論敵文選》有轉載，今日中國出版社一九九六年十一月版。

馮雪峰：《回憶魯迅》，《魯迅在上海》，山東師範學院聊城分院編。

發表於一九三〇年二月十日《新月》月刊第二卷第十二號，《魯迅梁實秋論戰實錄》有轉載，華齡出版社一九九七年十一月版。

廖超慧：《剖視人生》，陝西旅遊出版社一九九二年十二月版。

《魯迅這個人》，臺灣東大圖書公司一九八六年六月版，轉引自《魯迅研究動態》一九八九年第九期。

(24)《魯迅全集・譯文序跋集》。
《魯迅全集・二心集・幾條「順」的翻譯》。
(25)《魯迅全集・二心集》。
(26)《魯迅全集・熱風》。
(27)《魯迅全集・且介亭雜文》。
(28)《魯迅研究月刊上》一九九八年第九期。
(30)《浪漫的與古典的・文學的紀律》，人民文學出版社一九八八年版。
(32)《魯迅全集・墳・未有天才之前》。
發表於一九三三年四月二十二日天津《益世報・文學週刊》，《魯迅梁實秋論戰實錄》有轉載，華齡出版社一九九七年十一月版。
(33)(34)(35)《悼念陳伯通先生》，《梁實秋散文》中國廣播電視出版社一九八九年九月版。
(36)《文學運動史料》第四冊第242頁，上海教育出版社一九七九年六月版。
(37)《文學運動史料》第四冊第243頁，上海教育出版社一九七九年六月版。
(38)《魯迅全集・且介亭雜文末編》。
(39)《梁實秋散文》第一集，中國廣播電視出版社一九八九年九月版。

讓魯迅不爽快的「優生學」

——魯迅與潘光旦

潘光旦（一八九九—一九六七）江蘇寶山（今屬上海）人，社會學家、優生學家。一九二二—一九二六年留學美國。回國後，先後在吳淞政治大學以及東吳大學等校任教。一九三四年起任清華大學教授、社會學系主任、教務長和圖書館長等。一九四一年參加中國民主政團同盟（今名中國民主同盟），歷任中央委員、中央常務委員等職，創辦民盟的機關刊物《民主週刊》。新中國成立後，任政務院文教委員會委員，全國政協委員等職。著有《優生概論》、《中國境內猶太人的若干歷史問題》、《明清兩代嘉興的望族》等書。

潘光旦曾根據一些地主家族的家譜來解釋遺傳，宣揚優生學。他的這種「學說」和歐美國家某些資產階級學者關於人種的「學說」是同一類東西。優生學是英國遺傳學家哥爾登在一八八三年提出的「改良人種」的學說。它認為人或人種在生理和智力上的差別是由遺傳決定的，只有發展「優等人」，淘汰「劣等人」，社會問題才能解決。

「改良人種」說並不陌生，曾經是納粹邪說的真正的、野蠻的基本原則。希姆萊於一九三一年十二月三十一日頒佈的訂婚和結婚命令中，黨衛軍成員舉行婚禮前必須由黨衛軍人

種局對未婚妻進行生理檢查。只有當戀人「健康、無遺傳疾病和至少是同等人種」時，這位「黨衛軍國家領袖」才頒發結婚許可證。得到同意後，這對配偶將繼續受到監視。繁殖後代是義務。沒有孩子的黨衛軍成員會被扣除部分軍餉——一種隱形的生育獎。後來希姆萊甚至非常認真地計畫，命令結婚五年而沒有孩子的黨衛軍成員離婚。他要「培育人類」。他在演講中不斷強調，「將日爾曼人種」重新「培育得純潔」。他向海軍軍官們解釋說：「我給自己下了這個實用的任務，要透過對外表形象的挑選、透過不斷加壓、透過無情的、殘酷的挑選和透過消滅弱者和無用者，培養一個新的日爾曼部落。」個人願望、愛情、幸福，人類的尊嚴和文明，在此不起作用，被視為「多愁善感」或「頹廢的」。希姆萊的妄想唯一的目的就是保持和改良「人種」。

在文明世界，沒有什麼「優等人」和「劣等人」的區別。在上帝面前，人人生而平等。這就宣告了所謂「改良人種」的「優生學」的破產。

我們回到正題。

梁實秋在《論魯迅先生的「硬譯」》(1)一文中認為，「一部書斷斷不會完全曲譯……部分的曲譯即使是錯誤，究竟也還給你一個錯誤，這個錯誤也許真是害人無窮的，而你讀的時候究竟還落個爽快。」魯迅抓住「落個爽快」一詞，把新月社的若干人「一鍋煮」了。之所以「一鍋煮」，是因為梁實秋攻擊魯迅的文字「有兩處都用著一個『我們』，頗有些『多數』

和『集團』氣味了。自然，作者雖然單獨執筆，氣類則絕不只一人，用『我們』來說話，是不錯的，也令人看起來較有力量，又不至於一人雙肩負責。」(2)潘光旦是新月社成員，於是成了梁實秋的「們」之一。魯迅說：「讀了會『落個爽快』的東西，自有新月社的人們的譯著在：徐志摩先生的詩，沈從文、凌叔華先生的小說，陳西瀅（即陳源）先生的閒話，梁實秋先生的批評，潘光旦先生的優生學，還有白璧德先生的人文主義。」(3)

後來，魯迅在《故事新編》的《理水》中挖苦過潘光旦。魯迅寫道：

> 「禹來治水，一定不成功，如果他是鯀的兒子的話」，一個拿拄杖的學者說。「我曾經搜集了許多王公大臣和豪富人家的家譜，很下過一番研究工夫，得到一個結論：闊人的子孫都是闊人，壞人的子孫都是壞人——這就叫做『遺傳』。所以鯀不成功，他的兒子禹也不會成功，因為愚人是生不出聰明人來的。」

這裡的「一個拿拄杖的學者」，就是暗指潘光旦。魯迅也不完全是「捎帶一槍」，他對潘光旦的學說是有著切實的「不爽快」的，因為他的《明清兩代嘉興的望族》等書，在魯迅眼裡，無非闡述這樣一個觀點：闊人的子孫都是闊人，壞人的子孫都是壞人。我們知道，魯迅一生對所謂「壞人」、窮人，寄予無限的同情，是「哀其不幸，痛其不爭」；而對那些「闊

人」，則是橫眉冷對，多有抨擊。如此，潘光旦的遺傳學、優生學，怎麼能讓魯迅爽快呢？

＊＊＊

⑴ 發表在一九二九年九月十日《新月》第二卷第六、七合刊，轉引自《恩怨錄：魯迅和他的論敵文選》，今日中國出版社一九九六年十一月版。

⑵ ⑶《魯迅全集・二心集・「硬譯」與「文學的階級性」》。

讀古書・「洋場惡少」・被踢了一腳

——魯迅與施蟄存

施蟄存（一九〇五—二〇〇三），筆名安華、薛蕙、李萬鶴等，出生於杭州，後遷居松江。小說家、文學翻譯家。他的文學道路從詩歌開始，後來主編文學刊物《現代》，在海內外頗有影響，魯迅、巴金等人在上面發表了很多作品。三〇年代，施蟄存創做了《梅雨之夕》、《上元燈》、《將軍的頭》等作品，據說「引起轟動」，因為這幾部作品，他去世以後，有未必是諛墓的文章稱他為「中國現代派小說大師」。一九五二年後任華東師範大學教授。施蟄存在九十六歲時說過，他一生「開了四扇窗戶：東窗是文學創作，南窗是古典研究，西窗是外國文學翻譯和研究，北窗則是碑版整理。」東西南北，四面出擊，成就斐然。學界有「北錢南施」之說，他和錢鍾書一樣，一流才子，幾近完人。只是，四扇窗戶之上，頂著「洋場惡少」這一帽子，臨死之前，也不清爽。

一

施蟄存曾被魯迅「罵」為「洋場惡少」，今天看來，似乎言重了。他們之間的衝突，並沒有什麼大了不起的內容，無非是關於讀古書問題的看法有異。

一九三三年十月一日，以「豐之餘」為筆名，魯迅寫了後來收入《准風月談》的《重三感舊》一文，讚美了光緒末年張之洞一類的「新黨」，認為他們在甲午戰敗後，向西方求知識，求真理。「『老新黨』們的見識雖然淺陋，但是有一個目的：圖富強。所以他們堅決，切實；學洋話雖然怪聲怪氣，但是有一個目的：求富強之術。所以他們認真，熱心。」然而，到了民國，「現在卻是別一種現象了」。魯迅指出：

> 有些新青年，境遇正和「老新黨」相反，八股毒是絲毫沒有染過的，出身又是學校，也並非國學的專家，但是，學起篆字來了，填起詞來了，勸人看《莊子》《文選》了，信封也有自刻的印板了，新詩也寫成方塊了，除掉做新詩的嗜好之外，簡直就如光緒初年的雅人一樣，所不同者，缺少辮子和有時穿穿洋服而已。

文章的末尾，魯迅感嘆曰：「現在是我們又有了新的企圖，要以『古雅』立足於天地之間了。假使真能立足，那倒是給『生存競爭』添一條新例的。」

對於魯迅的觀點，我是這樣理解的：民國與新文化皆為初始，封建國家政權雖已被推翻，然封建的思想、倫理觀念還根深蒂固。可以說，封建社會，如百足之蟲，死而未僵。在這樣的大背景下，對於一切復古甚至復古嫌疑，都應該施之以打擊，防封建死灰復燃之患於未然。魯迅的用心是良苦的，觀點無疑是正確的。但是，魯迅所舉例子，似乎給人小題大作之嫌。因為，學篆字、填詞，看《莊子》《文選》等等，彷彿不足以證明便成了復古的「雅人」。現代社會的特點是多元化，多元化當然也包括了曾經是一元化代表的封建文化（當然應取其精華部分）。換言之，處在一元社會的封建文化與處在多元社會的封建文化，其內涵是完全不一樣的。以近一點的例子說，「八個樣板戲」時代的「樣板戲」，與今天百花齊放背景下的「樣板戲」，不論它的象徵意義還是實際意義，都是不可同日而語的。因此，我以為，讀一點《莊子》，做一點古詩詞和古文，與復古並不是一回事。況且，古的形式，也可以裝進新的內涵，魯迅早期鼓吹新觀念的文章，如《人之歷史》、《摩羅詩力說》，用的也是文言；魯迅也做了許多律詩，都是證明。到了後來，錢鍾書用文言文做《管錐編》等，這只是多元文化中的一個雅致景觀，未必是「復古」。

魯迅的《重三感舊》發表於十月六日《申報．自由談》。十月八日，《自由談》發表了施蟄存的《《莊子》與《文選》》一文，針對「豐之餘」（施當時知道豐即魯迅嗎？不得而知）的文章「替自己做一個解釋」。

施蟄存首先說了話題的緣起：「上個月《大晚報》的編輯寄了一張印著表格的郵片來，

要我填注兩項：（一）目下在讀什麼書，（二）要介紹給青年的書。」施蟄存說：「在第二項中，我寫著：《莊子》，《文選》，並且附加了一句注腳：『為青年文學修養之助。』」接著，施蟄存解釋了為什麼要推薦《莊子》和《文選》。他認為，有些「青年人的文章太拙直，字彙太少……我以為從這兩部書中可以參悟一點做文章的方法，同時也可以擴大一點字彙（雖然其中有許多字是已死了的）。但是我當然並不希望青年人都去做《莊子》、《文選》一類的『古文』」。施蟄存還說：「我勸文學青年讀《莊子》與《文選》，目的在要他們『釀造』」。怎樣釀造呢？他舉了魯迅的例子──這給人的感覺是，他似乎不曉得「豐之餘」是魯迅。他若知道是魯迅，這只能說明他儘管被魯迅批評，但他對魯迅還是心存敬意的──「像魯迅先生那樣的新文學家，似乎可以算是十足的新瓶了。但是他的酒呢？純粹的白蘭地嗎？我就不能相信。沒有經過古文學的修養，魯迅先生的新文章絕不會寫道現在那樣好。所以我敢說：在魯迅先生那樣的瓶子裡，也免不了有許多五加皮或紹興老酒的成份。」這一點是沒有疑義的，魯迅的古文功底是不容置疑的。文末，施蟄存說：「新文學家中，也有玩木刻，考究版本，收羅藏書票，以駢體文為白話書信作序，甚至寫字臺上陳列了小擺設的，照豐先生的意見說來，難道他們是『要以「今雅」立足於天地之間嗎？』我想他們也未必有此企圖。」最後，施蟄存「希望豐先生那篇文章並不是為我而做的」。

十月十二日，魯迅作《「感舊」以後（上）》(1)，指出「那篇《感舊》，是並非為施先生而做的，然而可以有施先生在裡面」。「內中所指，是一大隊遺少群的風氣，並不指定著誰和誰。」

在我看來，施蟄存和魯迅都沒錯的。施蟄存叫青年讀《莊子》與《文選》，他有一個前提，即「為青年文學修養之助」。顯然，他是針對做文章的文學青年的。搞文學的青年當然應該讀一讀《莊子》與《文選》。而魯迅，他此處的觀點與《青年必讀書》的思想是一致的，魯迅認為：「少看中國書，其結果不過不能作文而已……只要是活人，不能作文算什麼大不了的事。」可見，一、魯迅是針對不作文的廣大青年說的，對一個當車工的工人或者種田的農民來說，他們確實可以不讀《莊子》和《文選》；二、要會作文，文章做得好一點，還是要讀一點古文的。一般青年和文學青年是不一樣的概念，所以魯迅和施蟄存講的是兩方面的問題，並不矛盾。

在遭魯迅批評之後，施蟄存還在一些答辯文章中，說魯迅反對青年讀《文選》，而自己卻曾做古文，看古書。還說魯迅也曾捐資重刻《百喻經》，暗指魯迅「自己也是這樣的」。是的，施蟄存說得不錯，魯迅自己確實也是這樣——這不在乎魯迅自己承認與否——但魯迅是文學家，這些事乃文學家之正道。文學家所為未必是一般青年所為；文學家如此做為，不等

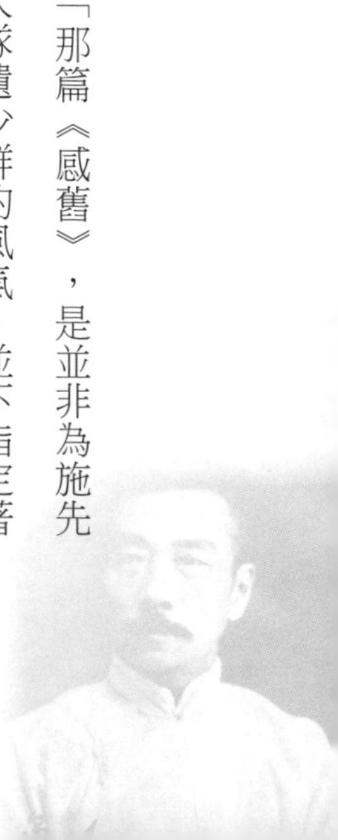

於不能要求青年不要如此做為。所以，搞清楚了文學家、文學青年與一般青年的區別，施蟄存的攻擊就顯得牛頭不對馬嘴了。對此，魯迅以「無良」為筆名做了一篇《反芻》(2)，認為施蟄存以上的觀點，不過是五四時期復古派濫調的「反芻」，「永遠反芻，自己卻不會嘔吐，大約真是讀透了《莊子》了」。

此後，魯迅在一些文章中，對施蟄存也多有挖苦。比如，在《且介亭雜文二集》中《「文人相輕」》一文，魯迅多用這樣的語氣說話：「我們如果到《文選》裡去找詞彙的時候……」「我們如果到《莊子》裡去找詞彙……」知道魯、施糾紛的人，一眼就可以看出其中不無刻薄的幽默，不論是不是針對施蟄存，他看了大約不會有舒適的感覺的。

魯迅對施蟄存有了定見，很難有什麼新的印象。一九三四年七月《申報》雜文專欄「談言」上發表署名「寒白」的文章：《大眾語在中國底重要性》，七月十七日，魯迅在致徐懋庸的信中認為，「十之九是施蟄存做的。但他握有編輯兩種雜誌之權，幾曾反對過封建文化，又何曾有誰不准他反對，又怎麼能不准他反對。這種文章，造謠撒謊，不過越加暴露了卑怯的叭兒本相而已」。「寒白」是施蟄存嗎？《魯迅全集》的注釋者也不能確定。不論是與不是，魯迅對施蟄存有了成見是可以肯定的了，這種定見中，當然有幾分的偏見。

對與施蟄存的筆戰，魯迅的看法是「無聊」，一九三三年十一月五日，在致姚克的信中，談了他的感想：

我和施蟄存的筆墨官司，真是無聊得很，這種辯論，五四運動時候早已鬧過的了，而現在又來這一套，非倒退而何。我看施君也未必真研究過《文選》，不過以此取悅當道，假使真有研究，絕不會勸青年到那裡面去尋新字彙的。此君蓋出自商家，偶見古書，遂視為奇寶，正如暴發戶之偏喜擺士人架子一樣，試看他的文章，何嘗有一些「《莊子》與《文選》」氣。

施蟄存說魯迅自己讀古文，卻反對青年讀古文；魯迅說施蟄存鼓吹讀古文，卻未必真讀，「不過以此取悅當道」，因為他的文章中看不出有讀的「氣」。總之，兩位皆有意氣在字裡行間，未必精確，文學家貴在有「氣」，不能用科學家的「精確」要求他們。文壇熱鬧，蓋緣於不精確。

後來，魯迅得悉施蟄存也當了「檢查官」，在官方組織的書報檢查的會議上有「獻策」之舉，這樣也就更為憎惡；在私人通信裡，乾脆稱為「卑怯的叭兒」。

二

施蟄存也不是省油的燈。他被魯迅瞧不起，於是，調動自尊，鼓起勇氣，以牙還牙，也

瞧不起魯迅了。他在《文飯小品》第三期（一九三五年四月）發表的《伏爾泰》(3)一文，說魯迅的雜文是「有宣傳作用而缺少文藝價值的東西」，對魯迅極盡諷刺挖苦。文章不長，先引用於下：

去年一年沒有看到好電影，直到年底才到國泰戲院去看了喬治亞里斯主演的《伏爾泰》，覺得好極，即使去年一年只有此一片，也並不使去年的電影減色。

在《伏爾泰》一片中，法皇路易十五有一句話很有意思，當那貪吝的財務大臣搜集了一些出於伏爾泰之手的攻擊政府的小冊子來給皇上看的時候，路易十五說：「這上邊又沒有伏爾泰的簽名，不會是他做的。」那財務大臣說道：「伏爾泰沒有那麼蠢。」但路易十五終於將那小冊子拋棄在桌上，只管自己和他的寵姬龐帕妵夫人賭錢了。

這裡我覺得有兩方面的感想。第一是在路易十五方面的。他雖然是個昏庸的皇帝，這句話倒並不一定是昏庸話。也許他知道這些小冊子是伏爾泰寫的，但身為一個皇帝，卻不能以莫須有之罪羅織人家，所以除非有確切的證據，他還不肯信任佞臣一面之詞，而破壞了法律。小冊子上既沒有伏爾泰的署名，即使明知是伏爾泰做的，也沒有辦法。這樣的皇帝，比之於目下一切疑心種種攻擊自己的文章都出於某一個敵人之手的文壇先輩社會聞人來，似乎畢竟還高明得多。

第二個感想是在伏爾泰這方面的。從伏爾泰，使我又無意中想起了我們魯迅先生。魯迅先生現在是似乎不大用真名字發表文章的。但他卻有許多筆名。在發表的當時既可躲躲閃閃，不負責任，時過境遷，又仍可編纂成集，追認過來。雖然魯迅先生曾經很俏皮地說過，他寫他的雜感文是希望人家改好，人家一好，他的文章就失了作用，然而難道凡被魯迅先生所針砭過的人物竟一個都不會改好，所以他的雜感集還只得「不三不四」地出下去。這一點上，伏爾泰的手段，似乎又不及我們的魯迅先生。伏爾泰當時為什麼不在他的文章底下署一個筆名，讓後世人可以給他編到全集中去呢？只為了存心寬厚了一些，氣量大了一些，遂永遠損失了一大筆版稅，我倒替他覺得很可惜的。

但是我又想，伏爾泰當時那種小冊子，目的雖然是在於鼓吹自由，宣傳正義，但因為多是對準了時事發的話，一定不免有許多悻悻然的氣概。這種文章，在當時的讀者群中，的確很有效力，但如果傳給後世人看起來，讀者所處的社會環境既不相同，文字的感應力一定也會得兩樣了。那時伏爾泰的文章的好處一定沒有人能感受到，而其壞處卻必然會在異代的讀者面前格外分明的，伏爾泰沒有使這種有宣傳作用而缺少文藝價值的東西羼入他的全集中去，也說不定反而是他聰明的地方。財務大臣所說的「伏爾泰沒有那麼蠢」，這意思恐怕倒要這樣解釋的。

這篇當是借題發揮的範文了，說的是一部電影，罵的是魯迅。先是說皇帝的好話，在施蟄存看來，這個皇帝卻有民主思想，知道這些小冊子是伏爾泰寫的，但卻格外開恩，「不能以莫須有之罪羅織人家」，從而「破壞了法律」。當然了，他為皇帝說好話也不是目的，目的是攻擊文壇上的「皇帝」。他說：「這樣的皇帝，比之於目下一切疑心種種攻擊自己的文章都出於某一個敵人之手的文壇先輩社會聞人來，似乎畢竟還高明得多。」這個「先輩」、「聞人」是誰呢？施蟄存不說。但結合他的下文，你不得不產生這樣的聯想：他就是魯迅。魯迅不如法皇路易十五，因為魯迅多疑，總疑心別人在攻擊他。施蟄存畢竟是文章老手，修練成精，又要說你，又不讓你抓著把柄。

接著，施蟄存攻擊魯迅「似乎不大用真名字發表文章」，還說，魯迅之所以用筆名，是為了「在發表的當時既可躲躲閃閃，不負責任，時過境遷，又仍可編纂成集，追認過來」，換言之，就是又可以不用負責任，又可以賺稿費。施蟄存在文後說，他為伏爾泰「可惜」，由於他的不懂得「追認」，所以「永遠損失了一大筆版稅」。魯迅為什麼用筆名發表文章？原因十分複雜，但有一條是可以肯定的，就是為了對敵和非對敵鬥爭的需要。但是，所有的原因裡面，就是不包含施蟄存說的這兩條。魯迅倘若是為了逃避責任，他結集時又如何「追認」呢？難道「追認」的，就可以不負責任？所以，施蟄存的說法是矛盾的。至於損失了一大筆版稅問題，魯迅可不像施蟄存那樣愛計較，魯迅為《新青年》寫稿時，就沒有一分稿費，更不用說版稅了。魯迅還常常貼錢給尚未成名的青年人出書，這些史事，施蟄存大約不會陌生吧！用筆名寫文章也值得非議，這可說是到了無孔不入的程度了。現代作家，哪一個沒用過筆名？我翻了《中國現代文學詞典》，在施蟄存的名目下，也有不少的筆名，比如，安華、薛蕙、李萬鶴等等。施蟄存用這些筆名，該不會放棄「追認」，從而「永遠損失了一大筆版稅」吧？

關於魯迅「曾經很俏皮地說過」的「他寫的雜感文是希望人家改好，人家一好，他的文章就失了作用」問題，施蟄存的用心在於，「難道凡被魯迅先生所針砭過的人物竟一個都不會改好」？在於他對魯迅雜感集「還只得『不三不四』地出下去」表示不滿。他無非要證明，魯迅罵過的人未必都是不好的。我們看看魯迅是怎麼說的，他在《熱風·題記》一文中寫道：

……我的應時的淺薄的文字，也應該置之不理，一任其消滅的；但幾個朋友卻以為現狀和那時並沒有大兩樣，也還可以存留，給我編輯起來了。這正是我所悲哀的。我以為凡對於時弊的攻擊，文字須與時弊同時滅亡，因為這正如白血輪之釀成瘡癤一般，倘非自身也被排除，則當它的生命的存留中，也即證明著病菌尚在。

如此看來，施蟄存根本就沒有搞清楚魯迅的話的意思，魯迅是針對現象，而不是什麼人，也不是什麼改好不改好的問題。施蟄存甚至對魯迅的原話都沒有弄清楚。

施蟄存又說：「伏爾泰當時為什麼不在他的文章底下署一個筆名，讓後世人可以給他編到全集中去呢？只為了存心寬厚了一些，氣量大了一些。」如此，反過來說，不像伏爾泰這麼做的，便是存心不「寬厚」，便是「氣量」小了？關於不寬厚和氣量問題，也是老問題了。寬厚有氣量如施蟄存者，明裡暗裡說魯迅時，一扯就是扯這類的問題。中國某些人的性情是這樣的，說別人是妓女，自己便是貞婦，說別人沒氣量，不寬厚，就可以證明自己有氣量又寬厚。

施蟄存又說，伏爾泰「沒有使這種有宣傳作用而缺少文藝價值的東西羼入他的全集中去」。「項莊舞劍，意在沛公」，他句句說的是伏爾泰，句句針對的是魯迅。他的意思是，魯迅的集子中羼雜進了不少「缺少文藝價值的東西」。施蟄存比起別的一些攻擊魯迅的人來，多了一點怪裡怪氣，不夠坦率，他無非要說魯迅的雜文是沒有藝術價值的，卻不言明，曲裡拐彎，讓人生厭。

三

施蟄存還在《文飯小品》第五期（一九三五年六月）發表《雜文的文藝價值》一文中說：「他（魯迅）是不主張『悔其少作』的，連《集外集》這種零碎文章都肯印出來賣七角大洋；而我是希望作家們在編輯自己的作品集的時候，能稍稍定一下去取。因為在現今出版物蜂湧的情形之下，每個作家多少總有一些隨意應酬的文字，倘能在編集子的時候，嚴格地刪定一下，多少也是對於自己作品的一種鄭重態度。」施蟄存的話有一定的合理成份，對一般作家而言——比如施蟄存——是這樣的。但是，他當時並沒有認知到魯迅是大師，已經溶入古典，魯迅的每一篇文章都有其存在意義與價值。在今天，這已經被歷史所證明，是不成問題的了。

魯迅「罵」施蟄存，還有一件是和《中國文學珍本叢書》有關的。

三〇年代，施蟄存主編了這套叢書。一九三五年九月開始印行，共出五十種。出書後，受到了鄧恭三（鄧廣銘）的批評。鄧恭三在《國聞週報》第十二卷四十三期（一九三五年十一月四日）上發表《評中國文學珍本叢書第一輯》一文，指出這一輯叢書存在的問題：「計畫之草率，選學之不當，標點之謬誤。」對此，施蟄存在《國聞週報》第十二卷第四十六期（一九三五年十一月二十五日）發表了《關於中國文學珍本叢書——我的告白》一文，文中說：「現在，過去的錯誤已經是錯誤了，我該承認的我也承認了，該辯護的希望讀者及鄧先生相信我不是詭辯。」又說：「他（按指鄧恭三）說出我是為了『養生主』，而非『逍遙遊』」，

他「能瞭解」「我之所以擔任主持這個叢書的原故」的。

這裡的「養生主」含有「主要是為了生活」的意思。文章為了稻粱謀，人間俗人，無可厚非。如果施蟄存如此檢討一番，本也罷了。無奈文人習氣左右了他，死要面子，認錯的同時，還要說我雖錯了，別人比我更錯哩。他這樣辯解說：

> 但是雖然失敗，雖然出醜，幸而並不能算是造了什麼大罪過。因為充其量還不過是印出了一些草率的書來，到底並沒有出賣了別人的靈魂與血肉來為自己的「養生主」，如別的一些文人們也。

是的，也許「別的一些文人們」，確實「出賣了別人的靈魂與血肉來為自己的『養生主』」，但這怎麼可以成為自己開脫的理由呢?別人殺人，我偷東西便不是「大罪過」了嗎?顯然，施蟄存的邏輯是荒唐的。對此，魯迅在《且介亭雜文末編》中的《文人比較學》一文中評論道：

> 中國的文人們有兩「些」，一些，是「充其量還不過印出了一些草率的書來」的，「別的一些文人們」，卻是「出賣了別人的靈魂與血肉來為自己的『養生主』」的，我們只要想一想「別的一些文人們」，就知道施先生不但「並不能算是造了什麼大罪過」，其實還能夠算是修了什麼「兒孫福」。

> 但一面也活活的畫出了「洋場惡少」的嘴臉——不過這也並不是「什麼大罪過」，「如別的一些文人們也」。

施蟄存的「別的一些文人們」，含含糊糊，似乎不針對誰，然而卻也得罪了不少人。看來，要自我表白一些什麼，要批評一些什麼，還是直說得好。

四

施蟄存是個長壽的人，死時正好過了百年華誕。施蟄存與魯迅的「《莊子》與《文選》之爭」，過了半個多世紀，老人的記憶是極端的好，還時不時提起陳年舊事。只是，魯迅早已無言。從我掌握的資料看，魯迅是永遠活在施蟄存的心中了。

施蟄存的《文藝百話》(4)收錄其「歷年保存的雜文剪報」，內有《一人一書》分上、下兩文，文章做於魯迅去世不久，評論當時的文壇，首論魯迅，他說：

> 魯迅遽而奄忽，……魯迅者，實在是一個思想家，獨惜其思想尚未成一體系耳。唯其思想未成一體系，故其雜感文集雖多，每集中所收文字，從全體看來，總有五角六張、駁雜不純之病。使讀者只看到他有許多批評斥責之對象，而到底不知他自己是怎樣一副面目。……若必欲以魯迅為文學家，則當處於散文家之列，而不當視之為小說家。魯迅的小

說，不過兩本短篇集，雖然不壞，但亦絕不就是「國寶」。

看來，怪裡怪氣成了施蟄存幾十年不變的風格了。先是說魯迅實在是一個思想家，又獨惜「其思想尚未能成一體系耳」，既是思想家，怎麼會沒有自己的思想體系呢？既是沒有自己的思想體系，又怎麼成為思想家呢？與李長之的說魯迅不是思想家相比，施蟄存除了多了一點吞吞吐吐、陰陽怪氣以外，並沒有什麼新內容。

所謂「使讀者只看到他有許多批評斥責之對象，而到底不知他自己是怎樣一副面目」，這卻與梁實秋的觀點如出一轍。梁實秋說魯迅：「你批評這個，你批評那個，但是你在文藝上政治上有什麼正面的積極的主張呢？」(5) 魯迅否認了一方面，不是同時就確立了另一方面嗎？否認此，本身不就包含著肯定與此相對應的彼嗎？這就像肯定什麼，本身就包含著否定什麼一樣。魯迅不斷地否認落後的封建的專制的舊中國，那麼，他肯定的就是富強的民主的自由的新中國。這只是籠統地說。若要具體地說魯迅肯定什麼，那簡直太多太多了，倘若要擺出來，與梁實秋、施蟄存費起口舌來，也實在是一件累人的事。但是，在這裡至少有一條是可以肯定的：魯迅肯定論敵的坦率。從魯迅的性情出發，他甚至認為坦率的論敵要比陰陽怪氣的所謂同一陣營中的人要好對付。

「若必欲以魯迅為文學家」，施蟄存的「若必欲」三字，包含著這樣的意思：如果一定要把魯迅算作文學家的話。換言之，如果勉強把魯迅算作文學家的話，那魯迅也不配當小說家。為什麼呢？因為「魯迅的小說，不過兩本短篇集，雖然不壞，但亦絕不就是『國寶』」。魯迅的小說只有兩本，所以不能成為小說家，那麼需要幾本才可以成為小說家呢？施蟄存沒有給我一個量的規定，所以我也不知道。文學史上，寫《魯賓遜漂流記》的笛福，寫《呼嘯山莊》的艾蜜莉．勃朗特一生中不也是只有一兩部小說嗎？可是，施蟄存為什麼並沒有懷疑他們做為小說家的客觀存在呢？「五四」新文化運動的先驅者陳獨秀、李大釗都認為魯迅的小說是現代中國最好的小說，既是最好的小說，怎麼就不是「國寶」呢？魯迅的小說不是「國寶」，那麼誰的是呢？施蟄存也寫了一些小說，而且，絕對不只是兩本，隨著時間的推移，其價值和意義也將愈益明顯，我想，還是存在著成為「國寶」的可能性。

施蟄存說，魯迅「則當處於散文家之列」，魯迅除去雜文，純粹的散文不也就是《野草》、《朝花夕拾》之類一本兩本嗎？一本兩本當不了小說家，怎麼一本兩本就可以當散文家呢？而魯迅的雜文在他及他們眼裡又都是罵人文章，「氣量」太小，不夠「寬厚」——如此雜文，大約不是施蟄存所說的「散文」吧？

施蟄存繼說周作人，稱其「文學事業，創作翻譯，兩足千古」。這也正所謂蘿蔔白菜，各有所愛了。施蟄存又說蔣光慈，「不禁有點感慨了」，即「君不見魯迅之死，如此其闊氣，

而蔣光慈之死，又如彼之寥落」。他認為「在革命的功勳上，蔣光慈似乎並不亞於魯迅」。對中國革命的貢獻，魯迅不如蔣光慈？如此看來，魯迅是偉大的革命家，那蔣光慈則是比偉大更偉大的革命家了。我不知道施蟄存衡量革命家的標準是什麼，所以，也無從下手予以具體地批駁。施蟄存又說：「我昔年曾因送彭家煌之殯，到永安公墓，展蔣光慈之墓，蕭然無封識焉。退而曾與一二友人謀，欲為募金樹碑，人微言輕，而所與謀者皆窮光蛋，終未實現。不知此刻救國會諸仁人君子能否分一部分紀念魯迅先生之財力，去安慰一下光慈先生之革命靈魂乎。」蔣光慈死得太冷落了，魯迅死得太闊氣了，施蟄存要「劫富濟貧」了——他要求分一部分「紀念魯迅先生之財力，去安慰一下光慈先生之革命靈魂乎」。

從以上可知，施蟄存對於魯迅一向耿耿於懷。然而，讓我敬佩的是，他又要裝作很不在乎又很大度的樣子，這是讓我私心很不舒服的地方。

據朱健國介紹，雖然三〇年代遭魯迅諷刺之後，施蟄存在文壇受過一點挫折，但真正的厄運卻要從一九五七年算起。其時劃他「右派」，是以「兩案併發」而論。被魯迅批評過的人，自然是右派文人，這算得一個舊案；而他在一九五六年《人民日報》上發表雜文《德與才》，諷刺一些進上海的文藝領導大都是不怎麼識字的人，僅有德而無才，很難做好文化領導，這便成了本性未改的新證。於是發配嘉定勞改一年，在三年自然災害中只可吃常人幾分之一的雜糧爛菜，享受「飢餓療法」。一九六一年幸運地摘帽了，不久卻又來了「四清」，來了「文革」，於是永無教書寫作之權，只是偶爾讓他翻譯一點不能署名的書，如《篷皮杜傳》、《奈及利亞史》，一文稿費也沒有。

一直到十一屆三中全會以後，讓他重新到華東師大帶碩士、博士研究生，他的苦難似乎才結束。而今他「渡盡劫波殘軀在，笑看歷史泯恩仇」。施蟄存笑道：「魯迅罵我，是他踢我一腳，而不是我攻擊他，我至今敬重魯迅先生，當年就幫他印過兩本書，還親自把稿費送到內山書店交給他。六十年來，我一直以旁觀者態度看待自己的苦難。人一站到旁觀者角度，再大的苦難，也似乎有一種研究的耐心與興味，那麼心靈的創痛也就減輕不少。」(6)

魯迅出書，施蟄存做一些具體工作是可能的。但是不是需要施蟄存「幫」，若是不幫，魯迅是不是要像現在的一些作者那樣去買書號，我心存疑惑。施蟄存似乎是說，他一直是敬重魯迅的，既是敬重魯迅，為什麼他在魯迅生前死後老是與魯迅過不去呢？又怎麼解釋踢一腳之類？在具體地挖苦、謾罵一通後，再來一下籠統的「一直敬重」，無非是為了證明他「罵」得有理，「罵」得客觀。攻擊也便攻擊了，像梁實秋那樣，永不改悔，還有一點人樣。又要攻擊，又要假裝虔誠，莫非人到了一定的年齡便老熟成精了？也未可知。如果真如施蟄存所說，「被魯迅踢了一腳」，那這一腳也是暗傷，我估計現代儀器是測不出什麼名堂來的，施蟄存只好

痛在心裡了。

「被魯迅踢了一腳」，只是接受採訪時隨意而談。有施蟄存詩可做施蟄存一生心結的幫證。《浮生百詠》第六十八首，詩云：

粉膩脂殘飽世情，況兼疲病損心兵。
十年一覺文壇夢，贏得洋場惡少名。

施蟄存在附註中說：「自一九二八年至一九三七年，浪跡文場，無所得益，所得者唯魯迅所賜『洋場惡少』一名，足以遺臭萬年。第三、四句乃當年與魯迅交誶時改杜牧詩感賦，未有上句，今補足之。」

下筆之初，我覺得魯迅說他是「洋場惡少」，似有費解之處，後看到他被踢一腳時，彷彿悟出了魯迅的意思了。至於什麼意思呢，這是我的祕密，三十年內我不想解密。

五

有一件事應該為施蟄存留下一筆，那就是魯迅名文《為了忘卻的紀念》是在他編輯的《現代》雜誌發表的。武在平在一九九八年第十二期的《魯迅研究月刊》上發表《胡喬木心目中的魯迅》一文，其中談到一九八九年十一月，胡喬木曾拜訪施蟄存，胡稱讚施說：那個時候在您的刊物上發表魯迅先生那篇文章比在黨的刊物上發表它作用要大得多，「您立了一功！」胡喬木還說，魯迅那篇文章影響很大，當時張聞天曾說，《現代》發表魯迅那篇文章，是當年中國歷史上的一件大事。胡喬木還問施蟄存《為了忘卻的紀念》的發表經過，施答：這稿子是我那天到現代書局樓上編輯室，在我桌子上發現的。我想會不會是雪峰派人送來的？但也不能肯定。我至今仍不能確切地說清楚。當時拿到這篇文章曾有點猶豫，但覺得魯迅這篇文章寫得實在好，還是應當發表。他還說：文章發表後，本來以為他們（指當局）會來找麻煩，可是不知為什麼倒沒來找麻煩。胡喬木說：如果他們來找麻煩，那豈不是反而欲蓋彌彰了嗎？

＊＊＊

(1)
(2)《魯迅全集．准風月談》。
(3)《恩怨錄．魯迅和他的論敵文選》，今日中國出版社一九九六年十一月版。
(4)華東師範大學出版社一九九四年版。
(5)《魯迅與我》，見重慶《中央週刊》第四卷第十六期，一九四一年十一月二十七日。
(6)朱健國：《施蟄存的長壽之道》，見一九九八年一月二十一日《中華讀書報》。

惡癖・坦克車・隨筆家

——魯迅與張若谷

張若谷（一九〇五—一九六〇）上海南匯人。原名張天松，字若宇。筆名摩炬、瑪律谷、百合、南方張、劉舞心女士、虛齋主等。他的創作，以隨筆小品最為豐富，結集出版的散文集有《文學生活》（上海金屋書店一九二八年），《異國情調》（上海世界書店一九二九年），《戰爭・飲食・男女》（上海良友圖書印刷公司一九三三年）。他的專職是編輯和翻譯，三〇年代在上海《大晚報・星期文壇》和《益世週刊》上寫過不少文章，《新月》和《小說日報》上偶爾也能見到他的作品，他還在中華、商務等書店出過《遊歐獵奇印象》、《馬相伯先生年譜》，譯作有《中國孤兒》、《十五年寫作經驗》等。

《大晚報》連載張若谷被稱為「儒林新史」的長篇小說《婆漢迷》，惡意編造情節，影射文化界人士，如以「羅無心」影射魯迅，「郭得富」影射郁達夫等。對此，魯迅頗為不滿，在《文學的折扣》(1)一文中寫道，「有一種無聊小報，以登載誣衊一部分人的小說自鳴得意，連姓名也都給以影射的」，指的就是張若谷的小說。魯迅也有趣，為自己取了一個筆名「羅憮」。這是魯迅常用的反諷手法，比如，文公直攻擊魯迅是買辦，魯迅就用「買辦」的音譯「康伯度」當作自己的筆名。

蕭伯納來上海，魯迅和張若谷都在場。一九三三年二月十八日《大晚報》發表了張若谷的《五十分鐘和蕭伯納在一起》一文，其中記述給蕭伯納送禮時的情形說：「筆會的同人，派希臘式鼻子的邵洵美做代表，捧了一隻大的玻璃框子，裡面裝了十幾個北平土產的泥製優伶臉譜，紅面孔的關雲長，白面孔的曹操，長鬍子的老生，包紮頭的花旦，五顏六色，煞是好看。蕭老頭兒裝出似乎很有興味的樣子，指著一個長白鬍鬚和他有些相像的臉譜，微笑著問道：『這是不是中國的老爺？』『不是老爺，是舞臺上的老頭兒。』我對他說。他好像沒有聽見，仍舊笑嘻嘻地指著一個花旦的臉譜說：『她不是老爺的女兒吧？』」據張若谷自稱，他所說的「舞臺上的老頭兒」，是諷刺蕭伯納的。

關於張若谷見蕭伯納，這裡想加一段閒筆，施蟄存在《蕭伯納到上海》中提到張若谷：「有一個上海文人張若谷，一貫喜歡自我宣傳，到了不擇手段的地步。他不知以什麼記者的名義，居然能混進宋宅和世界社，每逢攝影記者舉起照相機的時候，他總去站在前頭。蕭伯納在世界社靠牆壁坐著，讓記者攝影，張若谷竟然蹲到蕭伯納背後，緊貼著牆壁。記者沒有辦法，只好把他也照了進去。洗印出來的照片是：他的整個身子都被蕭伯納遮住了，只從蕭伯納肩膀底下探出了一個頭面。這張照片使我很厭惡，但是我當時還不懂得照片可以塗改，就只好

照樣給印出來。」⑵如果以一個記者所需要的素質來衡量，張若谷倒是稱職的，記者就是要能鑽，能千方百計地為所在報社弄到好的新聞。施蟄存「厭惡」的張若谷，並不那麼讓我厭惡。

魯迅應日本改造社特約，也寫了一篇關於蕭伯納的文章《看蕭和「看蕭的人們」記》，其中還提到張若谷的文章：「此後是將贈品送給蕭的儀式。這是由有著美男子之譽的邵洵美君拿上去的，是泥土做的戲子的臉譜的小模型，收在一個盒子裡。還有一種，聽說是演戲用的衣裳，但因為是用紙包好了的，所以沒有見。蕭很高興的接受了。據張若谷君後來發表出來的文章，則蕭還問了幾句話，張君也刺了他一下，可惜蕭不聽見云。但是，我實在也沒有聽見。」⑶這段文字是對具體事情的客觀描述，看不出有什麼特別的喜惡。

魯迅對張若谷的文章直接發表議論的，是針對他的《惡癖》⑷一文，實在地說，與張若谷的關係本也不大。

我們先看看《惡癖》這篇不足五百字的文章：

「文人無行」久為一般人所詬病。

所謂「無行」，並不一定是不規則或不道德的行為，凡一切不近人情的惡劣行為，也都包括在內。

只要是人，誰都容易沾染不良的習慣，特別是文人，因為專心文字著作的緣故，在日常生活方面，自然免不了有怪異的舉動，而且，或者也因為工作勞苦的緣故，十人中九人是染著不良嗜好，最普通的，是喜歡服用刺激神經的興奮劑，捲菸與咖啡，是成為現代文人流行的嗜好品了。

現代的日本文人，除了抽菸喝咖啡之外，各人都犯著各樣的怪奇惡癖。前田河廣一郎愛酒若命，醉後呶鳴不休；谷崎潤一郎愛聞女人的體臭和嚐女人的痰涕；今東光喜歡自炫學問宣傳自己；金子洋文喜舐嘴唇；細田源吉喜作猥談，朝食後熟睡二小時；宮地嘉六愛用指爪搔頭髮；宇野浩二醺醉後侮慢侍妓；林房雄有奸通癖；山本有三乘電車時喜橫膝斜坐；勝本清一郎談話時喜用拇指挖鼻孔。形形色色，不勝枚舉。

日本現代文人所犯的惡癖，正和中國舊時文人辜鴻鳴喜聞女人金蓮同樣的可厭，我要求現代中國有為的青年，不但是文人，都要保持著健全的精神，切勿借了「文人無行」的幌子，再犯著和日本文人同樣可詬病的惡癖。

魯迅有感而發，寫了《文人無文》(5)一文。他先是批評了張若谷的文章論據與論點不吻合，舉的例子不足以證明他所要表達的意思：

在一種姓「大」的報的副刊上，有一位「姓張的」在「要求中國有為的青年，切勿借了『文人無行』的幌子，犯著可詬病的惡癖。」這實在是對透了的。但那「無行」的界說，

可又嚴緊透頂了。據說：「所謂無行，並不一定是指不規則或不道德的行為，凡一切不近人情的惡劣行為，也都包括在內。」

接著就舉了一些日本文人的「惡癖」的例子，來做中國的有為的青年的殷鑑，一條是「宮地嘉六愛用指爪搔頭髮」，還有一條是「金子洋文喜舐嘴唇」。

自然，嘴唇乾和頭皮癢，古今的聖賢都不稱它為美德，但好像也沒有斥為惡德的。不料一到中國上海的現在，愛搔喜舐，即使是自己的嘴唇和頭髮吧，也成了「不近人情的惡劣行為」了。如果不舒服，也只好熬著。要做有為的青年或文人，真是一天一天的艱難起來了。

張若谷的文章是不嚴謹的。「……向來的習慣，函義是沒有這麼廣泛的，搔髮舐唇（但自然須是自己的唇），還不至於算在「文人無行」之中」。(6)魯迅指出，中國文人的「惡癖」並不在這些。他話鋒一轉，由張若谷所談的「文人無行」生發開去，談起了「文人無文」問題。魯迅認為，「不近人情」的並不是「文人無行」，而是「文人無文」。這一點，我在本書有關周木齋一節已有介紹，此不重複。魯迅由張若谷的「此」而及「彼」，深化了這一主題。就像魯迅的《文壇登龍術》是藉章克標的話題生發開去而不完全是抨擊章克標一樣，這裡，除了指出張若谷文章的毛病外，也似乎不好說是抨擊張若谷。

一九三三年三月三日張若谷在《大晚報．辣椒與橄欖》發表《擁護》一文，聲稱「……擁護言論不自由……唯其言論不自由，才有好文章做出來，所謂冷嘲，諷刺，幽默和其他形形色色，不敢負言論責任的文體，在壓迫鉗制之下，都應運產生出來了。」對此，魯迅批駁說：「諷刺等類為什麼是不負責任，我可不知道。然而聽人議論『風涼話』怎麼不行，『冷箭』怎麼射死了天才，倒也多年了。既然多年，似乎就很有道理。大致是罵人不敢充好漢，膽小。」(7)魯迅指出，躲在統治者的坦克車裡面攻擊民主人士不敢勇往直前，「你敢出來！出來！躲在背後說風涼話不算好漢！」倘若你真的相信他的話，「如果你上了他的當，真的赤膊奔上前陣，像許褚似的充好漢，那他那邊立刻就會給你一槍，老實不客氣，然後，再學著金聖嘆批《三國演義》的筆法，罵一聲『誰叫你赤膊的』——活該。總之，死活都有罪。」(8)就像大敵當前，大學生若不「逃難」，就必然等死一樣，所謂「負責任」，很大程度上就是叫人去送死。魯迅告誡人們，不要理睬「不負責任」之類的指責。

魯迅還表達了這樣一層意思：「總之，死活都有罪。足見做人實在很難，而做坦克車要容易得多。」為什麼呢？「高等人向來就善於躲在厚厚的東西後面來殺人的。古時候有厚厚的城牆，為的要防備盜匪和流寇。現在就有鋼馬甲、鐵甲車、坦克車。就是保障『民國』和私產的法律，也總是厚厚的一大本。甚至於自天子以至卿大夫的棺材，也比庶民的要厚些。

至於臉皮的厚，也是合於古禮的。」(9)躲在厚厚的東西後面，這是統治者的專利，卻要被統治者赤膊上陣，白白送死。「其實，躲在厚厚的鐵板——坦克車裡面，砰砰碰碰的轟炸，是著實痛快得多，雖然也似乎並不膽大」。統治者愚民的戰術，也被「下等人」用來「愚君」，於是，就被張若谷輩說成是不負責任的。在魯迅眼裡，張若谷的立場是所謂「上等人」的立場。

魯迅去世後，張若谷在《中美日報．集納》上發表了《寫文學隨筆》一文，認為魯迅不是小說家，只是一個隨筆家，對魯迅多有誣衊。他說：

魯迅生平寫下了許多「隨筆」式的東西，他在自己視為雜感或短評或「花邊文學」的東西，其實都是可以歸於隨筆一門類中的。在十餘年前，我曾經寫過《魯迅的《華蓋集》》一文，裡面說起：「我愛看的魯迅先生的作品，並不是他幾篇譽滿天下的小說，而卻是他的幾本隨筆集。我敢說：魯迅先生根本不是一個小說作家，雖則他除了創作小說以後，還有興致作詩，但是他實然不是小說家或是詩人，天份或許是有的，因為他沒有小說家或詩人的生活；他出身是一個學校教師，是一個靠著筆墨以維生活的文人。他創作小說，並不是在表現自己，或表現社會，他只是在講故事罷了。他的文章，就是等於隨筆，筆談；魯迅先生的作風，可以用嬉笑怒罵四個字來包括一切，他無論是在笑，或是在罵，總是含著冷嘲的意味。措辭也時常彎彎曲曲，議論也往往執滯在幾件小事情上，這是可以十足代表

中國浙江作家的一種習氣，尤其是代表現代紹興師爺的一種特殊性格。」⑽

魯迅不是小說家，為什麼呢？「因為他沒有小說家或詩人的生活；他出身是一個學校教師」，還因為「他創作小說，他只是在講故事罷了」……以一個人從事的職業來衡量有沒有生活，這是站不住腳的。誰能說得清哪一個職業是有「生活」的，哪一個職業是沒「生活」的？魯迅是不是出身「學校教師」這是另外一個問題，難道所有的「學校教師」都不在生活之中？魯迅的小說曾被稱為「自剖小說」，往往是以第一人稱來敘述的；魯迅小說反映社會的深廣，在現代小說家中很難有人可以企及，何言「並不是在表現自己，或表現社會」呢？「他只是在講故事罷了」，小說可以全然不要故事嗎？魯迅居然可以不是小說家！張若谷睜著眼睛說瞎話，議論給人不著邊際之感，只能算是胡扯。

至於「措辭也時常彎彎曲曲，議論也往往執滯在幾件小事情上……尤其是代表現代紹興師爺的一種特殊性格。」「紹興師爺」是張若谷們攻擊魯迅的慣用語之一，它的潛臺詞是，魯迅是個「刀筆吏」。

關於張若谷，魯迅對其態度，還用得上「不屑」二字。魯迅一九三二年十一月從上海到北平省親期間，公開發表了五次演講，世稱「北平五講」；一九三三年春，魯迅在一家飯店裡與朋友閒談，談到幾個幫閒文人的文章時說：「這些都只要一噓了之，不值得反駁。」當

時魯迅提到的有楊邨人、梁實秋和張若谷。這就是人們說的「上海三噓」。魯迅原打算要新出一本雜文集，書名叫《五講三噓集》，由於在北平的五講只有頭兩講的稿子，其他三講均未有可靠的紀錄稿，魯迅的想法落空了。一九三四年十二月十六日他在給楊霽雲的信中說：「幫閒文學實在是一種緊要的研究，那時煩忙，原想回上海後再記一遍的，不料回滬後也一直沒有做，現在是情隨事遷，做的意思都不起來了，所以那《五講三噓集》也許將永遠不過一個名目。」後來，魯迅在《答楊邨人先生公開信的公開信》中說：「張若谷先生比較差一點，淺陋得很，連做一『噓』的資料也不夠，我大概要換另一位的。」魯迅的《五講三噓集》終於沒有面世，就是面世，看魯迅的口氣，似乎還輪不到張若谷。張若谷連被「噓」的資格都沒有，這不能不說是魯迅對他的蔑視。

據周允中《有關張若谷的一些往事》介紹，抗戰爆發後，張若谷還是做過一些有益的工作的。他主編的《中美日報·集納》副刊雖然不願刊登左翼作家的作品，經常刊登的是徐訏、邵洵美、溫肇桐等人的文章，但內容大部分是抗日的，主題十分鮮明，因此引起了日寇及其走狗的注意和不滿，曾三次被租界當局勒令停刊，張若谷寫了《三次復刊小言》宣稱，「一方可見公道之自在人心，而正義之不能消滅，一方亦足征忠奸之不能並容，而孤島人心之未死也。」強調了抗日愛國是孤島上每一個中國同胞的共同意志，這種意志絕不會因為高壓而消失。《中美日報·集納》還發表了不少揭露和抨擊落水文化的文章，鋒芒分別指向周作人、陳綿、陸離、徐祖正、沈啟無、張資平、穆時英等人。

遺憾的是，「張若谷後來也被日偽綁架了去，受不了拷打最後也變了節，成為了落水文人。」新中國成立後，他受到了法律的懲處，被囚禁數年。

＊＊＊

(1)《魯迅全集·偽自由書》。

(2)《往事隨想·《現代雜憶》》，四川人民出版社二〇〇〇年一月版。

(3)《魯迅全集·南腔北調集》。

(4)一九三三年三月九日在《大晚報》副刊《辣椒與橄欖》。

(5)《魯迅全集·偽自由書》。

(6)《魯迅全集·集外集拾遺補編·辯「文人無行」》。

(7)(8)(9)《魯迅全集·偽自由書·不負責的坦克車》。

(10)轉引自巴人《論魯迅的雜文》一書中的《序說》，上海遠東書店出版社一九四〇年十月版，見《魯迅研究學術論著資料彙編》第三卷，中國文聯出版公司一九八七年三月版。

《魯迅全集·南腔北調集》。

似相左而實相近

——魯迅與張競生

一

張競生（一八八八—一九七〇）原名張江流，學名張公室。出生於廣東省饒平縣浮濱大榕鋪的一個農民家庭。一九一一年辛亥革命爆發，張競生二十三歲，南北和議時，他是孫中山指派的民國代表團的祕書。受了達爾文那句「物競天擇，適者生存」的影響，一九一二年底赴法留學前改名張競生（他和胡適有一樣的志趣，也是為了「適者生存」，「胡洪騂」易名為「胡適之」。這是題外話，為了多一點閱讀的趣味，姑且留此閒筆），先後獲巴黎大學文學院文學士和里昂大學哲學博士學位。一九二〇年回國，曾任廣東省一所中學的校長，北京大學和暨南大學教授。

張競生是現代中國性教育和節制生育的最早的宣導者。創辦過「美的書店」，組建過中國最早提倡性教育的組織「性育社」，有《愛情定則》、《美的社會組織法》、《美的人生觀》等多種著作行世。

從某種意義上說，張競生一輩子都被人誤解，新中國成立前有《性史》等問題，新中國成立後有《魯迅全集》的注釋問題。《性史》等使張競生名聲大噪，遂有魯迅對他的議論，因此，這兩個問題客觀上有一定的聯繫。如果不介紹前一個問題，就講不清後一個問題。網路上有人說，「他卻生不逢時，連客觀冷靜著稱的魯迅都對他鄙夷批判。實際是魯迅對他誤解，」「醫學出身的周樹人居然對『性』忌諱甚而批判，顯然是『裝正經』了。也落入他自己經常嘲笑的『正人君子』者流去了。」一些讀者為張競生受的委屈抱不平，而遷怒於魯迅，從而挖苦、奚落魯迅。

二

要弄清楚魯迅與張競生的關係，首先應該瞭解張競生的性倫理觀以及在當時的影響，如果忽略了背景資料，就可能如有的人所下的判斷那樣，認為魯迅對張競生有偏見，是魯迅傷害了張競生。

一切還得從他的《性史》說起。

張競生認為天生萬物，原無神祕可言，不失「真」，才得「美」，主張對性問題公開研討，提倡性科學與性教育，反對把性問題神祕化。青年要學點性知識，才能見怪不怪，不入歧途。他主張光復人性，不應以「處女」、貞潔來壓迫女性，提出「婚姻自由」，以至「情人制」、「性交自由」。他認為「性書」和「淫書」有本質的不同，前者提倡健康的有節制的性行為，

後者提倡不合乎禮法和無節制的濫交，提倡前者正是為了反對後者等等。本著這樣的觀點，一九二五年寒假，張競生在《京報副刊》上刊登了一則新奇啟事：《一個寒假的最好消遣法》，破天荒地公開徵集個人「性史」，一時轟動京華學界，回應者不乏其人。他從來稿中挑選了七篇，配序並為每篇加上按語，編成《性史》第一集，於一九二六年四月由「性學社」印行。這是一本不足一百五十頁的薄薄的小冊子，作者都是當時北京的大學生，在文章中坦述自己的性愛經歷，是供科學研究的資料性讀物。

張競生搞的是「系統工程」。「性學社」印《性史》，然後在「美的書店」出售。「美的書店」之興旺一時，或許還與經營特色有關。那時上海的商店裡都還沒有女店員——「學生意」還一直是男性的職業，但是「美的書店」卻大膽雇用年輕漂亮的女店員。不難設想，這樣一家以編印銷售「性書」為特色的書店，再加上獨樹一幟的年輕漂亮的女店員，當然是非常轟動的。張競生自己對此也非常得意，他說，左近那些大書店如中華、商務等，若是與我們這間「美的書店」的門市一比，還是輸卻一籌。

張競生在《性史》中提出的「第三種水」(1)，是當時被人攻擊得最狠的一個觀點。「第三種水」是他為「一舸女士」的《我的性經歷》寫的按語中提出的。他認為女性達到極愉快的性高潮時，有的人會有「第三種水」射出。此後多年，這被衛道士以及性醫學家斥之為無稽之談。以前那些將張競生說成「墮落文人」、「無恥文人」的作品和傳說中，經常向人們描繪如下一幕戲劇化的場景：「流氓無賴來到『美的書店』，向年輕的女店員要『第三種水』。」似乎「美的書店」成了一個藏污納垢的「下三濫」場所。

性在當時、在一些國人的心目中，仍是可做而不可說的勾當。張競生的《性史》在社會上產生了轟動效應，風行達於極點，此舉使他成為民國文化史上的知名人物。有人描述其效應是：「正人君子搖頭嘆息，而又在暗中讀得津津有味；封建衛道士更氣急敗壞，活像掘了其祖墳。」《性史》出版僅四個月，便先在天津遭禁，起因是南開大學校長張伯苓致函員警廳，稱南開附近的書店出售《性史》、《情書一束》、《女性美》、《夫婦之性的生活》、《渾如篇》等書，「誨淫之書，以此為最，青年閱之，為害之烈，不啻洪水猛獸。」於是員警廳下令將《性史》等書全部沒收，並且「嚴密查察，如有售賣，送案究懲，勿稍姑息，以維風化」。

《性史》如猛獸，「第三種水」成了洪水。

張競生在宣傳「性學」的同時，很多書商卻以「張競生」為噱頭，大賣特賣起黃色小說來了。有很多書都是署名「張競生」，卻是下三爛的寫家冒名的（當今市面上，有不少「葉永烈」的書，根本不是葉永烈所著，卻盜用了葉的大名。這一招數，是不是始自「張競生」？戲法常變，不過三十六計耳，有趣！）市面上還冒出了許多「性史續集」及完全杜撰的真正

淫書，如《性史補》、《性史補外補》。直至二十世紀八〇年代，海外的華文書店仍有「性史第十八集」在賣。

由於張競生勇敢地和當時的封建保守勢力宣戰，有些主張太超前於社會當時可接受的程度；也由於隨後跟進的淫書氾濫，謬種流傳，國人也多無法用科學態度看待《性史》，張競生真是罵名遍天下，「性教父」、「性博士」、「賣春博士」的惡名也由是而起。《性史》如何使張競生大被惡名，還可以看張競生後來的自述，他在自傳性質的作品《十年情場》中說：「近來有些人以為我是巴黎長期的學生，習染了法國的淫風。看《性史》如豬狗的苟且，盡情地任它發洩出來。又有人疑我是一個『大淫蟲』，荒誕淫逸，《性史》就是現身的說法！」張競生聲名狼藉，被趕出學壇，迫使他於一九三二年在家鄉服毒自殺未遂，此後一直隱居不出。

臺灣「大眾小丑」李敖說：編《性史》的張競生與主張在教室公開做人體寫生的劉海粟、唱《毛毛雨》的黎錦暉，被傳統勢力視為「三大文妖」。可是時代的潮流終究把「文妖」證明為先知先行者，張競生的悲哀，更是那個社會的悲哀。

三

在我看來，魯迅與張競生之間並不構成衝突。魯迅也不曾「罵」張競生。魯迅在文章中提到的張競生，與其說是針對張競生本人，不如說是透過「張競生現象」，抨擊了當時出版界醜陋的一面。

在讀者的心目中，有了魯迅「罵」張競生的印象，很大程度是因為舊版《魯迅全集》注釋者的誤導。新中國成立後出版的《魯迅全集》，在張競生的詞條中寫道，「張競生是資產階級的無聊文人」（最新出版的《魯迅全集》已經刪去諸如此類帶政治傾向的評價，而改成純客觀的介紹）。於是，幾乎所有人都根據這個注釋來界定張競生。

我們把眼光拉回到當年。

一九二六年九月三十日，在廈門大學任教的魯迅給在廣東省立第一女師任教的許廣平寫信，說聽他課的學生中，有五個女生。他帶著調侃的語氣說，「我決定目不邪視，而且將來永遠如此，直到離開了廈門。」(2)。許廣平於十月十四日覆信，說魯迅「這封信特別的『孩子氣十足』」。她援引張競生在《美的人生觀》一書中的觀點跟魯迅開玩笑：「『邪視』有什麼要緊，慣常倒不是『邪視』，我想，許是冷不提防的一瞪吧！記得張競生之流發過一套偉論，說是人都提高程度，則對於一切，皆如鮮花美畫一般，欣賞之，願顯示於眾，而自然私有之念消，你何妨體驗一下？」(3)十月二十日，魯迅致函許廣平說：「邪視尚不敢，而況『瞪』乎？至於張先生的偉論，我也很佩服，我若作文，也許這樣說的。但事實怕很難，我若有公之於眾

的東西，那是自己所不要的，否則不願意。以己之心，度人之心，知道私有之念之消除，大約當在二十五世紀，所以決計從此不瞪了。」(4)

關於魯迅和許廣平的這段對話，我有以下幾點想法：第一，魯迅沒有「罵」張競生。退一萬步說，就是有「罵」吧，這也是情侶間的通信，屬於私下言論，與他人何干？第二，不是魯迅，而是許廣平在信中提到了張競生，這裡，許廣平關心的也不是張競生，而是對魯迅目不「邪視」的調侃。有的論客，把《兩地書》中許廣平的話當作魯迅的話了。第三，從許廣平援引的張競生言論看，張競生大致的意思是這樣，人對一切美的東西懷有欣賞之心，「而自然私有之念消」，許的意思是，聽你講課的有五個女生，你也不妨欣賞一番嘛。欣賞美與消除「私有之念」有什麼必然的聯繫呢？我看不出來，趙鑫珊有一本書叫《希特勒與藝術》，希特勒欣賞藝術，熱愛藝術，藝術是美的，但欣賞這種美，並沒有淨化他的靈魂。所以，魯迅認為張競生這一觀點在理論上雖然可以自圓其說，但畢竟太理想化了，嚴重脫離現實。愛情是一種純屬個人的內在感情，具有明顯的排他性，因而戀愛的雙方一般都不會樂意自己的愛人像賞花般地鑑賞異性或被異性鑑賞。我們假設魯迅對許廣平說，他班上有五個美女，他上課走神，目不轉睛地盯著她們看……那會是一番怎樣的情景！所以，魯迅不無揶揄地指出，實踐張競生的主張，「大約當在二十五世紀」。魯迅在致許廣平信中的感慨，只不過說明張競生太過超前，他所提倡的，只有在未來社會才可能實行。張競生的思想毫無疑問是超前、前瞻的，但這在中國文化裡是沒有適當土壤的。

魯迅真正談到張競生的，只有一篇文章，即《三閒集》中的《書籍和財色》，文章八百字，我照錄於下：

> 今年在上海所見，專以小孩子為對手的糖擔，十有九帶了賭博性了，用一個銅元，經一種手續，可有得到一個銅元以上的糖的希望。但專以學生為對手的書店，所給的希望卻更其大，更其多——因為那對手是學生的緣故。
>
> 書籍用實價，廢去「碼洋」的陋習，是始於北京的新潮社——北新書局的，後來上海也多仿行，蓋那時改革潮流正盛，以為買賣兩方面，都是志在改進的人（書店之以介紹文化者自居，至今還時見於廣告上），正不必先定虛價，再打折扣，玩些互相欺騙的把戲。然而將麻雀牌送給世界，且以此自豪的人民，對於這樣簡捷了當，沒有意外之利的辦法，是終於耐不下去的。於是老病出現了，先是小試其技：送畫片。繼而打折扣，自九折以至對折，但自然又不是舊法，因為總有一個定期和原因，或者因為學校開學，或者因為本店開張一年半的紀念之類。花色一點的還有贈絲襪，請吃霜淇淋，附送一隻錦盒，內藏十件寶貝，價值不資。更加見得切實，然而確是驚人的，是定一年報或買幾本書，便有得到「勸

學獎金」一百元或「留學經費」二千元的希望。洋場上的「輪盤賭」，付給贏家的錢，最多也不過每一元付了三十六元，真不如買書，那「希望」之大，遠甚遠甚。

我們的古人有言，「書中自有黃金屋」，現在漸在實現了。但後一句，「書中自有顏如玉」呢？

日報所附送的畫報上，不知為了什麼緣故而登載的什麼「女校高材生」和什麼「女士在樹下讀書」的照相之類，且作別論，則買書一元，贈送裸體畫片的勾當，是應該舉為帶著「顏如玉」氣味的一例的了。在醫學上，「婦人科」雖然設有專科，但在文藝上，「女作家」分為一類卻未免濫用了體質的差別，令人覺得有些特別的。但最露骨的是張競生博士所開的「美的書店」，曾經對面呆站著兩個年青臉白的女店員，給買主可以問她「《第三種水》出了沒有？」等類，一舉兩得，有玉有書。可惜「美的書店」竟遭禁止。張博士也改弦易轍，去譯《盧騷懺悔錄》，此道遂有中衰之嘆了。

書籍的銷路如果再消沉下去，我想，最好是用女店員賣女作家的作品及照片，仍然抽彩，給買主又有得到「勸學」，「留學」的款子的希望。

這是一篇「性靈」文章，魯迅結合現實生活，對古話「書中自有黃金屋，書中自有顏如玉」進行了「現代性詮釋」。透過這篇文章，魯迅表達了對當年出版現狀的不滿，批評了出版商的種種「促銷」行為。在「書中自有顏如玉」的問題上，魯迅對那種以女性做文章，以女性找賣點的行為進行抨擊。正如文前說的，與其說魯迅對張競生有什麼不滿，不如說魯迅對出版現狀有不滿。魯迅要做文章，而張競生因《性史》等風波而鬧得沸沸揚揚，他的「美的書店」正好成了魯迅的一個論據，觸動靈感，信手拈來而已。

魯迅對「美的書店」的批判，大約是受了當時社會流言的影響。魯迅在文章中寫道，「但最露骨的是張競生博士所開的『美的書店』，曾經對面呆站著兩個年輕臉白的女店員，給買主可以問她『《第三種水》出了沒有？』等類，一舉兩得，有玉有書（按即『書中自有顏如玉』）……」估計魯迅沒有看過《性史》，也無心去研究「第三種水」。魯迅受了一些影響的這種傳說本身就是偏見的產物——認定去買「性書」的人必然就是流氓無賴。

書店用女店員，我以為，從魯迅一貫的思想看，應該不會有問題。早在二〇年代，愛羅先珂對中國戲劇中不能男女同臺演出的現象進行了尖銳的批評，並為連大學生也不能免此陋俗而感到「寂寞」、「悲傷」。魯迅對愛羅先珂的意見是贊同的，還把愛羅先珂的文章翻譯過來。不論對困苦不堪的祥林嫂，還是對不知道北的知識女性子君，總之，對一切不幸的女性，魯迅都寄予無限的同情。魯迅甚至為妓女開脫，指出沒有「嫖男」，何來妓女？最應該受到譴責的應是「嫖男」。魯迅還對「寡婦主義」進行抨擊，「見一封信，疑心是情書了；聞一

聲笑，以為是懷春了；只要男人來訪，就是情夫；為什麼上公園呢，總該是赴密約」(5)，認為這是一種病態的人格。由此推論，魯迅絕對不會因為美的書店門口站著女店員，就想到她們是不是以色誘人。魯迅希望子君這樣的女性在經濟上能夠自立，女孩成了書店的店員，成了職業女性，這也是經濟獨立的一種表現，魯迅怎麼可能對「美的書店」用了女店員而不滿呢？因此，只能說張競生的書店被社會「妖魔化」了，只能說魯迅不滿的是當時的出版狀況，信手逮了一個論據而已。

其實，魯迅的性倫理觀和張競生一樣開放，觀點有相同或相近之處。

魯迅曾經說過，關於婚姻與性道德問題的討論，「至少已有兩三千年，而至今未得解答」(6)，而他本人，則果敢地投入性科學的研究和性教育的嘗試。魯迅向來是愛好生物學的，留學日本時，學的就是醫學。一九〇九年回國後，任浙江杭州兩級師範學堂的生理教員時，便首先打破了性生理的禁區。夏丏尊在《魯迅翁雜記》(7)中寫道：

> 周先生教生理衛生，曾有一次答應了學生的要求，加講生殖系統。這事在今日學校裡似乎也成問題，何況在三十年以前的前清時代。全校師生們都為驚訝，他卻坦然地去教了。他只對學生提出一個條件，就是在他講的時候不許笑。他曾向我們說：「在這些時候不許笑是個重要條件。因為講的人的態度是嚴肅的，如果有人笑，嚴肅的空氣就破壞了。」大

家都佩服他的卓見。據說那回教授的情形果然很好。別班的學生因為沒有聽到，紛紛向他來討油印講義看……

魯迅和張競生一樣，也反對性神祕。魯迅說：「『性意識』強。這是嚴分男女的國度裡必有的現象，一時頗不容易脫體的，所以正是傳統思想的束縛。」(8)文人一見宮人斜（古代埋葬宮女的地方）就時涉遐思，要作詩；小市民偏愛打聽性的「趣聞」，而且要誇張；尤其道學先生更是過敏之極。魯迅寫道：

> 一見短袖子，立刻想到白臂膊，立刻想到全裸體，立刻想到生殖器，立刻想到性交，立刻想到雜交，立刻想到私生子。(9)

魯迅認為，男女分隔得愈嚴，對於性就愈是神祕，愈是過敏。對於孩子的性教育，在魯迅看來這是極平凡的事，絕對沒有神祕性。赤裸的身體，在洗浴的時候，他們夫妻是不禁止海嬰走出走進。許廣平說：「實體的觀察，實物的研究，遇到疑問，隨時解答，見慣了雙親，他就對一切人體都瞭解，沒有什麼驚奇了。」魯迅平時常談到中國留學生跑到日本的男女共浴場所，往往不敢跑出水面，給日本女人見笑的故事，做為沒有習慣訓練所致的資料。這也正是以針對中國一些士大夫階級的紳士們，滿口道學，而偶爾見到異性極普遍的用物，也會

遐想不已的諷刺。魯迅認為，這種變態心理的矯正，必須從孩子時代開始。

魯迅一向反對封建的貞操、節烈觀，同時主張積極開展科學的性道德教育。反對一味地靠「堅壁清野主義」——禁錮婦女的辦法，來維持風化。他強調，「要風化好，是在解放人性，普及教育，尤其是性教育，這正是教育者所當為之事，『收起來』卻是管牢監的禁卒哥哥的專門。」⑽

在思想文化領域的鬥爭中，魯迅一直關注著倫理道德問題，其中包括性道德問題的討論。直到晚年，魯迅始終都重視對生理學、倫理學和性道德問題的研究。這不僅反映他的雜文、書信等所涉及的有關的具體內容上，也體現在他的書帳和翻譯上。魯迅晚年的書帳上就有他購買的多種倫理學、生理學的書目，如日本版《馬克思主義與倫理》、《蘇聯大學生的性生活》、《婚姻及家族的社會學》等書籍。魯迅關於性教育的理論和實踐，對於我們理解性教育的倫理價值很有啟發。

由於魯迅具有堅實的而不是皮毛的自然科學、尤其是生理學的基礎知識，他對中國社會和思想的瞭解異常深透，因此他的性道德觀就比較科學、全面，對舊道德的虛偽、殘酷、野蠻和愚昧的揭露、剖析、批判也最深刻、有力。

從以上展示的魯迅性道德和性倫理觀看，魯迅與張競生，在性道德和性倫理方面有很多共同的理念。他們沒有機會相識，如果有機會，或許可以成為好朋友的。我以為。

＊＊＊

⑴「第三種水」是一種客觀存在，直到一九五八年，德國女科專家格萊芬堡透過科學手法才予以證實，及後還出版了專著《格氏點》（又稱「G點」）。

⑵《魯迅全集·兩地書·四八》。

⑶《魯迅全集·兩地書·五七》。

⑷《魯迅全集·兩地書·五八》。

⑸《魯迅全集·墳·寡婦主義》。

⑹《魯迅全集·書信·280409 致李秉中》。

⑺《夏丏尊散文全編》，浙江文藝出版社一九九二年十一月版。

⑻《魯迅全集·集外集·咬嚼未始「乏味」》。

⑼《魯迅全集·而已集·小雜感》。

⑽《魯迅全集·墳·堅壁清野主義》。

「盛家贅婿」的「這般東西」與「軍事裁判」

──魯迅與邵洵美

一

邵洵美（一九〇六──一九六八）原名邵雲龍，筆名郡浩文、郭明等。浙江餘姚人。詩人、出版家。一九二四年上海南洋中學畢業後赴英國劍橋大學學習文學，次年轉入法國畫院學習繪畫，並與友人徐悲鴻、張道藩等人在巴黎組織天狗會。一九二六年回國，在上海寫詩和從事文化工作。一九二八年開辦金屋書店，出版《金屋》月刊，自任經理和主編。一九三三年與章克標編輯出版文藝旬刊《十日談》和綜合性週刊《人言》。抗日戰爭爆發後編輯出版《自由譚》和《大英晚報》等報刊，宣傳抗日。新中國成立後居家從事外國詩歌翻譯。詩作雕琢精緻，句式整齊，辭藻華麗，多讚美生與死，具有唯美主義傾向。主要著作有詩集《天堂與五月》、《花一般的罪惡》等等。

章克標是邵洵美的老搭檔，也可以說是好朋友。他在給《海上才子．邵洵美傳》寫的序中把邵洵美概括為三重人格的人：一是詩人，二是大少爺，三是出版家。「他一身在這三個人格當中穿梭往來，盤回往復，非常忙碌，又有矛盾，又有調和，因之，他這個人實在是很難以捉牢的，也就是很難以抒寫的。」邵洵美是三、四〇年代出版業的有功之人，是個正史上忽略的出版家。美國哈佛大學中國文學教授李歐梵在他的新書《上海摩登——一種新都市文化在中國（一九三〇—一九四五）》中專門談到邵洵美：「……他在自己的出版社裡不懈地努力出版種種書籍和雜誌。」賈植芳在《提籃橋難友邵洵美》中就說過，「邵洵美是一位在中國現代文學界和出版界有其一定影響和貢獻的詩人、翻譯家和出版家。」以期刊為例，邵洵美主持、參與、出資、主編的刊物即有：《獅吼》（一九二八年）、《金屋》（一九二九年）、《新月》（一九二八年）、《時代畫報》（一九三〇年）、《詩刊》（一九三一年）、《論語》（一九三二年）、《十日談》（一九三三年）、《人言》（一九三四年）、《時代漫畫》（一九三四年）、《萬象》（一九三四年）、《時代電影》（一九三五年）、《聲色畫報》（一九三五年）、《文學時代》（一九三五年）、《自由譚》（一九三八年）、《見聞》（一九四六年）。其中，《論語》是現代文學期刊史上的一顆明珠，共出一七七期，是邵洵美出版事業最輝煌的成就。

二

人的言行是多變的。早年周揚左而不作，盛氣凌人，被魯迅斥為「奴隸總管」，到了晚年，他多了一點敦厚和寬容，為人道主義鼓與呼。人的言行，多受環境影響，曹家興盛時，曹雪

芹不免有公子習氣，家道中落，自然多了沉鬱……說到邵洵美，倘若不瞭解他的過去，如果不清楚事實真相，只看後人有意無意為他開脫的文章，往往與事實相距甚遠。這些文章給人的印象是，邵洵美是一個很老實的人，他大受委屈了，而魯迅，卻像一個小肚雞腸的惡人。

一九九九年一月二十日的《中華讀書報．文史天地》專刊上發表了張芙鳴的《詩人邵洵美的命運》一文，對邵洵美充滿同情，頗有感化力。作者說：「重讀賈植芳先生的《獄裡獄外》，其中關於邵洵美的一段記載，令人心潮跌宕，久久不已。」賈植芳說了什麼呢？他的書中，有《獄友邵洵美》一節。內容大致是，六〇年代初，邵洵美在飢餓的監房生活折磨下，哮喘病日益加重，他深感出獄的希望渺茫，便鄭重其事地對賈植芳說：「賈兄，你比我年輕，身體又好，總有一天會出去的。我有兩件事，你一定要寫一篇文章，替我說幾句話，那我就死而瞑目了……我的文章，是寫得不好，但實實在在是我寫的，魯迅先生在文章中說我是『捐班』，是在花錢雇人代寫的，這真是天大的誤會。我敬佩魯迅先生，但對他輕信流言又感到遺憾！這點也拜託你代為說明一下……」罷了，張芙鳴發了一通感慨：「這是一位貧病交加的老者在生命盡頭的夙願，看起來好似在為自己挽回一些無關緊要的榮譽，其實它是一大批被忽略又被誤解過的知識份子對不公命運的抗議。在現代文壇中，邵洵美當然不是那些『喪家的』『資本家的乏走狗』，可是無論他怎麼做，又註定不是『中國脊樑們』的同路人……

像邵洵美這樣的知識份子在文壇上的位置是尷尬的，表面上沒有旗幟鮮明地奉行進步力量的指揮，可是實際上，都在默默無聞地做著對國家和人民有益的事，為中國新文學的發展和出版業的鼎盛注入了不可缺少的力量。當歷史的冤案被澄清，最有資格申冤叫屈的肯定不是他們，一旦昔日受冷遇的派別、人物成為今天街頭炒作的精品、明星，他們更是望塵莫及。世界好像不是為他們而存在，但他們和祖國、人民一起受苦。」所言也許不無一方面的道理。我們固然要看到這方面的道理，但也不能忽略了另一方面的道理。空洞的議論可以讓不懂真相的人迷惑，但嚴肅的讀者相信的只是事實。

邵洵美晚年說魯迅說他的文章是花錢請人代寫的，可是，根據倪墨炎考證，魯迅有關文章，「從頭到尾沒有一個字明說或暗示邵洵美的文章『是雇人代寫的』。」(1)倪墨炎是一個嚴謹的學者，讀者如果有興趣，可以把他的文章找來看看。我也讀遍魯迅相關文章，他確實沒有這樣說過。這只能證明，邵洵美年紀大了，記憶有誤。這也是常理，不應苛責。可是，後人對有關史實不做考證工作，對失實的回憶加以發揮，妄下結論，似乎有欠嚴謹。

在張芙鳴筆下，邵洵美是個很值得同情的老人，這一點，我也沒有非議，晚年的邵洵美確實悽慘，他受到了不公正的待遇。我首先要說的是，邵洵美的牢獄之災，不是因為與魯迅的筆墨官司，在「肅反」運動中，邵洵美以「歷史反革命罪」鋃鐺入獄，理由是他早年和南

京政府要員張道藩、謝位鼎拜過把兄弟，並以張贈與他的「電影考察特使」的名義，考察了英美電影界。其實，我說這些，也屬「多餘的話」，假設邵洵美因為與魯迅的爭論而入獄，不也與魯迅無關嗎？魯迅是不能為他死後的事負責的。

三

我們還是回到歷史吧。關於魯迅與邵洵美的恩怨，一般都是從一九三三年九月一日魯迅發表《登龍術拾遺》說起。《恩怨錄．魯迅與他的論敵文選》的編者也說：「魯迅與邵洵美等人的論戰，由魯迅尖銳諷刺邵等人是以富家女婿而登文壇引起。」應該說明的是，本書修訂之前，即一九九六年十二月由上海書店出版社出版的第一版，也是這麼下筆的。我關於邵洵美的文章，原篇名就叫《「盛家贅婿」——魯迅與邵洵美》。這樣，似乎是魯迅對邵洵美不滿在先；魯迅從女婿之類下筆，彷彿有欠公允。

其實不是這樣的，話題應該從邵洵美的一篇文章談起。一九三三年八月，在他出版的《十日談》第二期，他寫了篇大文，「飄飄然的」批評起「文人無行」來了：

> 除了上述五類外，當然還有許多其他的典型；但其所以為文人之故，總是因為沒有飯吃，或是有了飯吃不飽。因為做文人不比做官或是做生意，究竟用不到多少本錢。一枝筆，

一些墨，幾張稿紙，便是你所要預備的一切。嘸本錢生意，人人想做，所以文人便多了。此乃是沒有職業才做文人的事實。

我們的文壇便是由這種文人組織成的。

因為他們是沒有職業才做文人，因此他們的目的仍在職業而不在文人。他們借著文藝宴會的名義極力地拉攏大人物；借文藝雜誌或是副刊的地盤，極力地為自己做廣告：但求聞達，不顧羞恥。

誰知既為文人矣，便將被目為文人；既被目為文人矣，便再沒有職業可得，這般東西便永遠在文壇裡胡鬧。

邵洵美的說法與梁實秋的觀點如出一轍。梁實秋信奉「資產是文明的基礎」的主張，認為文學是屬於「有產的少數人」的：「好的作品永遠是少數人的專利品，大多數永遠是蠢的永遠是與文學無緣的。」窮小子而要登上文壇，就必然「不顧羞恥」，「在文壇裡胡鬧」了。

從這段話可知，邵洵美的性情和價值取向，都與魯迅南轅北轍。邵洵美曾是上海灘「一品香」的常客，每逢生日，他都會訂做一個像真老虎那樣大的奶油老虎，在廚房裡展覽。邵洵美以上層社會的紳士自居，他的豪華生活使得他似乎有權力用闊人的口氣，蔑視文壇上的窮小子為「這般東西」。我們知道，魯迅是最痛恨墮落的上層社會；另一方面，他所蔑視的「這

般東西」，則是魯迅最為同情的。這樣，魯迅和邵洵美的衝突就成了一種必然。

魯迅認為，文學是「苦悶的象徵」。什麼樣的人會苦悶呢？當然是窮愁潦倒的人，當然是魯迅這樣「……困頓」的人（魯迅研究學者林賢治曾對筆者說過：一切活得好的人都不配研究魯迅。這話也說明，魯迅從本質上講是屬於被稱為「這般東西」的勞苦大眾的）。

最早對邵洵美的批駁，據倪墨炎考證，還不是魯迅，而是「杭州郵局小職員卜成中，筆名「孫用」。此人「既非左聯成員，更無黨派所屬」，因為是小職員，大約也算「這般東西」吧！卜在申報《自由談》上發表的《「滿意」和「寫不出」》(2)中認為：「對於一切都滿意的人，寫不出文章來，是當然的。所以，創作是苦悶的象徵。」他大約讀過魯迅翻譯的《苦悶的象徵》，和魯迅的見解十分契合。他認為只有對現實不滿的人，才寫得出文章。所以他又寫道：「仰仗祖宗的遺產和老婆的妝奩而享福著的公子哥兒還有什麼不滿呢？」因而他們必然「寫不出」。「寫不出，那就不必來獻醜吧！還是去幹那老行當，去調脂弄粉，做些似通非通、吟風弄月的歪詩，竊取『詩人』的名號自娛吧！」

窮小子是胡鬧，不會寫文章，那麼，公子哥兒們就會寫文章嗎？邵洵美既然這樣羞辱窮小子，那麼做為闊人的邵洵美者流就會寫文章嗎？在魯迅眼裡，邵洵美是不會寫文章的。對邵洵美羞辱他人的文章，魯迅的第一篇回應文章是《各種捐班》(3)。文章開頭就說：「清朝的中葉，要做官可以捐，叫做『捐班』。」現在則連做「文人學士」和「文學家」也可以「捐班」。「開宗明義第一章，自然是要有錢。」怎樣才能捐做「文學家」呢？「只要開一隻書店，拉幾個作家，雇一些幫閒，出一種小報，『今天天氣好』是也須會說的，就寫了出來，印了上去，交給報販，不消一年半載，包管成功。」你說做文人是「無本錢生意」，其實也得「投資」呢！文中的「雇一些幫閒」是指書店、小報的編輯之類。魯迅的第二篇文章是《登龍術拾遺》(4)。正好在邵洵美辦的書店當編輯的章克標寫了一部《文壇登龍術》，其中說「登龍是可以當作乘龍解的」，「平常乘龍就是女婿的意思」等等，合該給魯迅做文章。魯迅說做女婿而登文壇的要術是：

> 術曰：要登文壇，須闊太太，遺產必需，官司莫怕。窮小子想爬上文壇去，有時雖然會僥倖，終究是很費力氣的；做些隨筆或茶話之類，或者也能夠撈幾文錢，但究竟隨人俯仰。最好是有富岳家，有闊太太，用賠嫁錢，作文學資本，笑罵隨他笑罵，惡作我自印之。『作品』一齣，頭銜自來，贅婿雖能被婦家所輕，但一登文壇，即聲價十倍，太太也就高興，不至於自打麻將，連眼梢也一動不動了，這就是『交相為用』。但其為文人也，又必須是唯美派……所以倘欲登龍，也要乘龍。『書中自有黃金屋』，早成古話，現在是『金中自有文學家』當令了。」

魯迅雖然不點名，但明眼人一般可以看出，這是罵邵洵美的。邵洵美娶清末大買辦官僚、百萬富豪盛宣懷之孫女盛佩玉為妻，邵洵美的詩有唯美主義傾向，而邵洵美開辦的書店又正好叫「金屋書店」。《魯迅全集》的注者，也把「要登文壇，需闊太太」注為邵洵美。魯迅的這些話，當然是針對「飯吃不飽」的「這般東西」卻「在文壇裡胡鬧」的說法而來的。在魯迅眼裡，真正在文壇胡鬧的不是邵洵美說的「窮小子」，而是邵洵美這樣的「闊人」。就在寫《登龍術拾遺》的同一天，魯迅又寫《幫閒法發隱》一文。有人以為這幫閒是指章克標，其實不是的，仍是指邵洵美。你很不贊成「飯吃不飽」的人「在文壇裡胡鬧」，那麼很富有的你又在文壇裡做了些什麼呢？充其量不過是「戲場裡失了火」卻還「在臺前說笑、打諢的丑角」。所以魯迅說：「七日一報，十日一談，收羅廢料，裝進讀者的腦子裡去，看過一年半載，就滿腦都是某闊人如何摸牌，某明星如何打嚏的典故。開心是自然也開心的。但是，人世卻也要完結在這些歡迎開心的開心的人們之中的吧！」(5)在《准風月談．後記》中，魯迅對邵洵美做了相對系統的抨擊：

文人的確窮的多，自從迫壓言論和創作以來，有些作者也的確更沒有飯吃了。而邵洵美先生是所謂「詩人」，又是有名的巨富「盛宮保」的孫婿，將污穢潑在「這般東西」的頭上，原也十分平常的。但我以為作文人究竟和「大出喪」有些不同，即使雇得一大群幫

> 閒，開鑼喝道，過後仍是一條空街，還不及「大出喪」的雖在數十年後，有時還有幾個市儈傳頌。窮極，文是不能工的，可是金銀又並非文章的根苗，它最好還是買長江沿岸的田地。然而富家兒總不免常常誤解，以為錢可使鬼，就也可以通文。使鬼，大概是確的，也許還可以通神，但通文卻不成，詩人邵洵美先生本身的詩便是證據。我那兩篇中的有一段，便是說明官可捐，文人不可捐，有裙帶官兒，卻沒有裙帶文人的。

魯迅的文章發表後，就有人在《中央日報》上發表文章，表達不同意見。如是的《女婿問題》⑹一文認為，「做一個富家的女婿並非罪惡」，「能用妻子的賠嫁錢來做文學資本，我覺得這種人應該佩服，因為用妻子的錢來做文學資本，總比用妻子的錢來做其他一切不正當的事情好一些……用些妻子的賠嫁錢來做文學資本，當然也無不可」。這位如是先生是梁實秋的同道之人，他從實指的「女婿」引申開來，「我覺得文壇無時無刻不在招女婿，許多中國作家現在都變成了俄國的女婿了」，暗示魯迅等進步作家是蘇聯的「女婿」。「如是」是誰呢？我不知道，但是，這「戰法」與後來的「當可逃避軍事裁判」、「被本國迫逐而託庇於外人威權之下」之類的暗示，似乎有某種相似之處。這是後話了，先按下不表。

此外，還有一個叫聖閒的，在《「女婿」的蔓延》⑺一文中認為，「目下中國文壇似乎有這樣一個現象，不必檢查一個文人他本身在文壇上的努力的成績，而唯斤斤於追究那個文

人的家庭瑣事，如是否有富家妻子或窮妻子之類」。魯迅送如是、聖閒一個雅號，即「富家女婿崇拜家」。聖閒們反譏魯迅，「自己娶不到富妻子，於是對於一切有富岳家的人發生妒忌」。

因為《中央日報》接連發表文章很為「女婿」打抱不平，魯迅在《新秋雜識（三）》、《文床秋夢》、《「滑稽」例解》等文中指名或不指名的帶及邵洵美，但內容都不出「文人無行」議論的範圍。

此後，魯迅不斷地攻擊邵洵美。魯迅的「罵」集中在「富家女婿」這一點上。《花邊文學》中的《中秋二願》說：「……給富翁當贅婿，陡了起來的，不過這不能算是體面的事情。」提到了邵洵美。《且介亭雜文》的《序言》中提到了「自稱『詩人』邵洵美……之流」對魯迅雜文的攻擊，即所謂「意氣多於議論」之類。《且介亭雜文二集》的《序言》又提到了「捏造多於實證」這一攻擊。在《且介亭雜文二集》裡的《六論「文人相輕」——二賣》一文中，又提到了富家女婿問題。《集外集拾遺》裡的《《引玉集》後記》，又有「富家贅婿和他的幫閒們的譏笑了」等語。此外，在一九三三年九月二十日和一九三四年一月十七日致黎烈文信，一九三四年五月十八日致陶亢德的信中，魯迅都用了「邵公子」、「該女婿」、「盛宮保家婿」、「盛家贅婿」這樣的字眼。

關於「盛家贅婿」，一九八九年第三期《魯迅研究月刊》發表了杜顯志的文章《關於「邵洵美」的補充和更正》，頗有意思，杜文說：「邵洵美的生母盛氏是盛宣懷的四女兒；盛佩玉的父親是盛宣懷的長子；邵洵美是盛佩玉的表弟。」這樣看來，邵洵美夫妻同是盛宣懷後人，都是有錢人，不存在邵洵美高攀的問題。杜文又說：「一九一六年盛宣懷故世。在『大出喪』時邵洵美見到盛佩玉，十分愛慕，遂將自己所名字『雲龍』改寫『洵美』，與其表姊的名字相聯，取『佩玉鏘鏘，洵美且都』之意。一九二三年冬，邵洵美出國留學前，請其母向盛家求婚，得允。盛佩玉給邵洵美織了一件白毛線背心以做紀念，邵寫詩《白絨線馬甲》回贈並發表在《申報》上，以後，邵在國外每到一處，都購當地風景畫片寄給盛佩玉，以示思念和愛慕之情。」可見，他們之間是有愛情的，而不是邵洵美為達到某種目的去娶富家小姐——我們要尊重一切事實，這也是事實，所以我把這段軼聞留在這裡。

魯迅不厭其煩地提到富家女婿，可見魯迅對邵洵美是非常憤怒的，憤怒而使理性沉睡。我們知道，魯迅在《我的態度氣量和年紀》一文中，反對把他和周作人捆在一起，「莫非一有『弟弟』，就必須反對，一個講革命，一個即該講保皇，一個學地理，一個就得學天文嗎」？在《辱罵和恐嚇絕不是戰鬥》一文中，魯迅說：「姓氏籍貫，卻不能決定本人的功罪，因為這是從上代傳下來的，不能由他自主。」這裡，魯迅有一個基本的觀點，即「戰鬥的作者應

該注重於『論戰』」，而不要扯到論戰之外的別的無聊的東西上去。魯迅還認為，「倘在詩人，則因為情不可遏而憤怒，而笑罵，自然也無不可，但必須止於嘲笑，止於熱罵……」「盛家贅婿」之類，雖然是針對邵洵美對「窮小子」的蔑視，但似乎太過耿耿，算不算「嘲笑」和「熱罵」呢？

邵洵美一開始是不怎麼說話的，過了「一年多」，他才「表態」，而這「表態」，有意無意地隔斷了話題的緣起——他對「這般東西」的蔑視——一九三五年六月二十二日他在上海《人言週刊》第二卷第十五期發表《勸魯迅先生》[8]一文，對魯迅冷嘲熱諷，極盡挖苦：

> 魯迅先生便總罵我「有錢」。我有沒有錢已經是一個問題；即使有，那麼它的來源是否如魯迅先生所說的更是一個問題：但是無論如何，它和我的文章究竟有多少關係呢？魯迅先生似乎批評我的文章不好，但是始終沒有說出不好在什麼地方。假使我的文章不值得談，那麼，為什麼總又談著我的「錢」呢？魯迅先生在文學刊物上不談文章而談人家的「錢」，是什麼一種作用呢？這一類的文章，他寫了已有一年多，我從未與他「相罵」；但是一方面他還是寫個不停，而另一方面人家且以造謠誹謗咒罵挑撥為一種新的文學批評，長此下去，其流毒將不堪設想，所以我覺得有說幾句話的必要了。
>
> 我對於魯迅先生文筆的尖利是一向喜歡的，即使他的許多無聊文字也極有趣，所以雖

然不斷地罵我從沒有罵出我的火來。不過有了這樣一枝生龍活虎的文筆而不寫一些有用的文章，真叫人惋惜非凡。我是喜歡去瞭解人家的苦衷的，我知道與其稱魯迅先生為文學家，不如稱他是政治家，他更來得滿意。他的為文本來是謀國家社會的幸福，與狹義的純文學家迥然不同。要是有一天說是魯迅先生「投筆從戎」去了，我們絕不會感到驚異。所以他雖然做文學批評，此中卻大有苦衷。但是在現在的時代，說話不能隨便，這一位滿腔牢騷的魯迅先生一方面受了委屈，一方面便在別人身上去出氣了。好在「文人相輕」，即使狗血噴頭，也不會蒙到殺身之禍的。於是他在寫文章的人裡面，一個一個去揀來咒罵；一般「小資產階級所認為是下流的」字眼，也一個一個去捧來應用：幸災樂禍的人們當然拍手叫好，他便也像「小資產階級」一般地得意他的伎倆。到頭來讀者得不到一點好處，自己空費了有用的光陰：識相如魯迅先生，也當後悔！

這段話說了幾層意思，我不再歸納了。大家都是讀書人，都看得懂。隔斷一段時間，再強化一段歷史，那就是需要者所需要的歷史了，這是希特勒的「宣傳家」們經常做的事，僅憑這一點，當年邵洵美就是一個不夠誠實的人，至少，是一個沒有勇氣面對的人。再看他的用詞，什麼「其流毒將不堪設想」，什麼「與其稱魯迅先生為文學家，不如稱他是政治家」，什麼「他在寫文章的人裡面，一個一個去揀來咒罵」，什麼「一般『小資產階級所認為是下

流的』字眼，也一個一個去捧來應用」……在如此渲染之下，魯迅會是一個什麼好東西呢？魯迅不是好東西，那麼，與之論戰的人，諸如當年邵洵美者流，自然就是好東西了。

邵洵美絕不像他晚年所表述的那樣，「我敬佩魯迅先生，但對他輕信流言又感到遺憾！」也許是在監獄裡吧！環境使得他只能這樣說話。從性格上看，他甚至不如章克標來得直率，晚年章克標還是要將「罵魯」「進行到底」。其實，邵洵美根本談不上「敬佩魯迅」，接下來，在《關於中國的兩三件事》一文的風波，他對魯迅出手更狠，傷害更深。

四

一九三四年二月，魯迅應日本《改造》雜誌社社長山本實彥之約，用日文寫了《火》、《王道》、《監獄》這一組短文(9)，當年三月號的《改造》雜誌如約刊登了這三篇短文。一九三四年三月，邵洵美主編的《人言》翻譯登載了其中的《談監獄》一文，並在文章的後面加了編者注：

> 魯迅先生的文章，最近是在查禁之列。此文譯自日文，當可逃避軍事裁判。但我們刊登此稿目的，與其說為了文章本身精美或其議論透徹；不如說舉一個被本國迫逐而託庇於外人威權之下的論調的例子。魯迅先生本來文章極好，強詞奪理亦能說得頭頭是道，但統觀此文，則意氣多於議論，捏造多於實證，若非譯筆錯誤，則此種態度實為我所不取也。

這段按語，魯迅似乎懷疑是章克標寫的，因為魯迅彷彿覺得《談監獄》是章克標翻譯的，章克標留學日本，懂日文，又與邵洵美共著事。在《准風月談．後記》中，魯迅寫道：「姓雖然冒充了日本人，譯文卻實在不高明，學力不過如邵家幫閒專家章克標先生的程度。」但是，這段文字卻是出自邵洵美之手。章克標是當事人，他在《世紀揮手．關於魯迅》中寫道，「當時魯迅的文章，在國內極為少見，有號召力。在譯文前面寫了一段附白，交代文章的來歷。不料編者郭明（即邵洵美）在文章後面加了個注。」邵洵美提出「軍事裁判」來，如魯迅在《准風月談》的《後記》所說：「也是作者極高的手筆，其中含著甚深的殺機。」至於「託庇於外人威權之下」，更是武斷而蠻橫，有文章在域外發表，便是託庇外人之威權嗎？再有兩頂帽子「意氣多於議論，捏造多於實證」，本身就是帶有意氣而無實證的文字。魯迅的文章哪裡是意氣了？哪裡沒有論據或論據不充份了，應擺出事實，再下定論，未為晚也。邵洵美的態度本身，才尤為不足取。

對於邵洵美們的罵陣，魯迅當時並未立即做出公開反應，只是在書信中順便提到了這件事。一九三四年三月六日，在致姚克的信中說：「上月我做了三則短評，發表於本月《改造》上，對於中、日、滿都加以諷刺，而上海文氓，竟又藉此施行謀害，所謂黑暗，真是至今日而無以復加了。」一九三四年六月二日，又在致鄭振鐸的信中順便抨擊了章克標：「且章頗

惡劣，因我在外國發表文章，而以軍事裁判暗示當局者，亦此人也。」一直到了這年的十月，他在撰寫《准風月談．後記》時，才對邵洵美、章克標們進行了正式的還擊。在這篇《後記》中，魯迅先是「罵」了「富家女婿」邵洵美，接著又「罵」了「富家女婿崇拜家」如是、聖閑二人，然後筆鋒一轉，「但邵府上也有惡辣的謀士的」，開始把矛頭指向章克標了。在依次全文剪貼了《談監獄》譯文、「井上附白」和「編者注」之後，他顯然再也無法控制住內心的憤怒，扔出了投槍：

> 姓雖然冒充了日本人，譯文卻實在不高明，學力不過如邵家幫閒專家章克標先生的程度。
>
> ……
>
> 這編者的「託庇於外人威權之下」的話，是和譯者的「問內山書店主人完造氏」相應的；而且提出「軍事裁判」來，也是作者極高的手筆，其中含著甚深的殺機。我見這富家兒的鷹犬，更深知明季的向權門賣身投靠之輩是怎樣的陰險了。

這裡，魯迅已經把邵洵美者流的嘴臉勾勒出來了，魯迅認為，他們是「含著甚深的殺機」的，並把他們與「明季」的「向權門賣身投靠之輩」相類比。當然，應該指出的是，他們只是有了「殺機」，並沒有造成事實，這除了當局懾於魯迅的巨大存在之外，是不是也可以看出，當年的統治者比起邵洵美們，有某些「高明」之處呢？好在邵洵美們只是開書店，如果進了宣傳部這樣兼具騙子和特務雙重功能的機關，那他們的「殺機」，也許可以成為事實。魯迅幸甚！

此後，魯迅息戰了。然而，邵洵美們絕不是如他後來和當代的論客們所描述的那樣，是個老實的備受委屈的主，不是的。在離魯迅去世前整一個月，也就是一九三六年九月十六日，邵洵美還寫了《編輯隨筆：魯迅的造謠》一文，對《作家》月刊上發表的魯迅覆徐懋庸的公開信，再次對魯迅施以沒來由的攻擊，他說：

> 魯迅先生新病初癒，肝胃氣旺，字裡行間，火光炎炎，也是難怪，我們可以想像一位臉更青、鬚更長的老學者，會在一隻靠背椅裡，桌子上是一大疊的帳簿，裡面一項項記著某年某月某日某人在某報上的言論，他一壁便撥動算盤，清算總結。這次發表的便是一張帳單（可以說是一張發票，因為我們可以預料這一群主顧是不久便會來償還這些宿欠或是新債的）。

他的文章不是為徐懋庸辯護，也沒有指出魯迅文章有什麼不是，而是對魯迅做了刻薄、

惡毒的描述和攻擊。接著，他還是要為自己開脫，他說：「洵美本人對魯迅先生的文筆是一向佩服的（這是他常說的話，諸如此類的話，他說太多次了，我從中讀出了所謂紳士的虛偽，你要罵魯迅，罵就罵了，何必還要如此虛情假意、陰陽怪氣呢）。……這封信卻充滿了私人攻訐，大有返老回童之象。」原來，他說魯迅這類文字是攻訐，是為了再次證明魯迅與他的爭論是錯在魯迅。他說：「洵美對於魯迅先生的私人攻訐的文字是一向看不起的，因為他對於洵美私人所說的話（見《准風月談》等）完全是造謠。」他的邏輯是，魯迅說徐懋庸的話是攻訐，所以說我邵洵美的話也是攻訐，進而是造謠了。最後，他還是用他那所謂紳士的偽善腔調奉勸起魯迅來：「我想誠懇地希望（他的「火光炎炎」之類的文字，有一絲誠懇的意思嗎？不誠懇就不誠懇，又要假裝誠懇，這簡直讓人生厭！這是否也是「上層社會的墮落」之一種？）他老先生拿些比較好的榜樣來給他的一群青年門徒。」

如果不擺出這些事實，如果不對這些事實進行應有的思辨，邵洵美晚年的不幸，在博得一片同情的同時，不也潑了魯迅一身污水嗎？一些論客，抓住一點，只為了有文章可做，信馬由韁，胡扯八道，他可能賺了幾聲喝彩，到頭來，也不過是一個無聊的論客而已。

我是不相信報應的。如果把早年邵洵美訂做「像真老虎那樣大的奶油老虎」的氣派，與晚年「一日三餐吃的是夾著飯粒的爛菜皮湯」做對比，除了痛恨讓人變成鬼的那段歷史之外，我想，晚年邵洵美大約不會輕飄飄地罵「窮小子」的胡鬧了。他如果有機會在監獄裡讀一點魯迅，那也許真的而不是滿是虛情假意地佩服魯迅了。

＊＊＊

(1) 倪墨炎：《文人文事辨・邵洵美與魯迅的糾葛》，武漢出版社二年三月版。

(2) 轉引自倪墨炎：《文人文事辨・邵洵美與魯迅的糾葛》，武漢出版社二〇〇〇年三月版。

(3)(4) 《魯迅全集・准風月談》。

(5) 《魯迅全集・准風月談・幫閒法發隱》。

(6)(7) 轉引自《魯迅全集・准風月談・後記》。

(8) 《恩怨錄・魯迅和他的論敵文選》，今日中國出版社一九九六年十一月版。

(9) 收入《且介亭雜文》時改題為《關於中國的兩三件事》。

因「歧誤」而留下的「怨忿」

——魯迅與章克標

章克標（一九〇〇—二〇〇七），作家、文學翻譯家。浙江海寧人。早年畢業於日本東京高等師範學校理科一部。回國後曾在上海立達學園、暨南大學任教，並主編《一般》、《時代》雜誌。一九二七年與滕固、方光燾等創辦《獅吼》雜誌，崇尚新奇，有唯美主義傾向。一九二七—一九三七年先後在開明書店、金屋書店、時代圖書公司任編輯。期間曾與邵洵美編輯出版文藝旬刊《十日談》和綜合性週刊《人言》。一九三三年出版《文壇登龍術》一書，敘述當時部分文人種種投機取巧手段。建國後曾在上海童聯書店、新華書店上海發行所和上海印刷學校工作。一九五七年返鄉。後任浙江省文史館研究員。

一

章克標是怎麼和魯迅相識的呢？按章克標的描述，他對魯迅多有矜持，曾被魯迅冷落。他一九二七年十月在內山書店見到魯迅，「魯迅的相貌，因為在報刊上看到過照片和畫像，所以一見就認出來了。他穿件青布灰答答的長衫，沒有戴帽子，頭髮長長的，臉孔黑黑的，有點憔悴乾枯樣子。」⑴這描述，還是有點意思的，似乎和魯迅的原貌較為相近。他還有一點清高，沒有和魯迅打招呼，「不想冒昧地打攪他」。此後，他也沒有見魯迅的慾望。後來的見面，據說是被陶元慶硬拉去的，「當時魯迅已經很有名望，去晉謁拜訪的人很不少，我不願被認為是因為好奇而去看他的尊容的那些好事之徒，也想不出有什麼問題要去求教於他，所以沒有勁」。雖然「晉謁」、「尊容」等，語含譏諷，也無傷大雅。從章克標的文字看，除了在內山書店看見魯迅外，他這一生只拜訪過魯迅一次，他的「遭遇」是這樣的：

那時，屋子裡好像有不少人在，魯迅被包圍在中間，周圍好像全是些年輕小夥子。陶元慶走過去同魯迅說了話，並把我向他介紹了，我站在一旁向他點頭致意，他也沒說什麼，我也沒有一句初次見面的應酬話，比如「久仰大名，如雷貫耳，今日一見原來如此」之類，大概因為他跟元慶很熟，就「熟不拘禮」，就一味忙著自己正在進行的事情，繼續同小夥子們熱烈交談，沒有顧到別的。元慶就退了出來，伴著我在房間裡東看看，西望望，之後就失望無聊地不告而別，逕自回了出來。元慶對於這次拜訪毫無收穫，而且為我們受到的冷淡，非常氣憤，十分不快，竟自說了些失敬的話，「這老頭糊塗透了！」等，好像他是很受了委屈，他同去的朋友沒有受到禮遇，即是他受到輕蔑，有點憤憤不平。……不過以後我就沒有再去拜訪過魯迅先生。

陶元慶當年還太年輕，覺得魯迅怠慢了他的朋友，面子上不好看。這一點，和他一樣年輕的章克標後來倒是頗為善解人意，他說：「他不知道，這樣的隨便，正是表示他們關係的親密，而不是失禮，但元慶覺得對我抱歉了，幾次表示這種意思，不知道我對於世俗的禮節本來也不介意的，並不曾感到什麼不好。」年輕時的章克標，深諳世故，也算難得。從這些文字看，章克標和魯迅之間除了平淡還是平淡，是談不上有什麼恩怨的。章克標認為，自己是尊敬魯迅的，「對魯迅我也懷有些敬意。對於這一次的拜訪，雖然感到有點特別，但是沒有什麼反感，並未影響我對他的尊敬。」

早年章克標，在邵洵美主編的《金屋》月刊上寫過魯迅研究的文章，對《吶喊》中每篇作品，「都說了幾句話」，其中有一個主要論點，「認為魯迅這位作家，是有點精神病的，說他的《狂人日記》及其他的幾篇作品中，都有這種徵兆，這種現象。這是他的一個特點，當然不是說完全患了某種精神病，只說在某些地方，有這種徵兆」。章克標認為，之所以有這種觀點，是因為——

> 我稍稍看了點弗洛伊特的變態心理學得其皮毛，應用到文藝批評上來了。受到這種影響，做了點模仿，以為是一種時髦的新鮮的東西。當時自以為是具有獨特的見解而沾沾自喜，這只表示我如何淺薄，但也沒有什麼輕慢、污蔑這種作品的意思，其實，平時把這些

想法講出來時，反而是很有人贊同的，並且還進一步說：「凡是一個偉大的作家，都有點神經病。」他們都會被世俗之見認為是怪人、畸人，不合時宜，癡子乃至狂人。作家也必須有點狂，才能顯出他的才氣橫溢，不同流俗。因之，我的這種精神病的想法，在他們看來是成了讚美頌揚之詞了。

章克標的「研究」，應該屬學術範圍，雖然說不上什麼新意，但不好說講魯迅有「精神病」就是攻擊。從某種意義上說，魯迅是「國民公敵」，在「正常」的「大多數」看來，先知先覺者都是「國民公敵」、「狂人」，而把「國民公敵」、「狂人」推論到極致，在庸人和俗人眼裡，也就是「精神病」。

估計章克標的判斷是正確的，魯迅大約沒有看到過他的這些讀後感，因為沒有任何這方面的文字顯示。

與魯迅有關的，章克標還說到《十日談》對魯迅「圍剿」的事：

至於《十日談》的提到魯迅，還被說成是參加了對他的圍剿，我對這種說法是難以同意的。我們講到提到魯迅，也不過想利用他的聲望來自利而已。當時風頭最健、文章寫得最多的是魯迅，有吸引力，有號召力，我們只是跟隨著那時的風氣，想多招徠些讀者，投

人所好，以求得刊物能多銷幾本，還是為利罷了。有的人還因此而故意同他糾纏，開展筆戰，實際是借魯迅為工具而做的自我宣傳。但魯迅對於《十日談》是一直不加理睬，置之度外的，大約他對於這個刊物是很輕蔑藐視的。實際這個刊物，原也不那麼好。

我手上沒有魯迅與《十日談》的資料，先前讀魯迅的書也沒有他與《十日談》有關的文字。至於別人說到《十日談》對魯迅的「圍剿」，那是不是事實，這非本文所關注的。在這裡，章克標還是比較老實的，說他們利用魯迅，實際上是為了獲利，這是真實的出版商的嘴臉，因為真實表白，原本醜陋的形狀也變得有幾分可愛了。另外，魯迅對《十日談》不加理睬，是不是如章克標所說的是出於「輕蔑藐視」，卻是難說，有很多東西魯迅是不予理睬的，理由很簡單，就是不值得理睬。

二

一九三三年六月十六日，《論語》第十九期曾刊載章克標《文壇登龍術》的《解題》和《後記》；一九三三年八月十六日，《論語》第二十三期又刊載該書的廣告及目錄。魯迅在這一年的八月二十八日，借題發揮，有感而發，寫了《登龍術拾遺》一文。從這篇文章看，魯迅「竟失去了拜誦的幸運」，沒有讀過《文壇登龍術》全書。魯迅只見過廣告、解題和後記。這樣看，魯迅對章克標並無反感，相反，他對章克標的書有一定的興趣，因而寫了《登龍術拾遺》，做為「增補」。從全篇文章看，魯迅也不是針對章克標的。

《魯迅全集》一九八一年版的注釋說：「……《文壇登龍術》，是一部以輕浮無聊的態度，敘述當時部分文人種種投機取巧手段的書，……」這麼一注，新中國成立後又讀不到章克標的原著，這樣，給人的感覺似乎是針對章克標的。龔明德說：「魯迅對章克標所著《文壇登龍術》一書沒有譏諷之意，倒是很表讚賞的，……欣然為其補作『拾遺』及其『附錄』。」他又說：「細讀《登龍術拾遺》，不見魯迅對章克標其人其書的指責；弄不清人民文學出版社一九八一年版十六卷本在此文的注釋中據何判定章克標寫《文壇登龍術》是『輕浮無聊』？」(2)

事實上，魯迅主要是譏諷邵洵美的。魯迅寫道：

> 術曰：要登文壇，須闊太太，遺產必需，官司莫怕。窮小子想爬上文壇去，有時雖然會僥倖，終究是很費力氣的；做些隨筆或茶話之類，或者也能夠撈幾文錢，但究竟隨人俯仰。最好是有富岳家，有闊太太，用賠嫁錢，做文學資本，笑罵隨他笑罵，惡作我自印之。『作品』一齣，頭銜自來，贅婿雖能被婦家所輕，但一登文壇，即聲價十倍，太太也就高興，不至於自打麻將，連眼梢也一動不動了，這就是『交相為用』。但其為文人也，又必須是唯美派……所以倘欲登龍，也要乘龍。『書中自有黃金屋』，早成古話，現在是『金

中自有文學家』當令了。」(3)

這裡，魯迅雖然並不曾點名，但明眼人一般可以看出，這是罵邵洵美的。邵洵美娶清末大買辦官僚、百萬富豪盛宣懷之孫女盛佩玉為妻，邵洵美的詩有唯美主義傾向，而邵洵美開辦的書店又正好叫「金屋書店」。《魯迅全集》的注者，也把「要登文壇，需闊太太」注為邵洵美。關於這段往事，章克標回憶說：

我寫過一本《文壇登龍術》，魯迅看了在《論語》半月刊上發表的其序文之後，就寫了一篇《登龍術拾遺》，發表於《申報·自由談》上，又收在《准風月談》一書中。他這篇大作，是譏刺邵洵美的。大意說邵洵美娶了盛宣懷的孫女，得到豐厚的妝奩嫁資，用妻財來開了書店，擠入文壇，自稱詩人。其實洵美開書店的資本，倒並非來自妻財。如果用妻財來辦書店，振興文化，倒也是應該讚揚的。比方張菊生應夏瑞芳的邀請，參加經營商務印書館時，有許夫人將她的頭面首飾拿出來投資入股，使張菊生發揮了他的才能，為建設和推進中國文化立了大功，就是一件眾口譽揚的美談。可惜的是洵美開書店沒有成功，魯迅也一定有這種看法，絕不是要反對別人開書店。開書店自然要資本，也就不必查詢這種資金是否來自妻財妝奩而加以歧視。因之，他所申斥的大約是說洵美躋身文壇，自稱詩人而且是唯美派這些事了。

從事實出發，魯迅也不只是諷刺邵洵美的，魯迅還諷刺了上海大買辦虞洽卿的孫女虞岫雲等人，這主要針對她的無病呻吟的「痛啊」、「悲愁」之類的所謂詩句。一九三四年五月四日致林語堂的信中，魯迅說：「……關於小品文之議論，或亦隨時涉獵。竊謂反對之輩，其別有三。一者別有用意，如登龍君，在此可弗道……」所謂「登龍君」，即章克標。此時稱章克標為「登龍君」，還算中性。

三

魯迅與章克標的「交惡」，於《談監獄》一文。

一九三四年二月，魯迅應日本《改造》雜誌社社長山本實彥之約，用日文寫了《火》、《王道》、《監獄》這一組短文(4)，當年三月號的《改造》雜誌刊登了這三篇短文。一九三四年三月，邵洵美主編的《人言》翻譯登載了其中的《談監獄》一文，並在文章的後面加了編者注：

> 魯迅先生的文章，最近是在查禁之列。此文譯自日文，當可逃避軍事裁判。但我們刊登此稿目的，與其說為了文章本身精美或其議論透徹；不如說舉一個被本國迫逐而託庇於外人威權之下的論調的例子。魯迅先生本來文章極好，強詞奪理亦能說得頭頭是道，但統

觀此文，則意氣多於議論，揑造多於實證，若非譯筆錯誤，則此種態度實為我所不取也。

這段話，魯迅懷疑是章克標寫的。魯迅覺得《談監獄》是章克標翻譯的，章克標留學日本，懂日文，又與邵洵美共著事。在《准風月談．後記》中，魯迅寫道：「姓雖然冒充了日本人，譯文卻實在不高明，學力不過如邵家幫閒專家章克標先生的程度。」一九三四年六月二日，又在致鄭振鐸的一封信中順便抨擊了章克標：「章頗惡劣，因我在外國發表文章，而以軍事裁判暗示當局者，亦此人也。」在《准風月談．後記》中，魯迅先是「罵」了「富家女婿」邵洵美，接著又「罵」了「富家女婿崇拜家」如是、聖閑二人，然後筆鋒一轉，「但邵府上也有惡辣的謀士的」，開始把矛頭指向章克標了。

發表在《魯迅研究動態》一九八四年第四期上張頌南採訪章克標的文章《章克標生平和他談有關魯迅的幾件事》，章克標坦承，「《談監獄》一文確是我從日本《改造》雜誌翻譯過來的」，但是，這段文字卻是出自邵洵美之手。章克標是當事人，他在《世紀揮手．關於魯迅》中寫道，「當時魯迅的文章，在國內極為少見，有號召力。在譯文前面寫了一段附白，交代文章的來歷。不料編者郭明（即邵洵美）在文章後面加了個注。」雖然是邵洵美寫的，但章克標在接受張頌南採訪時，還是為邵洵美辯護：「魯迅說的『軍事裁判』云云，都是魯迅的過敏，我們並未考慮到魯迅當時有什麼政治危險，因為他聲望高，又與蔡元培、宋慶齡等關係密切，也沒有參加黨派，只不過是打筆墨官司，國民黨是不敢抓他的，這與左聯五烈士不同，左聯五烈士是在開會時被國民黨抓起來的，魯迅卻是安全的。」這話有一點道理，但大多是章克標的想當然。既然是邵洵美所為，關於《談監獄》風波，我在魯迅與邵洵美的文章中有專門論述，這裡就不多說什麼了。

對於魯迅這段張冠李戴的歷史，章克標是耿耿於懷的，他寫道：「這一項注文，大大觸怒了魯迅，他當作也是我所寫的，於是我就被叫做邵家幫閒專家……同時他還寫信給鄭振鐸申訴，說章的為人惡劣等等。……他指責我為邵家幫閒，好像在先早已有過，我覺得是毫無意義的空話廢話，沒有道理。邵家此時似已算不上什麼豪門權貴而是已經破敗了，邵洵美也夠不上紈絝浪子，雖然他家裡人也的確叫他『大少爺』，那不過像周樹人家裡人叫他『大先生』一樣，是長子長孫罷了。所以說我們交朋友是幫閒什麼，全是無稽之談，不會使人感到什麼痛癢的。」章克標對不能當面向魯迅解釋誤會，還是表示了遺憾，他說：「對於這位先輩和師伯，是永遠沒有辦法向他說明這些歧誤，以解冤釋怨了。我想不到他的這種怨忿是如此之深，甚至於要向鄭振鐸去申訴。但我奇怪他為什麼不向夏丏尊、章錫琛這幾位他的紹興同鄉去說說呢，這兩位同我見面的機會，要比鄭振鐸多得多。」

所謂「幫閒」，《現代漢語詞典》解釋說：「（文人）受有錢有勢的人豢養，給他們裝

點門面，為他們效勞。」雖然「邵家此時似已算不上什麼豪門權貴而是已經破敗了」，但章克標在其麾下效力（用今天的話說，也叫「打工」）卻也是事實。此外，魯迅未必如章克標所言，是向鄭振鐸去「申訴」，魯迅不過是在給鄭振鐸寫信時，一時發了這一感慨而已。這也不是什麼「怨忿」，而是憤恨。

雖然是「歧誤」，但章克標此後的許多，不可避免地和魯迅聯繫在一起了。魯迅沒怎麼提到章克標，章克標卻每每不忘「捎帶一槍」，「咬」魯迅一口。

四

新中國成立後，章克標受到了衝擊，他把責任主要歸於魯迅。他滿是委屈地說：

> 不知是什麼道理，解放以來的各次運動中，我都被認為反對魯迅，特別是文化大革命中，成了極大的罪狀，受到了不同尋常的懲罰。這完全是出乎我意料之外的。……我這些倒正是意想不到的災難。
>
> 我同魯迅有點認識，見過也不只一面，既沒有當場面紅耳赤地吵過架，也沒有針鋒相對地打過筆戰，反對魯迅的說法，真不知從何而來？

從這段話看，章克標有值得同情的地方。建國後，被魯迅「罵」過的人，多多少少都受到程度不等的衝擊，這是很不公平的。可是，對這個問題我們要有一個理性的態度，我要問，這和魯迅有什麼關係呢？魯迅能為他死後發生的事負責嗎？關於這個問題，我在本書「導論」以及其他多篇文章中已多有闡述，這裡就不重複了。

我還要說的是，假設魯迅沒有「罵」他，像章克標這樣的人，到了建國以後就能一無事端？他在《世紀揮手》中不經意間流露了這樣一個細節：

> ……運動又發展了。一天拂曉還沒亮時，忽然有人走進我家到我房間裡把我叫醒，要我去站大橋（即我們對慶雲橋的別名）的北橋堍，自報姓名及頭銜叫「大漢奸大賣國賊章克標，在此認罪！」當然要伏伏貼貼低頭站在那裡……

章克標是個漢奸，這段歷史已被淡忘。抗戰期間，章克標幾年中從一個普通的職員，直線晉升為汪偽政權宣傳部的指導科科長，後又充任八個月的偽《浙江日報》社社長，也可謂時來運轉，平步青雲了。在《世紀揮手》中，他對自己充當漢奸一味辯解，說投靠敵偽，是被人誘騙上當，事出無奈；賣身求榮，是為了養家啖飯，為稻粱謀。章克標說的都是站不住的理由。一個大活人，一個文化人，怎麼就這麼容易被騙呢？知道自己被騙了，還可以及時退出呀。至於為了稻粱謀，難道不當漢奸就要餓死？況且，中國人還有寧可餓死也不當賣國

賊的精神哩。這一點，章克標和周作人一樣，做了可恥之事而沒有羞恥之心。活了一百歲，也不反思，也不懺悔，彷彿做漢奸還做得有理，殊為可嘆。

可見，他一九四九年後的受難，也不完全是因為罵魯迅，憑著他當過漢奸這一條，大約日子也好過不到哪裡去。

章克標不正視自己的歷史，把怨氣都發到魯迅身上，彷彿是魯迅害了他，這是不負責的態度。當然了，如果說因為當漢奸，他有了這樣的遭遇，那不是什麼光彩的事，是不是不說也罷？而因為與魯迅有過節，所以如此這般，這在時下，這在某些人眼裡，也是很風光的事哩。

五

我的印象是，章克標是個浪蕩子，為人態度「輕薄」。他的性情，到了一百歲了，也無大變，可以說是「始終如一」。他在《世紀揮手》一書中不時挖苦魯迅。二十世紀三〇年代，他在一所私立女子中學教課，據稱「還有幾個很大膽活潑的，甚至會同老師開玩笑，賣弄風騷」，「內中有兩個學生似是姊妹一對，相當娟好又面容相像」，於是「動搖了我的凡心，有點想入非非了」，「以為可以依照魯迅先生的辦法，搞個許廣平，也無不可。於是就把她們比較起來，哪一個最好最合適。」章克標的弦外之音是，魯迅身為教師，勾引許廣平。當年，他可能不知道魯迅與許廣平的愛情，百歲的他，不會沒有看過《兩地書》吧？不會對魯迅和許廣平的結合過程一無所知吧？況且，章克標面對的還是他所說的「大孩子」——女中學生。

接下來的文字本不想引了，因為這些文字不好說是乾淨的，這些話從百歲老人的口中說出，與其說是直率，倒不如說老不正經。但是，為了證明其「輕薄」，以下內容倒不失為一個精確的旁證：章克標把他想勾引女學生的事對他太太陳翠娥講了，太太「還很樂意玉成其事」；章克標到外面「打野雞」，一夜沒回家，他太太也只是警告說，不要去不乾淨的邋遢地方，留心防病；章克標還是去了「邋遢地方」，「有一次……荒唐了一晚。後來覺得陰部一直發癢，於是解下來檢查一下，發現陰毛當中有白色的小粒子，這是蝨子的卵，生蝨子了，仔細查看了果然有陰虱，在陰毛叢中寄生著怪不得要發癢了。把這事告訴了妻，她說我看看。就這樣，她仔仔細細為我捉起陰虱來了。」接著，他還介紹了「很靈的殺蟲劑」，「包你一掃光」。自己是花花公子，想勾引女學生，於是一切老師和學生的婚姻都註定是老師勾引學生，這是我想說的第一點；第二，像章克標這樣的人，他讀得懂魯迅和許廣的情感世界嗎？他骨子裡是古代士大夫的情調，女人不過是玩物而已；第三，他這樣描述他的妻子，他妻子在他眼裡是個什麼角色呢？是讚美他妻子，還是客觀上傷害了他妻子呢？第四，章克標是一個始終如一、能夠堅持的人，他年輕時候如此，老了依然故我，我相信，他就是再活一百歲，

也還是這樣；第五，我不得不佩服魯迅，魯迅的眼光可以穿透歲月，魯迅去世得那麼早，可是，他認定的許多人，是這樣，一般不會變成那樣。

章克標在寫道他百歲徵侶時，則對魯迅嘲諷變成了指斥：「像魯迅先生那樣，同朱安夫人表面拜天地、敬神、禮佛、謝祖宗，而在房帷中則讓朱安夫人獨守空床，叫她終生守活寡，兩人之間沒有行『周公之禮』，沒有性生活，是最最不人道的。」對此，秦弓評論說：「本來與魯迅絲毫無涉的場合，偏偏把魯迅拿來嘲弄、斥責一通，也許是因為早年的論戰中，魯迅對章氏有過所謂『邵家幫閒專家』的不恭之詞吧！即使魯迅當年有什麼誤解甚或偏頗之處，做為過來人的長壽者也應該本著實事求是的態度澄清事實，是非究竟如何評斷，世間自有公論，何須老將出馬，惡言罵陣呢？」(5)

朱安是魯迅母親送給魯迅的「禮物」，魯迅說，他對這一「禮物」只能好好「供著」。對魯迅耿耿於懷的章克標，對魯迅的生平應不陌生。當年，魯迅在日本求學，母親以病重為由，把他「騙」了回來。魯迅結婚沒幾天，就住到了母親的房間。魯迅曾對郁達夫說過，他冬天不穿棉褲，是抑制性慾的意思。魯迅之所以沒有和朱安離婚，那是因為如果「休」了朱安，在當時的歷史條件下，她回到娘家無以生存的緣故。魯迅還為了母親，他不想忤逆母親。朱安和魯迅一樣，都是封建婚姻的犧牲者，是被舊的禮俗和觀念「吃」了的，而且，從某種意義上說，他們不僅是被「吃」的人，還同時是「吃自己」的人。沒有愛情的婚姻是不道德的，沒有愛情的性關係——就像章克標「打野雞」那樣——更是墮落到和豬狗一樣的境地。豬狗倒是和章克標「打野雞」一樣，有著非常自由的性生活，這是否是最最有豬道主義或最最有狗道主義呢？這只有章克標知道。魯迅因為和朱安沒有感情，所以沒有性生活，這種不苟且的精神，正是魯迅純粹之處。郁達夫為了追求王映霞，曾請章克標幫過忙，章克標也知道郁達夫有原配在老家，那時，他怎麼就不考慮郁達夫的原配也要守活寡、沒有性生活，是最最不人道的呢？說起郁達夫此類事，章克標是抑制不住的興奮，津津樂道。他為什麼對魯迅就這麼嚴苛呢？難道魯迅也要像章克標這樣，有完滿的性生活，一直折騰到陰毛長出了蝨子，才是最最人道的？此前，我只是認為章克標輕浮無聊，看了他的這段文字，我覺得此人有點「惡」，至少有點「邪」。

據介紹，《世紀揮手》原稿有百萬字，責編薛亮女士「覺得太囉嗦」，刪去七十萬字。章克標在給薛女士的信中說：「一部書當中，一定要有許多廢話、荒唐的話、無聊的話、可有可無的話、亂七八糟的話，才能成為一部好書。」刪去七十萬字，還留下他妻子幫他抓蝨子的細節，我想，那被刪去的，肯定比抓蝨子要精彩多了，可惜！我又想，將來也許會有出版社為他出百萬字的「全本」哩。

六

為了使本書有可讀性，也為章克標增加一點餘韻，最後，我還想不帶傾向地為章克標百歲徵婚留下歷史事蹟。

一九九九年一月，章克標百歲之際又成了「海上聞人」，他在《申江服務導報》上刊出「徵伴求侶」啟事：

本人一九〇〇年生，年正百歲不老。前年老伴仙逝以來，初時頗感得到解放自由之樂，但一年之後，又漸覺孤獨單調難耐，深感「男人的一半是女人」有道理。為此，廣告徵求伴侶，以解孤寂。

徵求對象，女性，別無條件，但希望她亦知道「女人的一半是男人」的小道理。所謂伴者，照測字先生講，就是半個人，也是說明這個道理的，還有侶者，是二口人，表示兩人可以開口談話，自然不患孤獨寂寞了。徵伴求侶四個字已經說明了問題。其他可以不管了。做此廣告文以廣而告之。

據悉，有意應徵的十一位女性年齡最大的八十歲，最小的僅二十五歲。她們表示敬重章克標的學識，願意陪伴他安度晚年。章克標則說：「年紀大一點可以，年紀輕一點也無妨。

我百年之後她再嫁人，把我當作過渡也無妨。」他還透露自己每月有七百多元退休金，還時有稿費收入。

報界對章克標的舉動給予「極高的評價」，說此舉開創了文明新風氣，說百歲老人在世紀之交徵求伴侶，象徵著國運昌盛，瑞氣祥和等等……更有的老人在來信中袒露心跡，人到老年同樣需要愛情，假如沒有一個安定的家，一個好的老伴，一份溫馨的愛情，他們的生活就會變得非常暗淡，老人一旦獲得新的愛情，會煥發出第二次青春。

徵婚有了結果。東北籍的退休幹部劉女士是那次應徵者中的一位，當時五十七歲。就是她，成了章克標第三任妻子。林青是章後來為這個小他四十三歲的愛妻取的名，取自嘉興土話「靈清」，意為妻子靈清聰慧。兩人婚後住在浙江海寧。二〇〇〇年十二月，章克標隨林青移居她的老家湖北寶康縣的山中。二〇〇二年夏天又定居上海，直到去世。

＊＊＊

(1) 本文所引章克標文字，除特別標明外，皆出自《世紀揮手》，海天出版社二〇〇〇年版。

(2) 龔明德：《新文學散札·《《文壇登龍術》及其「拾遺」和「附錄」》》，天地出版社一九九六年十一月版。

(3)《准風月談》。

(4)此文收入《且介亭雜文》時，改題為《關於中國的兩三件事》。

(5)秦弓：《魯迅：「華蓋運」何時休？》，《魯迅研究月刊》二〇〇〇年第六期。

附錄一

憂患於時事，退隱於書齋
——魯迅與錢玄同

魯迅與錢玄同，曾經有讓人羨慕的真誠熱烈的友誼，爾後又有讓人惆悵的視若路人一般的對立。他們是同學，是戰友，到了晚年，一個仍然憂患於時事，一個卻退隱於書齋。先是疏遠，進而對立了。戰友各奔前程，友誼遺落在路途上，每每思之，讓人長嘆。

一

錢玄同（一八八七－一九三九），原名夏，字中季，號德潛，又號玄同；後廢姓，稱疑古玄同。曾用筆名渾然異、王敬軒等。浙江吳興人。語言文字學家。五四新文化運動的著名戰士。錢玄同一九〇六年九月赴日本東京，入早稻田大學讀師範，曾與魯迅同聽章太炎的文字學，並結交革命志士和大批追求新思潮的青年。一九〇七年加入同盟會，一九一〇年秋歸國。一九一六年任北京大學及北京高等師範大學國文系教授、系主任等職。一九一八年至一九一九

年，與陳獨秀、李大釗、胡適、劉復、沈尹默一起輪流編輯《新青年》，積極擁護陳獨秀《文學革命》一文的主張，並在《嘗試集．序》中提出打倒「選學妖孽」、「桐城謬種」的口號。以通信和隨感錄的方式在《新青年》上發表了大量文章，著名的關於「王敬軒」的「雙簧信」即在此時演出。五四落潮，錢玄同思想漸趨保守。一九二四年十一月《語絲》創刊，他列名發起人，與周作人、胡適過從甚密。不久，取名「疑古玄同」，鼓吹尊古、信古。著有《文字學音篇》、《說文部首今讀》、《古韻二十八音讀之假定》等。

二

錢玄同留日時期，與魯迅為同窗好友。據許壽裳在《亡友魯迅印象記》第七章《從章先生學》中記述魯迅等在東京聽講時的情形說：「談天時以玄同說話為最多，而且在席上爬來爬去。所以魯迅給玄同的綽號曰『爬來爬去』。」魯迅在致周作人的信中，也戲稱錢玄同為「爬翁」。可見，他們之間是多麼親昵。

五四時期，兩人志趣投合，好惡相近。錢玄同當時認為，「周氏兄弟的思想是海內外數一數二的」；特別是魯迅，「讀史與觀世，有極犀利的眼光，能抉發中國的痼疾」。為約請魯迅替《新青年》寫稿，錢玄同常於下午4點來到紹興會館，一直聊到晚上十一、二點才回到位於琉璃廠的北高師教員宿舍——他把這種長談戲稱為「生根」，意即坐下不走，屁股生根。

眾所周知，魯迅在教育部期間，埋頭於故紙堆，整理古籍，鈔古碑。他的創作小說，並一發而不可收，實在是因為錢玄同給他打了一針催生劑。錢玄同回憶道：

> 我因為我的理智告訴我，舊文化之不合理者應該打倒，文章應該用白話做，所以我是十分贊同仲甫所辦的《新青年》雜誌，願意給它當一名搖旗吶喊的小卒。我認為周氏兄弟的思想，是國內數一數二的，所以竭力慫恿他們給《新青年》寫文章。七年一月起，就有啟明的文章……但豫才尚未有文章送來，我常常到紹興會館去催促，於是他的《狂人日記》小說居然做成，而登在四卷第五期裡了。自此以後，豫才便常有文章送來，論文、隨感錄、詩、譯稿等，直到《新青年》第九卷止。(1)

關於錢玄同催促魯迅寫稿的事，魯迅在《吶喊·自序》中有著形象的敘述：

> 那時偶或來談的是一個老朋友金心異(2)，將手提的大皮夾放在破桌上，脫下長衫，對面坐下了，因為怕狗，似乎心房還在怦怦的跳動。
>
> 「你鈔了這些有什麼用？」有一夜，他翻著我那古碑的鈔本，發了研究的質問了。
>
> 「沒有什麼用。」

「那麼，你鈔他是什麼意思呢？」

「沒有什麼意思。」

「我想，你可以做點文章……」

我懂得他的意思了，他們正辦《新青年》，然而那時彷彿不特沒有人來贊同，並且也還沒有人來反對，我想，他們許是感到寂寞了，但是說：

「假如一間鐵屋子，是絕無窗戶而萬難破毀的，裡面有許多熟睡的人們，不久都要悶死了，然而是從昏睡入死滅，並不感到就死的悲哀。現在你大嚷起來，驚起了較為清醒的幾個人，使這不幸的少數者來受無可挽救的臨終的苦楚，你倒以為對得起他們嗎？」

「然而幾個人既然起來，你不能說決沒有毀壞這鐵屋的希望。」

是的，我雖然自有我的確信，然而說到希望，卻是不能抹殺的，因為希望是在於將來，絕不能以我之必無的證明，來折服了他之所謂可有，於是我終於答應他也做文章了，這便是最初的一篇《狂人日記》。從此以後，便一發而不可收，每寫些小說模樣的文章，以敷衍朋友們的囑託，積久就有了十餘篇。

他們對改革的看法，似乎並不一致，魯迅冷一些，錢玄同熱一點，但經過一番討論，魯迅還是被催化了，以此為新起點，魯迅懷著矛盾而沉重的心情開始了文學家的戰鬥生涯。

一九三二年，魯迅在為《自選集》作《自序》(3)時，對於這一段往事，還有這樣的回憶：

> 為什麼提筆的呢？想起來，大半倒是為了對於熱情者們的同感。這些戰士，我想，雖在寂寞中，想頭是不錯的，也來喊幾聲助助威吧！首先，就是為此。自然，在這中間，也不免夾雜些將舊社會的病根暴露出來，催人留心，設法加以療治的希望。

為了實現這希望，魯迅認識到，是必須與前驅者取同一的步調的。他要吶喊，是想「聊以慰藉那在寂寞裡奔馳的猛士，使他不憚於前驅。」(4)所以，魯迅答應錢玄同寫文章，也就答應了參加新文化運動先驅者的行列，參加了二十世紀初的思想啟蒙運動。

那時候，錢玄同經常提著一個大皮夾，裡面帶著一些《新青年》的文稿或刊物，行色匆匆地往返於宣武門外南半截胡同的紹興會館。有時取走魯迅剛剛寫好的文章，有時又把還帶著油墨香味的剛裝訂好的《新青年》雜誌校本送給魯迅。一九一八年七月二十九日的《魯迅日記》上便有這樣的記載：「夜錢玄同來並持來的《伊勃生專號》十冊。」又在一九一九年五月九日的《魯迅日記》上記載：「夜得錢玄同信並雜誌十冊。」這收到的就是「五四」前後幾天出版的第六卷第五期《新青年》「馬克思主義專號」，就在這個「專號」上，載有魯迅的小說《藥》和《來了》、《現在的屠殺者》、《人心很古》、《聖武》等隨感錄四篇。從這時

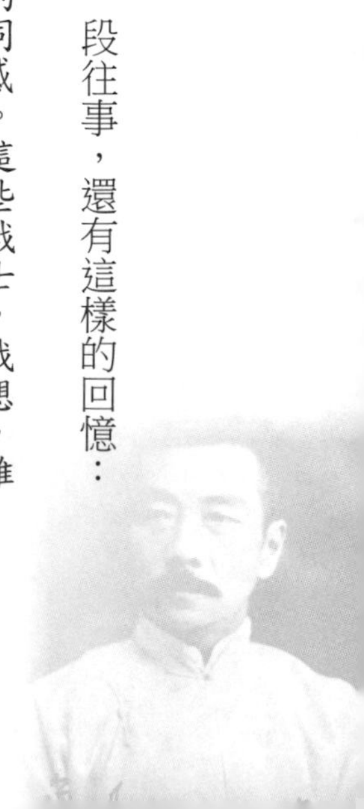

期的《魯迅日記》上看，幾乎每隔兩三天，錢玄同必來會館夜談，一談就是半夜。兩個人一見面興致都極高，有時彼此談論社會現象、時事新聞，有時談論稿件內容，可謂是無話不談，各自暢抒所見。談得盡興時，魯迅便留錢玄同夜飯，到附近的廣和居去小飲，一般吃的是炸小丸子、酸辣湯等極普通的菜。一九一七年九月三十日的《魯迅日記》中就有這樣的記載：「舊中秋也，烹鶩沽酒做夕餐，玄同飯後去。月色極佳。」可以想見，當年他們在中秋月明之夜，舉杯暢敘的情景有多麼動人。當年同是他倆老朋友的沈尹默先生也說過：「他們兩位（指魯迅與錢玄同）碰在一起，別人在旁只有洗耳恭聽的份兒，是沒有插嘴的餘地的。」

這一時期，魯迅和錢玄同信札來往如梭，魯迅致錢玄同的信共四十封，僅一九一七年至一九一九年魯迅致錢玄同的信就有二十七封，現在收《魯迅書信集》的僅十三封。錢玄同也給魯迅寫了不少信，有時候人未到書信就來了；有時信至人也到了。或者魯迅剛寄給錢玄同一封信，信還在途中，錢玄同卻飄然而至。有時甚至彼此日發兩函，使郵差為之奔波不已。如一九一八年，錢玄同與李大釗等輪流編輯《新青年》時，魯迅在這一年回答錢玄同的催稿信不少，其中七月五日的信中寫道：「嘴裡要做的東西，向來很多，然而從來未嘗動手，照例類推……」有的信是錢玄同來請教中國小說史上的問題，如一九二四年十一月二十六日，魯迅回答他詢問《醒世姻緣》一書的價值。

在他們共同參與編輯《新青年》的過程中，在徹底地不妥協地反對舊文化、提倡新文化的戰鬥中，魯迅和錢玄同過往甚密，意氣相投，許多事情他們都交換過意見，而且主張相同，他們是互相支援的戰友。

這一點，可以從「雙簧信」、「桐城謬種，選學妖孽」、「廢除漢字，改用拼音」等事件或主張中得到印證。

所謂「雙簧信」，是由錢玄同、劉半農兩人合夥做的。如魯迅所說：「他們正辦《新青年》，然那時彷彿不特沒有人來贊同，並且也沒有人來反對。」雜誌最怕辦得寂寞，捧也好，罵也好，熱鬧起來才是雜誌的活路，寂寞久了，沒人贊同沒人反對久了，就自行消亡了。怎麼辦呢？為了引起文學革命的論戰，一九一八年三月，《新青年》第四卷第三號上，在《文學革命之反響》的標題下，同時刊出了王敬軒給《新青年》編者的一封信和劉半農的覆信。王敬軒本無其人，此信係錢玄同綜合當時舊文人反對新文化運動的種種謬論寫成。劉半農在覆信中對這些謬論做了痛快淋漓的駁斥，給新文化運動的反對者以迎頭痛擊。

這兩封雙簧信發表後，在當時的思想界和文學界引起了巨大震撼。新文化運動方面的戰鼓擂得更緊了，衛道者如林琴南者流也跳出來鼓噪了。就是在革命文學陣營內部，也有不同意見，胡適便認為這樣做「有失士大夫身分」，這種「不登大雅之堂」的文章，不應該發表。

魯迅在《憶劉半農君》裡就曾指出這是一次大仗，並且在評劉半農時說：「但半農的活潑，有時頗近於草率，勇敢，也有失之無謀的地方。但是，要商量襲擊敵人的時候，他還是好夥伴，進行之際，心口並不相應，或者暗暗的給你一刀，他是絕不會的。倘若失了算，那是因為沒有算好的緣故。」(5)從這段話裡，我們可以知道當時的這些戰鬥，是經過一起商量和研究的。魯迅後來說：「古之青年，心目中有了劉半農三個字，原因並不在他擅長音韻學，或是常做打油詩，是在他跳出鴛蝴派，罵倒王敬軒，為一個『文學革命』陣中的戰鬥者。」(6)可見，當時「雙簧信」的戰鬥，給魯迅留下了多麼深刻的印象，他甚至認為，劉半農的聲名鵲起，是他與王敬軒的戰鬥聯繫在一起的。劉半農是錢玄同演「雙簧」戲的對手，魯迅對劉半農在這場戲中的肯定，同時也是對錢玄同作用的肯定。

錢玄同對「文學革命」的貢獻，曾為魯迅所讚許的，還有對當時鬥爭提出非常明確而又形容貼切的口號，即「桐城謬種」與「選學妖孽」。這個口號，最早見於他《寄胡適之》的信裡。他說：「玄同年來深慨於吾國文言之不合一，致令青年學子不能以三五年之歲月，通順其文理，以適於用。而彼『選學妖孽』與『桐城謬種』，方欲以不退之典故，與肉麻之語調，戕賊吾青年，因之時改革文學之思，以未獲同志，無從質證。」(7)

桐城派是清朝古文流派之一，主要作家有方苞、劉大櫆、姚鼐等，他們都是安徽桐城人，所以稱他們和各地贊同他們文學主張的人為「桐城派」。當時中國的古文學在文壇上主要是兩大派，一、桐城派，代表人物是嚴復、林琴南等。二、選派，主要人物有樊增祥、易順鼎等。陳獨秀在《文學革命論》一文中曾指出：「今日吾國文學悉承前代之敝，所謂『桐城派』者，八家與八股之混合體也。所謂駢體文者，思綺堂與隨園之四六也。」錢玄同用「謬種」和「妖孽」，進一步形象地說明了它們對文壇的毒害。桐城派，講所謂「桐城義法」，於是代代相傳，直到辛亥革命後，在文壇上還佔有極大的勢力。這種「謬種流傳」，真是綿綿不絕。至於選派，用典故，講對仗，末流到易順鼎、樊增祥等，用以寫出許多捧優伶，讚娼妓的下流文字，簡直齷齪不堪，稱之為「妖孽」，也不為過。

魯迅對這個口號是讚許的，他在三〇年代談到攻擊對方要給以名號時，曾經提到它。他說：「五四時代的所謂『桐城謬種』和『選學妖孽』，是指做『載飛載鳴』的文章和抱住《文選》尋字彙的人們的，而某一種人，確也是這一流，形容愜當，所以這名目的流傳也較為永久。除此之外，恐怕也沒有什麼還留在大家的記憶裡了。」(8)

魯迅和錢玄同都曾主張不讀或少讀中國書。錢玄同在《中國今後之文字問題》一文中說：「欲廢孔學，欲剿滅道教，唯有將中國書籍一概束之高閣之一法。何以故？因中國書籍千分之九百九十九，都是這兩類書之故。中國文字，自來即專拘於發揮孔門學說，及道教妖言故。」

而魯迅在《青年必讀書》中也說：「我以為要少──或者竟不──看中國書，多看外國書。」

在文學革命初期，錢玄同還提出了廢除漢字，改用拼音文字的主張。他在一九一八年給陳獨秀的信中說：「……欲廢孔學，不得不先廢漢文。欲驅除一般之幼稚的野蠻的頑固思想，尤不可不先廢漢文。」又說：「中國文衍形不衍聲，以致辨認書寫極不容易，音讀極難正確，這一層近二十年來很有人覺悟，所以，造新字，用羅馬字拼音，等等主張，層出不窮……殆無不感到現行漢字之拙劣，欲圖改革，以期便用。」(9)

今天看來，錢玄同的主張未免不切實際。當時，也受到許多頑固派的激烈反對與攻擊。然而，它對文學革命的發展，客觀上卻起到了推進作用。魯迅後來談到五四文學革命時說：「但是，在中國，剛剛提起文學革新，就有反動了。不過白話文卻漸漸風行起來，不大受阻礙。這是怎麼一回事呢？就因為當時又有錢玄同先生提倡廢止漢字，用羅馬字母來替代。這本也不過是一種文字革新，很平常的，但被不喜歡改革的中國人聽見，就大不得了了，於是便放過了比較平和的文學革命，而竭力來罵錢玄同。白話乘了這一個機會，居然減去了許多敵人，反而沒有阻礙，能夠流行了。」又說：「中國人的性情是總喜歡調和，折中的。譬如你說，這屋子太暗，須在這裡開一個窗，大家一定不允許的。但如果你主張拆掉屋頂，他們就會來調和，願意開窗了。沒有更激烈的主張，他們總連平和的改革也不肯行。那時白話文之得以通行，就因為有廢掉中國字而用羅馬字母的議論的緣故。」⑽雖然白話文的流行，是因為文言文的不合時宜，是時代發展的必然，但魯迅從事物的聯繫上闡明問題，也許魯迅並不贊同或者至少在一個時期內不贊同廢除漢字，但魯迅卻能從錢玄同提倡拼音之外，發現它的客觀歷史意義，魯迅對錢玄同是公正的。

一九二五年「女師大風潮」，錢玄同也是發表《對於北京女子師範大學風潮宣言》的七教授之一，在反對章士釗、楊蔭榆、陳西瀅等的鬥爭中，錢玄同是站在魯迅一邊的。

此外，魯迅一九二五年四月十四日在致許廣平的信中，曾把自己的文章與錢玄同做了比較，肯定了錢玄同文章的長處，談了對自己文章的認知，他說：「文章的看法，也是因人不同的，我因為自己好做短文，好用反語，每遇辯論，輒不管三七二十一，就迎頭一擊，所以每見和我的辦法不同者便以為缺點，其實暢達也自有暢達的好處，正不必故意減縮（但繁冗則自應刪削）。例如玄同之文，即頗汪洋，而少含蓄，使讀者覽之了然，無所疑惑，故於表白意見，反為相宜，效力亦複很大，我的東西卻常招誤解，有時竟大出於意料之外，可見意在簡練，稍一不慎，即易流於晦澀。」⑾這裡，魯迅雖有切膚之感，亦有過謙之詞，文章風格，秉性使然，錢玄同作不了魯迅式的文章，反之，似乎也成立，此非正題，略去不表。

概而言之，在反傳統、反封建、反對舊文學、提倡新文學等方面，魯迅、錢玄同步調一致，堪稱戰友。

三

五四以後，兩人思想志趣各異，接觸漸少。錢玄同由封建社會的叛徒而成為自由主義者，他的心境漸趨平和；魯迅仍然不改狼的秉性，他在荒原中嚎叫，他心中仍然充溢著戰鬥的激情，魯迅生來是為了戰鬥的。不過，雖然魯迅和錢玄同在思想和生活上的志趣都有很大的變化，彼此的接觸也漸漸少了，但是仍然保持著友誼。一九二三年八月二十四日的《魯迅日記》載有：以《吶喊》一冊贈錢玄同。一九二四年四月十三日星期日休息，魯迅「上午至中央公園四宜軒。遇玄同，遂茗談至晚歸。」這一天，兩位老同學還能在中山公園從上午流連至夜，談興仍不減當年。

魯迅和錢玄同的由疏遠而有成見，倒沒有像「罵」章士釗等人那樣，訴諸文章，而多是道聽塗說，引起不滿（其中也不應排除有誤會的成份），多是私下議論，私下通信，僅此而已。這是否可以理解為魯迅還念及曾經有過的友情呢？

如前所述，一九二五年五月，在「女師大風潮」中，他們還可以說是戰友。一九二六年秋，風潮以後，魯迅由北京南下廈門，此後，他們再也沒有像五四時期那樣促膝長談了——這也無足怪，不是有許多青年時的朋友，到了老年視若路人嗎？一個時期有一個時期的話題，因而也有一個時期的朋友。有的友誼可以永久，有的友誼卻和時間一起消失了。

錢玄同與魯迅之間有一個由相知到相惡的過程。錢玄同跟魯迅最為反感的顧頡剛一起從事古史辨運動，是使他們產生隔閡的一個重要原因。魯迅去世之後錢玄同批評他「多疑」、「輕信」、「遷怒」，恐怕也與此相關。

一九二九年五月，魯迅第一次北上省親，曾與錢玄同相遇。據沈尹默說：「魯迅從上海回北京，一次曾在他們的老師章太炎那裡會見，為了一句話，兩意不投，引起爭論，直到面紅耳赤，不歡而散。」後來，錢玄同偶然去孔德學校，碰見魯迅。據沈尹默講：「這事情（按：指上次的爭論）雖已過去，彼此心中總有些耿耿然，但一想到老朋友終歸是老朋友，不可能從此不見面，就跨進門去，打了個招呼，坐下來，正想尋個話題，恰巧看見桌上放著一張周樹人三個字的名片，他馬上回過頭朝著魯迅問道：『你現在又用三個字的名片了？』魯迅不加思索地衝口而出道：『我從來不用四個字的名字。』玄同主張廢姓，曾經常用『疑古玄同』署名，這是眾所周知的事。魯迅出口真快，玄同的感應也不慢，登時神色倉皇，一言不發，溜之大吉。」(12)這一細節，魯迅一九二九年五月二十五日在致許廣平的信中也有提到：「途次往孔德學校，去看舊書，遇金立因（按：原稿作錢玄同），胖滑有加，嘮叨如故，時光可惜，默不與談。」(13)

魯迅和錢玄同，都是書生意氣，在可惱的同時透著幾分可親。我可以想像，當年魯迅說「我

從來不用四個字的名字」時，臉上的表情是生硬的，沒有笑容，所以這句話有了某種諷刺的意味。倘非如此，魯迅笑曰：「我是從不用四個字的名字的。」那至多是揶揄，還多了幾分幽默。至於錢玄同，若非書生，臉皮也厚，這麼一句話，何難應酬？來一句今天天氣哈哈哈之類，又何必動氣，溜之大吉呢？所以，這個細節，以我而言，看不出他們的可惡，倒是看出了書生本色，有幾分可愛。

錢玄同在日記中攻擊魯迅的《三閒集》、《二心集》「無聊、無賴、無恥」。三〇年代，錢玄同對魯迅在上海從事革命文藝活動極為反感，他以資產階級民主主義者的口吻說：「我是主張思想自由的，無論同意或反對，都要我自己來判斷。」諷刺魯迅為「左翼公」和「左公」。魯迅在一九三〇年二月二十二日致章廷謙的信中說：「疑古和半農，還在北平逢人便宣傳，說我在上海發了瘋，這和林玉堂大約也有些關係。我在這裡，已經收到幾封學生給我的慰問信了。」在同一封信裡，魯迅甚至對錢玄同的個人秉性做了評價：「疑古玄同，據我看來，和他的令兄一樣性質，好空談而不做實事，是一個極能取巧的人，他的罵詈，也是空談，恐怕連他自己也不相信他自己的話，世間竟有傾耳而聽者，因其是昏蟲之故也。」錢玄同善空談，喜做驚人之語，這固然屬實，但並非不做實事，終其一生，還是頗有學術成就的，也不好否認他在文學革命中的實績。

到了一九三二年十一月，魯迅第二次北上省親時，錢玄同竟公然宣佈他「不認識有一個什麼姓魯的」！並阻撓魯迅到北大演講，關係可謂惡化了。魯迅對他也一樣充滿了厭惡之情。一九三二年十二月二十九日，魯迅在《教授雜詠四首》的第一首挖苦了錢玄同，詩云：「做法不自斃，悠然過四十。何妨賭肥頭，抵擋辯證法。」魯迅的這一組「雜詠」都是有針對性的。錢玄同早年曾戲說：「四十歲以上的人都應該槍斃。」又據說他在北京大學曾說過「頭可斷，辯證法不可不開課」的話。一九三三年十一月，魯迅擬請魏建功書寫《〈北平箋譜〉序》。後來社會上某些傳說有與事實略有不符之處，魯迅在一九三三年十二月二十七日致台靜農的信中在談到上述寫序的事時，又談了對錢玄同的看法：「寫序之事……至於不得託金公（按：即錢玄同）執筆，亦誠有其事，但係指書簽，蓋此公誇而懶，又高自位置，託以小事，能拖延至一年半載不報，而其字實俗媚入骨，無足觀，犯不著向慳吝人乞爛鉛錢也。」我以為，魯迅的以上評價，既有客觀實際的內容，也有情緒化的言詞。

到了一九三五年，魯迅在五月二十日出版的《太白》半月刊第二卷第五期上，發表了署名「敖者」的《死所》一文，批評了錢玄同由於馬廉教授因中風死在教室裡，故爾「從此不上課」的行為。魯迅講了一則笑話，是一位公子和漁夫的問答：

「你的父親死在哪裡的？」公子問。

「死在海裡的。」

「你還不怕，仍舊到海裡去嗎？」

「你的父親死在哪裡？」漁夫問。

「死在家裡的。」

「你還不怕，仍舊坐在家裡嗎？」

於是，魯迅勸告道：「但死在教室裡的教授其實比死在家裡的著實少。」這篇文章並無過激之詞，平心靜氣，針對的也是具體的問題，對論敵可以這麼說，對一個好朋友也可以這麼說的。

四

一九三六年十月，錢玄同在魯迅逝世後的第五天，就寫了《我對周豫才君之追憶與略評》一文，在回憶了他們平生的關係之後，對魯迅談了自己的看法。

他認為魯迅的長處有三：

一、治學最為謹嚴。

二、治學是自己的興趣，絕無好名之心。

三、讀史與觀世有極犀利的眼光，能抉發中國的痼疾。他舉了小說《阿Q正傳》、《藥》和《隨感錄》，說是這種文章如良醫開脈案，做對症發藥之根據，於改革社會是有極大用處的。

錢玄同也指出魯迅的短處有三：

一、多疑。他說：「魯迅往往聽了人家幾句不經意的話，以為是有惡意的，甚而至於以為是要陷害他的，於是動了不必動的感情。」

二、輕信。他說：「他又往往聽了人家幾句不誠意的好聽話，遂認為同志，後來發現對方的欺詐，於是由決裂而至大罵。」

三、遷怒。他說：「本善甲而惡乙，但因甲與乙善，遂遷怒於甲而並惡之了。」

錢玄同所說魯迅的長處，這不成問題，魯迅的長處又何止這些呢?這裡姑妄略之。「多疑」問題，我已在《導言》中有所論述，這裡也不再說它了。至於輕信，這是有矛盾的。魯迅既然「多疑」，又怎麼會「輕信」呢?大約，他是具體到針對高長虹一事吧?說魯迅多疑，尚有具體分析之必要，說他輕信，我對此論不敢輕信。關於遷怒，錢玄同對魯迅的不滿，主要是在這方面。魯迅非常憎惡顧頡剛，在書信、雜文，以及小說《理水》中，都曾給他以無情的諷刺與抨擊。顧頡剛的為人，為魯迅所不齒。而錢玄同，在對中國古史的研究上，和顧頡剛的某些觀點一致，尤其在「疑古」方面，更是彼此契合，因而成為志同道合的學侶。錢

玄同認為，魯迅本來和他很好，但討厭顧頡剛，由於他和顧頡剛交往，於是連他也討厭起來。我查不到魯迅因為顧頡剛所以討厭錢玄同的證據，我只覺得，倘如錢玄同所描述，魯迅如五歲孩兒，甲不跟乙玩了，也要丙不跟乙玩了，否則，甲也不跟丙玩了。

這彷彿是童話，童話中魯迅、錢玄同都充滿童心了。

五

《魯迅研究月刊》一九九八年第一期謝村人發表《「書齋生活與其危險」》一文，其中說，錢玄同如果不是五十二歲去世，後來在日寇的威脅利誘之下，可能會成為第二個周作人。

其實，在錢玄同短暫的一生中，最令人欽佩的是他的晚年。因外寇侵凌，錢玄同常滿腔孤憤，抑鬱難語，「魂忽忽若有之，出不知其所往」。自熱河淪陷後，他有約三個月光景謝絕飲宴。一九三一年「九．一八事變」發生後，曾經留日的錢玄同即與日人斷絕交往。一九三三年五月，他書寫了《中華民國華北軍第七軍團第五十九軍抗日戰死將士墓碑》。一九三六年，他與北平文化界知名人士聯名提出抗日救國七條要求。召南在《魯迅研究月刊》一九九八年第六期發表文章《錢玄同蓋棺論定》，認為謝村人的假設是毫無根據的。他提供兩個資料。一是《北京師範大學校史》，說：「七七事變後，師大國文系主任教授錢玄同因為有病，未能隨校西行。他蟄居北平，目睹敵偽猖狂情景，憂憤日甚。恢復舊名錢夏，以『夏』非『夷』，表示不做順民。他多次寄語西遷的友好人士，表示絕不『汙偽命』。」錢玄同蟄居敵偽治下的北平，拒絕偽聘。

錢氏於一九三九年一月十七日去世，終年五十二歲。同年七月十八日，國民政府發佈褒揚令，這就是第二個資料：「國立北平師範大學教授錢玄同，品德高潔，常識湛深，抗戰軍興，適以宿病不良於行，未即離平；歷史既久，環境益艱，仍能潛修國學，永保清操。卒因蟄居抑鬱，切齒仇讎，病體日頹，賫志長逝。溯其生平致力教育事業，歷二十餘載，所為文字，見重一時，不僅貽惠士林，實亦有功黨國，應予明令褒揚，以彰幽潛，而昭激勸。」

***

(1) 錢玄同：《我對於周豫才君之追憶與略評》，原載一九三六年十月二十六日、二十七日北平《世界日報》，《魯迅回憶錄》有轉載，北京出版社一九九九年一月版。

(2) 即錢玄同。林琴南小說《荊生》中有一個人物名「金心異」，影射錢玄同。

(3) 《魯迅全集・南腔北調集》。

(4) 《魯迅全集・吶喊・自序》。

(5)《魯迅全集・且介亭雜文》。

(6)《魯迅全集・花邊文字・趨時和復古》。

(7)《新青年》三卷六期。

(8)《魯迅全集・且介亭雜文二集・五論「文人相輕」——明術》。

(9)《新青年》四卷四期。

(10)《魯迅全集・三閒集・無聲的中國》。

(11)《魯迅全集・兩地書・一二》。

(12)沈尹默：《魯迅生活中的一節》，見《文藝月刊》一九五六年十月號，《魯迅回憶錄》有轉載，北京出版社一九九九年一月版。

(13)《魯迅全集・兩地書・一二六》。

「兼差」引出的「無故受累」

——魯迅與李四光

因為「女師大風潮」，魯迅與李四光有過一段不愉快。

李四光（一八八九－一九七一），字仲揆，湖北黃岡人，地質學家。他在科學研究上有卓越的貢獻，創立了地質力學。曾留學英國伯明罕大學，當時任北京大學教授。在「女師大風潮」中，他加入了陳源（陳西瀅）等人組成的「國立女子大學後援會」，支持章士釗、楊蔭榆。

一九二六年一月三十日《晨報副刊》上刊載了《西瀅致志摩》的信，信中陳源提到了李四光，以李四光為例攻擊魯迅：「李仲揆先生是我們相識人中一個最純粹的學者，你是知道的。新近國立京師圖書館聘他為副館長。他因為也許可以在北京弄出一個比較完美的科學圖書館來，也就答應了。可是北大的章程，教授不得兼差的。雖然許多教授兼二三個以至五六個重要的差使，李先生卻向校長去告一年的假，在告假期內不支薪。他現在正在收束他的功課。他的副館長的月薪不過二百五十元。你想一想，有幾個肯這樣幹。然而魯迅先生卻一次

再次的說他是『北大教授兼國立京師圖書館長月薪至少五六百元的李四光。』」

關於李四光兼職的事，魯迅是在《華蓋集．「公理」的把戲》一文中提到的。一九二五年十二月十四日，由陳源、王世傑、燕樹棠、李四光、丁西林等人組成「教育界公理維持會」，旨在聲援章士釗創辦女子大學，反對女師大復校，壓迫該校學生和教育界進步人士。該會成立的第二天改名為「國立女子大學後援會」，十六日發出《致北京國立各校教職員聯席會議函》，其中對支持女師大學生的進步教職人員進行侮辱。王世傑則說：「本人絕不主張北大少數人與女師大合作」，「照北大校章教職員不得兼他機關主要任務，然而現今北大教授在女師大兼充主任者已有五人，實屬違法，應加否認。」

對此，魯迅當然予以批駁。魯迅說：「我是女師大維持會會員之一，又是女師大教員，人格所關，當然有抗議的權利。」魯迅為了說明「後援會」成員與楊蔭榆的關係，列舉了李四光，說楊蔭榆曾用汽車邀他觀劇；又為證明「後援會」不能「維持公理」，舉李四光兼任京師圖書館副館長一職，並發表演說，又不敢公開報導，那是為了隱蔽北大教授不能在外兼任他職的規定。魯迅以此說明「後援會」成員尚且不能遵章守法，由這些人組成的「後援會」難道會維持公理嗎？當然，同時也是對王世傑等人所說的北大教授在女師大兼職的回擊，表示「後援會」的人可以兼職，有什麼權利說別人不能兼職呢？可謂一箭雙鵰。

李四光認為自己委屈，寫信給《晨報副刊》，為自己辯解。《晨報副刊》於一九二六年二月一日以《李四光先生來件》為名，(1)發表了李四光的來信。信中，李四光說：「我答應到國立京師圖書館去供職以前，曾經和北京大學校長蔣夢麟先生當面商量，向學校請假一年。蔣先生也表贊同，以後又正式具請假公函說明此事，這信現在還在蔣先生手裡。魯迅先生說我是以北大教授兼國立圖書館副館長一層，絕對與事實不符。」我們且不說李四光向蔣夢麟請假，這是他們之間的私事，報章沒有發佈這一新聞，魯迅無從知曉；請假終究是請假，而不是辭職，李還是北大教授，所以，魯迅說他「兼職」，並無過錯。李四光還說：「我初到圖書館的時候，國立京師圖書館委員會方面，曾通過一個議案，議決副館長薪水每月五百元……」那麼，李四光為什麼只有「二百五十元」呢？是因為「我個人的生活簡單，不需要那個數目。」所以，「只受半數」。李四光是二〇年代的活雷鋒，但此事沒有舉辦新聞發佈會，也是個人的事，別人恐怕也無從知道。因而，魯迅說他薪水五、六百元也無大錯。魯迅在《不是信》(2)一文中，在批駁了陳源的同時，對李四光的兼職問題，進一步談了自己的看法。魯迅說：「……只是我以為告假和辭職不同，無論支薪與否，教授也仍然是教授，這是不待『刀筆吏』才能知道的。」這裡，魯迅強調了「告假和辭職不同」，「無論支薪與否，教授也仍然是教授」。結論是，李四光雖屬告假，畢竟還是兼了職。這算不算違反了北大的校規呢？

其實，在我看來，魯迅骨子裡並不在乎李四光的兼職與否，月薪多少，而主要是為了證明雖然「北大教授在女師大兼充主任者已有五人」，也不足為奇，這不過是彼此彼此的事。如果說魯迅對李四光有什麼惡感的話，也只是因為他在「女師大風潮」中站到了楊蔭榆一邊。應該說，對李四光，魯迅並沒有像對待陳源那樣不留情面的，甚至表示了某種歉意。魯迅說：「我有時泛論一般現狀，而無意中觸著了別人的傷疤，實在是非常抱歉的事。」(3) 又說：「因為我知道李教授是科學家，不很『打筆墨官司』的，所以只要可以不提，便不提；只因為要回敬貴會友一杯酒，這才說出『兼差』的事來。」(4)

魯迅的批評李四光不無道理，魯迅總的還是與人為善的。然而，對比之下，當年李四光的態度要比魯迅更為情緒化，字裡行間，對魯迅滿是挖苦，甚至嘲弄。

在《李四光先生來件》中，還有這樣一段話：「我聽說魯迅先生是當代比較有希望的文士。中國的文人，向來有做『捕風捉影之談』的習慣，並不奇怪。所以他一再笑罵，我都能忍受，不答一個字。暗中希望有一天他自己查清事實，知道天下人不盡像魯迅先生的鏡子裡照出來的模樣。到那個時候，也許這個小小的動機，可以促魯迅先生做十年讀書、十年養氣的功夫。也許中國因此可以產生一個真正的文士。那是何等的貢獻！」只是「聽說」魯迅是一個比較有希望的「文士」，而不是一個傑出的作家，李四光的口氣中透著對三流文人的蔑視。說中國文人愛捕風捉影，那是為了證明魯迅說他的話是「捕風捉影」。他和陳西瀅同屬「正人君子」，所以，面對笑罵，都很有涵養，忍受著不答一字，只是在表白自己擅長忍受的同時，一時忘了忍受，一不小心，就寫了若干辯白文章，答了遠不只「一字」。當年，三十多歲還算青年的李四光，竟像一個老夫子一樣教訓起魯迅，要他「做十年讀書，十年養氣的功夫」，還說，「也許中國因此可以產生一個真正的文士」，看來，李四光是讀了十年以上的書，同時也養了十年的氣的，也許是邊讀書邊養氣吧！

距李四光要求還不是「真正的文士」的魯迅讀十年書，養十年功不到兩天，一九二六年二月三日，他就要讓魯迅閉嘴。這一天的《晨報副刊》以「結束閒話，結束廢話！」為題，發表了李四光和徐志摩的通信。李四光在信中說魯迅「東方文學家的風味，他似乎格外的充足，所以他拿起筆來，總要寫道露骨到底，才盡他的興會，弄到人家無故受累，他也管不著」。同時他又慨嘆，「指導青年的人，還要彼此辱罵，製成一個惡劣的社會」。徐志摩則說：「大學的教授們」，「負有指導青年重責的前輩」，是不該這樣「混鬥」的。因為「這不僅是紳士不紳士的問題，這是像受教育人不像的問題……」於是他便「對著混鬥的雙方猛喝」：「帶住！」還「聲明一句，本刊此後不登載對人攻擊的文字」云云。

獨立地看，似乎不無道理。如此混鬥，對雙方並無好處。可是如果瞭解一下李四光、徐

志摩要求「帶住」的特殊背景，就不免要給人不公平之感了。因為一九二六年一月三十日《晨報副刊》刊載了徐志摩的《關於下面一束通信告讀者們》和陳源的《閒話的閒話之閒話引出來的幾封信》，這兩封信被看作是「陳源和徐志摩兩個人湊成的攻周的專號」。「周」被攻得體無完膚，還沒有反駁，到了二月三日，便要「帶住」了，這難道便是紳士的「公允」？這好比甲看著乙把丙揍了一頓，丙一還擊，甲便擠在彼此間，打著公正的腔調說：「你們不要打了。」事實上，甲是偏袒了另一方的。魯迅絕不肯甘休，著文向世人高喊《我還不能「帶住」》(5)：

我自己也知道，在中國，我的筆要算較為尖刻的，說話有時也不留情面。但我又知道人們怎樣地用了公理正義的美名，正人君子的徽號，溫良敦厚的假臉，流言公論的武器，吞吐曲折的文字，行私利己，使無刀無筆的弱者不得喘息。倘使我沒有這筆，也就是被欺侮到赴訴無門的一個；我覺悟了，所以要常用，尤其是用於使麒麟皮下露出馬腳。萬一那些虛偽者居然覺得一點痛苦，有些省悟，知道伎倆也有窮時，少裝些假面目，則用了陳源教授的話來說，就是一個「教訓」。只要誰露出真價值來，即使只值半文，我絕不敢輕薄半句。但是，想用了串戲的方法來哄騙，那是不行的；我知道的，不和你們來敷衍。

由此可見，魯迅不但不怕攻擊，而且也不接受貌似公正的調解。他承認自己的筆是尖刻的，不但常用這尖刻的筆擋住流言公論，而且要用這尖刻的筆徹底撕下對手的假面偽裝，使「麒麟皮下露出馬腳」。

至於李四光說的「指導青年的人，還要彼此辱罵」的問題，魯迅更表現了他一貫的反虛偽精神，表現了他「神聖的憎惡」（瞿秋白語），請看他對已被揭露得捉襟見肘的紳士們的答覆：「中國的青年不要高帽皮袍，裝腔作勢的導師……倘有戴著假面，以導師自居的，就得叫他除下來，否則，便將它撕下來，互相撕下來。撕得鮮血淋漓，臭架子打得粉碎，然後可以談後話。這時候，即使只值半文錢，卻是真價值；即使醜得要使人『噁心』，卻要真面目。略一揭開，便又趕忙裝進緞子盒裡去，雖然可以使人疑是鑽石，也可以猜作糞土，縱使外面滿貼著好招牌……毫不中用！」(6)

多麼痛快淋漓，這裡魯迅已經超越了具體的糾紛，對虛偽的中國社會，尤其對專靠面子、架子、派頭、威風來嚇人、騙人，以維持其地位的上流社會的人物，實在是百難忍受的。唯有自己不虛偽才能真正徹底反虛偽。魯迅因為對人對己的解剖都是毫不留情的，他無自顧之憂，所以才不怕「互相撕下來」。

＊＊＊

(1)《恩怨錄・魯迅和他的論敵文選》，今日中國出版社一九九六年十一月版。

(2)《魯迅全集・華蓋集續編》。

(3)《魯迅全集・華蓋集續編・不是信》。

(4)(6)《魯迅全集・華蓋集續編・我還不能「帶住」》。

(5)《魯迅全集・華蓋集續編》。

「假洋鬼子」：信奉孔子的基督徒

——魯迅與林文慶

林文慶（一八六九—一九五七），字夢琴，福建海澄（今龍海市）人，生於新加坡。他中學時代受傳統教育薰陶，國學修養頗深。十八歲時以優等成績畢業於新加坡教會創辦的「蔡敦書院」，獲維多利亞女皇的特殊獎學金，前往英國愛丁堡大學醫學院就讀，五年後獲醫科學士及外科碩士學位（一說獲愛丁堡醫科博士學位），並因成績優異獲維多利亞女皇藍帶十字金獎章。此後又在劍橋大學深造，再獲哲學博士學位。因為英文中的「醫生」和「博士」均稱為「DO-CTOR」，被人們稱為「三料博士」。林文慶早年與宋旺相合編《海峽華人異同》，喚醒海外僑胞團結奮力。他還將我國古代史籍、論文、學說譯成英文，不斷介紹給西方人士，最有名的是譯述《孔子學說原論》。他的著作《東方民族的悲觀生活》及《由儒家觀點論世界大戰》亦曾行銷歐美，他還曾將《左傳》、《離騷》譯成英文。

魯迅受聘於廈門大學期間，林文慶是校長兼國學院院長。川島是這樣描述他的：「廈門大學的校長林文慶博士，長的樣子非常像從前日本大學眼藥的商標，或者不如說大學眼藥的

商標像他。在新加坡以行醫致富，中國人而是入了英國籍的，基督徒而是信奉孔子的，包括福州話，廈門話和北京官話在內，能說十多種語言。」(1) 這段話雖屬外在描述，然亦不無象徵意義。林文慶和早期許多留洋份子一樣，有著「假洋鬼子」的雙重性：一是固有的封建性，二是外來的洋性。

一九二六年九月四日，魯迅應林語堂之邀，到廈門大學任教，因而與林文慶有了接觸和衝突。魯迅之所以離京赴廈，是和許廣平有約在先，彼此分別一段日子，埋頭苦幹兩年，有了一些積蓄，好安排以後的生活。當然，魯迅也想安安靜靜待上兩年，在學術上做一些事情。此外，也不排除北方政治黑暗，南方正處於大革命的前夕，這樣的社會政治因素。總而言之，魯迅南下了，與校方訂了兩年的合同。可是，僅僅待了一百三十五天，魯迅就「走路」──到廣州去了。

當年廈大，死氣沉沉，這點我在本書《反抗無聊──魯迅與馬寅初》一文中已有介紹。歸納起來，廈大也有兩面性：一是它的封建性，五四運動已過去七個年頭，這裡的報刊，用的還是文言文，學生成天背古書、寫古文，不能參加社會活動，不讓有一點活力；一是它的帶有資本主義社會色彩的銅臭氣。教授學者，繞著金錢，爭奪騙取，獻媚爭寵，斯文掃地，無聊又無恥。所以，當川島要來廈大時，魯迅於一九二六年十月二十三日寫信給他：「……要做事是難的，攻擊排擠，正不下於北京。從北京來的人們，陳源之徒就有。你將來最好是隨時預備走路，在此一日，則只要為『薪水』，念茲在茲，得一文算一文，庶幾無咎也……」應該說，魯迅初去廈大時，是懷著某種希望的，而去了一段時間，這種希望快速破滅，「念茲在茲」的是為了「薪水」了，並覺得待不下去，有了「走路」的念頭。

除了廈大總體的氛圍以外，與林文慶也是大有關係的。

廈門大學的二樓禮堂，每星期要舉行一次週會。這裡的週會像教堂裡做禮拜一樣。林文慶是尊孔的，所以每次在會上講的差不多都是「大學」、「中庸」，無非是「治國平天下」、「君子獨善其身」之類的大道理。林文慶還用英文寫了一本《孔教大綱》，供學生學習。有一些「唯校長的喜怒是伺」的教授，也跟著做《論孔教的真義》、《孔子何以成為聖人》一類的演講。對於如此週會，「很多學生並不感興趣，時常躲在宿舍或閱覽室裡看報紙，或讀自己喜愛的書」。（陳夢韶語）

不過，林文慶也為魯迅提供了演講的機會。一九二六年十月十四日早晨，在廈大群賢樓下的佈告牌上，貼出了一張學生指導處的佈告：「本日上午九時，特請國學研究院教授魯迅先生，在紀念週會上演講，希全體教職員學生，準時出席聽講，切切此布。」據目擊者俞獲稱，「十月十四日那一次週會卻和往常不同了。鐘聲還沒有響，男女學生都爭先恐後的擁進群賢

樓大禮堂，期待著魯迅先生來演講。」九時正式開會，林文慶擔任主席，他做了簡樸的講話，略謂「魯迅先生乃新文化運動的首領，國內外聞名的文學家。到本校來已一個多月，大家老是盼著要聽他偉論。今早算是副了眾望，他到這裡來演講了，請大家肅靜，傾耳以聽。」說完，向坐在臺後的魯迅先生一揖，頓時，雷鳴似的拍掌聲，響了起來。

可是，魯迅的演講，不僅不提尊孔讀經，而是反其道而行之，希望青年學生「少讀中國書」，做「好事之徒」。

據陳夢韶《魯迅在週會上演說有關「少讀中國書」部分追憶》一文介紹，魯迅演講的內容大致如下：

> 今天我的講題是：「少讀中國書，做好事之徒。」我來本校是搞國學院研究工作的，是擔任中國文學史課的，論理應勸大家埋首古籍，多讀中國的書。但我在北京，就看到有人在主張讀經，提倡復古。來這裡後，又看見有些人老抱著《古文觀止》不放。這使我想到：與其多讀中國書，不如少讀中國書好。
>
> 尊孔、崇儒、讀經、復古，可以救中國，這種調子，近來越唱越高了。其實呢，過去凡是主張讀經的人，多是別有用心的，他們要人們讀經，成為孝子順民，成為烈女節婦，而自己倒可以得意恣志，高高騎在人民頭上。他們常常以讀經自負，以中國古文化自誇。

但是，他們可曾用《論語》感化過製造「五卅」慘案的外國兵，可曾用《易經》咒沉了「三・一八」慘案前夕炮轟大沽口的侵略軍的戰艦？

你們青年學生，多是愛國，想救國的。但今日要救中國，並不在多讀中國書，相反地，我以為暫時還是少讀為好。少讀中國書，不過是文章做得差些，這倒無關大事。多讀中國書，則其流弊，至少有以下三點：一、中國古書越多讀，越使人意志不振作；二、中國古書越多讀，越想走平穩的路，不肯冒險；三、中國古書越多讀，越使人思想模糊，分不清是非。正是因為這個緣故，我所以指窗下為活人之墳墓，而勸人們不必多讀中國之書。

你們青年學生，多是好學的。好讀書是好的，但是不要「讀死書」，還要靈活運用。不要「死讀書」，還要關心社會世事，不要「讀書死」，還要注意身體健康。書有好的，也有壞的。有可以相信的，也有不可以相信的。古人說：「盡信書，則不如無書。」那是從古史實的可靠性說的。我說的有可以相信，有不可以相信，則是從古書的思想性說的。你們暫時可以少讀中國古書，如果要讀的話，切不要忘記：明辨，批判，棄其糟粕，取其精華。

魯迅的演講，不斷地被陣陣的掌聲打斷。這也屬正常，學生們多有逆反傾向，老是聽著尊孔讀經的嗡嗡叫，偶爾聽到與其相針對的驚世駭俗之言，當然是大有快感的。

魯迅也不是故作驚人之言，他的思想是一貫的，我在《「青年必讀書」與「搬出中國去」——魯迅與瞎嘴》一文中，在談到《青年必讀書》問題時，就已經介紹了魯迅的少讀甚至不讀中國書的觀點。

魯迅接下來的關於「做好事之徒」的言論，也刺痛了林文慶。魯迅說：「世人對於好事之徒，每致不滿，以為好事二字，一若有遇事生風之意。其實不然。我以為今日之中國，卻欲好事之徒之多。蓋凡社會一切事物，唯其有好事之人，而後可以推陳出新，日漸發達。」魯迅從實際出發，鼓勵人們不要怕從小小的好事之徒做起。「各人的境遇不同，我不敢勸人人都做很大的好事者，只是小小的好事，則不妨嘗試一下。譬如對於凡可遇見的事物，小小匡正便是。」這與魯迅的一貫思想，也是相一致的。早在五四時期，魯迅就曾批評過這種舊社會的壞習氣：凡是改革者，須一個斤斗便告成功，才有立足的處所，否則免不了標新立異的罪名，遭到人們的冷笑。他號召青年：「有一分熱，發一分光，就令螢火一般，也可以在黑暗裡發一點光，不必等候炬火。」(2) 魯迅深知這種冷笑對於改革者的害處，他再次提醒人們對有志於社會改革的好事者，不要冷嘲熱諷，一棍子打死。他說：「我們對於好事之徒，應該不可隨便加以笑罵，尤其對於失敗的好事之徒，更不要加以譏笑或輕蔑。」

魯迅的演講結束後，會場立刻爆發出經久不息的掌聲。林文慶深感不滿，不尷不尬，他採取曲解法，淡化魯迅演講的意義，避開了少讀中國書的問題，接過「做好事之徒」的話頭，說：「陳嘉庚先生也正是好事之徒，所以才肯興學。沒有他的好事，就沒有這個廈門大學，你們也就不能到這裡來研究學問了。」

魯迅以上演說的紀錄稿，發表在一九二六年十月二十三日出版的《廈大週刊》上，可是「少讀中國書」部分卻被林文慶腰斬，只登了「做好事之徒」部分。對此，魯迅十分反感。他在給許廣平的信中說：「近來對於廈大，什麼都不過問了，但他們還要常來找我演說，一演說，則與當局者的意見一定相反，真是無聊。」(3) 魯迅從此再也不到週會上演說。

此外，魯迅在致許廣平的信中也談了所謂陳嘉庚也是好事之徒的問題：「這裡的校長是尊孔的。上星期日（按：應為星期四）他們請我到週會演說，我仍說我的『少讀中國書』主義，並且說學生應該做『好事之徒』。他忽而大以為然，說陳嘉庚也正是『好事之徒』，所以肯興學，而不悟和他的尊孔衝突。這裡就是如此糊裡糊塗。」(4)

魯迅與林文慶的衝突，除尊孔讀經、做好事之徒的矛盾外，還有對金錢的態度問題。魯迅一九二七年一月十二日致翟永坤的信中說：「據我所覺得的，中樞是『錢』，繞著這東西的是爭奪，騙取，鬥寵，獻媚，叩頭。沒有希望的。」當年廈大，就是這樣一個怪地方，在教育內容上，搞復古倒退；在行政管理和人際關係方面，卻瀰漫著拜金主義的濃厚氛圍。

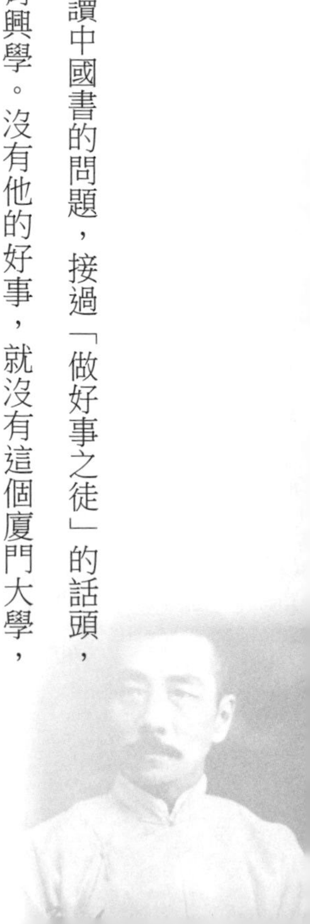

林文慶之於魯迅之類的學者，其態度近乎主人對於母雞，我既然養了你，你就要下蛋。雞不下蛋，養雞何用？魯迅曾對許廣平說：林文慶「因為化了這許多錢，汲汲要有成效，如以好草喂牛，要擠些牛乳一般。玉堂蓋亦窺知此隱，故不日要開展覽會，除學校自買之泥人（古塚中土偶也）而外，還要將我的石刻拓片掛出。其實這些古董，此地人哪裡會要看，無非糊裡糊塗，忙碌一番而已。」(5) 此外，卓治《魯迅是這樣走的》一文，也記錄了林文慶要母雞下蛋的軼聞。他寫道：「院長（即自稱孔子門徒的林文慶）以為，最好能在年假時便可以看到教授或學員的研究的成績，魯迅告訴他，研究國學，並不是三日兩夜，便可以有所成的，半年的時間，不見得能有什麼成績吧。假若為裝潢門面起見，他可以先把自己的存稿《古小說鉤沉》（名字不見得真確，我的記憶是這樣的薄弱。）拿去付印。院長當時很慷慨的說了，大意是：只怕沒有稿子，有時便可立即付印，請就拿給他看。魯迅的稿子果然拿出了（可證他——魯迅——並未吹牛），來往不到半點鐘，這部稿子轉了回來，以後便沒有聲息，稿子也就到魯迅的箱裡去休息了……」以今天商品經濟大潮衝擊下的眼光看，林文慶也沒什麼大不對，無非希望被他雇傭的人早出成就。馬克思、恩格斯在《共產黨宣言》中指出：「資產階級抹去了一切向來受人尊崇和令人敬畏的職業的靈光。它把醫生、律師、教師、詩人和學者變成了它出錢招雇的雇傭勞動者。」魯迅未必明確自己的被雇傭地位，所以他對林文慶的功利和勢利，自然是不高興的。魯迅的鄙視林文慶，就像當今許多有操守之士鄙視拜金主義一樣，當然也是無可非議的。

陳敦仁《憶魯迅先生在閩南》一文，倒是記錄下了魯迅與林文慶在關於金錢問題上的一場正面衝突。他寫道：「國學研究所的預算經費原是十萬元，也要打個對折，縮減為五萬元了。魯迅先生為了這事，在會上和校長力爭。校長林文慶（生長於殖民地的醫學博士）說：『關於這事，是有錢的人，才有發言權的。』魯迅先生很氣憤，也很幽默，馬上從衣袋中掏出兩個銀角子（有人說是銅板，據參與會議的羅常培先生說是銀角），拍在案子上說：『我也有錢，我有發言權。』這對於只有金錢觀點，沒有信義立場的當日校長，自然無異是當頭一棒。」據說，當時林文慶十分狼狽，急忙收起那副儼然的神氣，尷尬地陪著笑臉，慌忙結束了會議。我以為，魯、林的這次衝突，既是正氣的勝利，也是幽默的勝利。

總而言之，魯迅對廈大，對林文慶，是失望進而厭惡的。一九二七年一月八日致韋素園的信中，魯迅就談了自己的感覺：「種種可惡，令人不耐，所以突然辭職了。」「總之這是一個不死不活的學校，大部分是許多壞人，在騙取陳嘉庚之錢而分之，學課如何，全所不顧。且盛行妾婦之道，『學者』屈膝於銀子面前之醜態，真是好看，然而難受。」當然，我相信當年廈大也未必「大部分是許多壞人」，包括林文慶，至多只能算是不健全的人吧！好在是

私人通信，當時的廈大同仁未必看得到。

林文慶對魯迅的態度是矛盾的。為虛名計，想留他；為乾淨、省事計，願意放魯迅走。最後還是放魯迅走了。「儘管一面將辭職信和聘書還給魯迅先生，一面還是給他餞行，而且餞了兩回……都是非去吃不可的。」(6) 我們可以想像，林文慶在餞行宴席上，大約難免說了許多苦留之類的好話的，然而背地裡卻罵魯迅。魯迅說：「他待我實在是很隆重，請我吃過幾回飯；單是餞行，就有兩回。」然而背後卻「在宣傳，我到廈門，原是來搗亂，並非豫備在廈門教書的，所以北京的位置都沒有辭掉」。(7) 這確實冤枉了魯迅，假如林文慶知道魯迅與許廣平「苦幹兩年」的相約，就不會信口開河，說他是來搗亂的。

當面一套，背後又一套，這就是林文慶，雖懂得若干門外語，但畢竟是一個典型的中國人。

魯迅原打算在廈大工作兩年，結果不到半年就憤而辭職，為了逃避無聊，也為了愛情──他要到廣州與許廣平會合。臨行前，魯迅給林文慶寫了一封辭別信(8)──

文慶先生足下：

前蒙惠書，並囑劉楚青先生辱臨挽留，聞命慚荷，如何可言。而屢叨盛餞，尤感雅意，然自知薄劣，無君子風，本分不安，速去為是。幸今者征輪在望，頃即成行。肅此告辭，臨穎悚息。聘書兩通並還。

周樹人啟。

這封信寥寥不足百字，但義正辭嚴，正氣磅礴，體現了魯迅獨特的精神風貌。

最後，我們還是應該客觀地介紹一下林文慶其人。嚴笠寫了《「新加坡大老」林文慶》[9]一文，認為林文慶「半生坎坷，功績卓著，是中國現代史上一位應該表彰的人物」。

林文慶二十八歲開始研究如何將英國的橡膠樹種移植於熱帶土壤。他跟友人陳濟軒等合作，在新加坡、麻六甲、檳榔嶼和怡保等四個地方開設了四個大規模的橡膠園。由於林文慶的宣導，馬來亞的橡膠工業十年間躍居世界第二位，給華僑帶來驚人的財富，林文慶本人也被譽為「樹膠種植之父」。

對於孫中山的革命活動，林文慶給予了大力支持。一九〇〇年，他參加同盟會，使孫中山在新加坡獲有從事革命活動的立足點。辛亥革命成功，林文慶一度擔任孫中山的機要祕書、軍醫官，並被任命為臨時政府的衛生部長。由於袁世凱弄權，林文慶憤而辭去本兼各職，於一九一二年冬重返新加坡。

林文慶是廈門大學的第二任校長（首任校長鄧萃英就任數月即離職），主持校務十六年又七個月，在荒涼的古戰場上建立了一個規模宏偉的最高學府。他主持興建的大建築十七座，小建築數十座，其中「生物學院」規模設施為遠東之冠。由於世界經濟蕭條影響，陳嘉庚每

年支付的辦學經費三十萬元捉襟見肘，自一九二八年至一九三七年，林文慶艱苦撐持，僕僕道途，頻往南洋募捐，直至日軍攻陷廈門，他才攜夫人重返新加坡。

日寇佔領新加坡後，強迫林文慶出任華僑協會會長，他緘口不言，借酒澆愁，不肯為敵作倀，終於保持了晚節。日本投降後，他決心退隱林下，優遊歲月。一九五七年元旦在新加坡遜山律寓所無病而終，享年八十八歲。

＊＊＊

(1)
(6) 川島《和魯迅相處的日子・和魯迅先生在廈門相處的日子裡》，四川人民出版社一九七九年九月版。
(2)《魯迅全集・熱風・隨感錄四十一》。
(3)《魯迅全集・兩地書・九三》。
(4)《魯迅全集・兩地書・五六》。
(5)《魯迅全集・兩地書・五〇》。
(7)《魯迅全集・華蓋集續編・海上通信》。
(8) 這是一封佚信，轉引自探祕：《魯迅君的作風》，原載一九二七年二月十七日香港《華僑日報》，收入鄭樹森、黃繼持等編《早期香港新文學資料選》第54頁，香港天地圖書有限公司一九九八年出版。

(9)《魯迅研究月刊》一九九二年第二期。

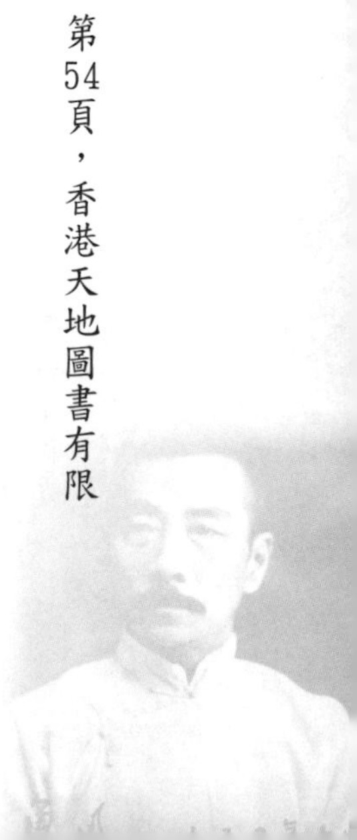

「留粵聽審」及「禹是一條蟲」

——魯迅與顧頡剛

顧頡剛（一八九三—一九八〇）原名顧誦坤，字銘堅。筆名無悔、桂蕫園、顧城吾等。江蘇蘇州人。著名歷史學家、古典文學研究家、民間文學研究家。歷任北京大學、廈門大學等近十所高校教授。早年收集民間歌謠，從事民俗學研究。曾參加歌謠研究會、新潮社、文學研究會，發表過多篇研究古典文學的論文。是「古史辨」學派的創建人。「層累地造成的中國古史」學說的創立者，這一學說打破了把古代視為「黃金時代」的觀念，曾在史學界引起激烈爭論。著有《古史辨》、《孟姜女故事研究集》、《漢代學術概論》、《中國三千年來民族發達史》等。

魯迅與顧頡剛的衝突，主要是圍繞著「古史辨」、「留粵聽審」與「出亡」廣州等三件事。「古史辨」，頗有個人意氣夾雜其中；「留粵聽審」，雖有是非糾紛，但最後也是不了了之；「出亡」問題，沒有證據可以證明是顧頡剛造的謠言。何滿子先生在《讀黃裳〈魯迅與顧頡剛〉》一文中認為，魯迅與顧頡剛之間，「基本上屬於私人恩怨，略涉及治學的路數……勒令魯迅『留粵聽審』一段公案，顧頡剛雖然做得有些失態，但此後也就寂然無聲了」。(1) 我以為，這一判斷是正確的。

一

先說說「古史辨」問題。顧頡剛早期與魯迅似乎有些來往。有資料說，顧頡剛一九二〇年在北京大學哲學系畢業後，留校任圖書編目員兼國學門助教，與魯迅不和。為什麼不和呢？語焉不詳。魯迅在一九二六年六月十五日的日記中記道：「下午顧頡剛寄贈《古史辨》第一冊一本。」這似乎可以說明他們之間的關係還可以。然而，魯迅對顧頡剛的大著並無好感，認為顧頡剛「將古史『辨』成沒有」。

顧頡剛在一九二三年討論古史的文章，認為「禹是一條蟲」。他在對禹做考證時，曾以《說文解字》訓「禹」為「蟲」做根據，提出禹是「蜥蜴之類」的「蟲」的推斷。(2)

「禹是一條蟲」，受盡了魯迅的奚落，《偽自由書．崇實》中，魯迅寫道：「禹是一條蟲，那時的話我們且不談罷……」《准風月談．我們怎樣教育兒童的？》寫道：「倘有人做一部歷史，將中國歷來教育兒童的方法，用書，做一個明確的記錄，給人明白我們的古人以至我們，是怎樣被薰陶下來的，則其功德，當不在禹（雖然他也許不過是一條蟲）下。」在《故事新編．理水》中，針對顧頡剛對「鯀」字和「禹」字的解釋（顧認為鯀是魚，禹是蜥蜴），

把顧頡剛稱為「鳥頭先生」——「鳥頭」是從「顧」字而來的。據《說文解字》，顧字從頁雇聲，雇是鳥名，頁本義是鳥頭。這裡，是利用小說進行人身攻擊了，鳥頭，讓人想起了《水滸》中的「鳥人」。

不過，《理水》雖然採用的是小說形式，但卻反映了魯迅對疑古派的系統看法。魯迅藉鄉下人的口說：「人裡面是有叫阿禹的。況且『禹』也不是蟲，這是我們鄉下人簡筆字，老爺們都寫作『禺』，是大猴子……」接著魯迅又用許多筆墨正面描寫了這個很有些墨家風度的偉大政治家的風貌。不管在他身上披過多少神話色彩，在遠古曾出現過這樣一位偉大人物是無疑的。不論人們叫他禹還是禺，這不要緊，反正不會是一條蟲。

關於「禹是一條蟲」之說，後來顧頡剛說禹蜥蜴說只是一種「假定」。又在《古史辨》（第二冊）自序中說，「最使我惆悵的，是許多人只記得我的『禹為動物，出於九鼎』的話……其實這個假設，我早已自己放棄。」近年，報刊上有人重提了禹是蟲的問題。金性堯為顧頡剛做過辯解。他在《為「禹是蟲」進一解》一文中說：「……這一推論，固然穿鑿附會，大膽有餘，小心不足，使人難以信服，但他還是立足於學術領域，大家盡可批評，卻不必挖苦諷刺。還有一點，顧先生並沒有直白地說『禹是一條蟲』，這是別人歸納而成的，雖然按照顧先生的考證，會使人得到這樣的話柄，但原來的學術上的嚴肅問題，卻被當作謔畫化的笑料了。」(3)但何滿子認為應該和當時時代結合起來看這個問題。他認為顧頡剛是胡適「少談論主義，多研究問題」，「進研究室」的忠實執行者。何滿子說：「他辨古史，主觀上可信其是誠心做學問，但以他和胡適的關係，即使不是公開回應胡適的不問現實政治的主張，也是這股風氣的助長者之一。」(4)

二

接著，談一談「留粵聽審」問題。魯迅在經歷了「女師大風潮」，與陳西瀅等現代評論派一場混鬥後，於一九二六年來到廈門。因為陳西瀅、徐志摩等，魯迅對諸如胡適這樣留學西洋的所謂「洋紳士」，以及顧頡剛之類熱衷於在研究室內搞考據的學院派，似乎都沒有了好感。

魯迅在廈門大學時，顧頡剛也在廈門大學任國學院教授兼國文系名譽講師，兩人矛盾加深。一九二六年九月三十日魯迅在致許廣平信中說：「此地所請的教授，我和兼士之外，還有朱山根（按指顧頡剛）。這人是陳源之流，我是早知道的……他已在開始排斥我，說我是『名士派』，可笑。」(5)一九二七年九月，魯迅在《答有恆先生》一文中，又提到了顧頡剛：「一個教授微笑道：又發名士脾氣了。」所謂「一個教授」，即顧頡剛。魯迅在《朝花夕拾》的《小

引》一文中有一句話：「後五篇卻在廈門大學的圖書館的樓上，已經是被學者們擠出集團之後了。」這裡的「學者們」，指的就是顧頡剛等人。

這些資料顯示，魯迅對顧頡剛的反感，原因之一，是因為顧頡剛「是陳源之流」，事實上，顧頡剛與胡適等「現代評論派」的人們，有著精神上的契合之處，他是屬於「學者們」的「集團」的。

魯迅到廣州不久，顧頡剛亦應聘為中山大學文科史學系主任，魯迅因而移居白雲樓。中大遂改派顧頡剛去杭州、上海等地搜購古書碑帖。魯迅與顧頡剛公開的衝突，是關於顧頡剛的「反對民黨」與顧頡剛要求魯迅「暫勿離粵，以俟開審」一事。

事情的過程是這樣的：

一九二七年五月十一日漢口《中央日報》副刊第四十八號發表編者孫伏園的《魯迅先生脫離廣東中大》一文，其中引用當時中山大學學生謝玉生和魯迅給編者的兩封信。謝玉生信中說：「迅師本月二十號，已將中大所任各職，完全辭卸矣。中大校務委員會及學生方面，現在正積極挽留，但迅師去志已堅，實無挽留之可能了。迅師此次辭職之原因，就是因顧頡剛忽然本月十八日由廈來中大擔任教授的原故。顧來迅師所以要去職者，即是表示與顧不合作的意思。原顧去歲在廈大造作謠言，誣衊迅師；迄廈門風潮發生之後，顧又背叛林語堂先生，甘為林文慶之謀臣，夥同張星烺、張頤、黃開宗等主張開除學生，至今流離失所，這是迅師極傷心的事。」魯迅信中說：「我真想不到，在廈門那麼反對民黨，使兼士憤憤的顧頡剛，竟到這裡做教授了，那麼，這裡的情形，難免要變成廈大，硬直者逐，改革者開除。而且據我看來，或者會比不上廈大，這是我所得的感覺。我已於上星期四辭去一切職務，脫離中大了。」

顧頡剛在日記中說：「廈大學生來，告曰『魯迅』在漢口民國日報上說我反對國民黨，此真奇談。」(6) 又說：「如我在武漢（武漢中山大學亦曾聘我），憑此一紙副刊，已足制我死命……血口噴人，至此而極。覽此大憤。」（顧氏日記，一九七三年七月十一日補記。時間已過去了五十年，再睹舊事，依然憤憤不平）當年，顧頡剛給魯迅寫了一封信：

魯迅先生：

頡剛不知以何事開罪於先生，使先生對於頡剛竟做如此強烈之攻擊，未即承教，良用耿耿。前日見漢口《中央日報副刊》上，先生及謝玉生先生通信，始悉先生等所以反對頡剛者，蓋欲伸黨國大義，而頡剛所做之罪惡直為天地所不容，無任惶駭。誠恐此中是非，非筆墨口舌所可明瞭，擬於九月中回粵後提起訴訟，聽候法律解決。如頡剛確有反革命之事實，雖受互刑，亦所甘心，否則先生等自當負發言之責任。務請先生及謝先生暫勿離粵，

以俟開審，不勝感盼。

敬請大安，謝先生處並候。

中華民國十六年七月廿四日

顧頡剛的信，先是「由中山大學轉奉」，但又「恐先生未能接到，特探得尊寓所在，另鈔一份奉覽」。可見，顧頡剛確實是很當回事的。

顧頡剛的信，魯迅是一九二七年七月三十一日收到的。至於「另鈔一份」，則是經魯迅八月五日向朱家驊函索，八日轉到。兩份都要，魯迅也頗認真對待。收到顧頡剛信的當天，魯迅就回信了。魯迅的信不僅有理，而且有趣。魯迅和顧頡剛，一個憤然，一個悠哉，一個嚴肅，一個幽默，煞是熱鬧。

頡剛先生：

來函謹悉，甚至於嚇得絕倒矣。先生在杭蓋已聞僕於八月中須離廣州之訊，於是頓生妙計，命以難題。如命，則僕尚須提空囊賃屋買米，作窮打算，恭候偏何來遲，提起訴訟。不如命，則先生可指我為畏罪而逃也；而況加以照例之一傳十，十傳百乎哉？但我意早決，八月中仍當行，九月已在滬。江浙俱屬黨國所治，法律當與粵不異，且先生尚未啟行，無須特別函挽聽審，良不如請即就近在浙起訴，爾時僕必到杭，以負應負之責。倘其典書賣褲，居此生活費綦昂之廣州，以俟月餘後或將提起之訴訟，天下哪易有如此十足笨伯哉！《中央日報副刊》未見；謝君處恕不代達，此種小傀儡，可不做則不做而已，無他祕計也。此覆，順請

著安

魯迅

魯迅這封信，在收進一九三〇年版的《三閒集》之前，並未在報刊上發表過。魯迅在寫這封信的當天，給章廷謙寫了一封信，信中說：「鼻在杭蓋已探得我八月中當離粵，今日得其來信，閱之不禁失笑，即作一覆，給他小開玩笑。」因為是「開玩笑」，所以信不公開發表？也許是吧！

顧頡剛不能忍受「反對民黨」的罪名，憤然道：「如頡剛確有反革命之事實，雖受死刑，亦所甘心，否則先生等自當負發言之責任。」並要魯迅「暫勿離粵，以俟開審」。而魯迅卻回信說，先生在杭得知我要離廣州，生此妙計，讓我在生活費昂貴的廣州，「提空囊賃屋買米」，俟月餘後你來訴訟，天下豈有這麼笨的人？若不如命，又可指責我「畏罪而逃」，這是給我出難題，顧先生大可不必玩這種小把戲。

顧頡剛是考據專家，生性認真。魯迅卻也自知有點言重，想用調侃的方式化解。不過，在一九二七年八月八日致章廷謙的信中，魯迅的態度卻更加生硬，他對顧頡剛近乎蔑視了。魯迅說：「鼻（即顧頡剛）信已由前函奉告，是要我在粵恭候，何嘗由我定。我想該鼻未嘗發癲，乃是放刁，如潑婦裝作上吊之類；倘有些癲，則必是中大的事有些不順手也……大約即使得罪於鼻，尚當不至於成為彌天重犯，所以我也不豫備對付他，靜靜地看其發瘋，較為有趣。他用這樣的方法嚇我是枉然的；他不知道我當作《阿Q正傳》到阿Q被捉時，做不下去了，曾想裝作酒醉去打巡警，得一點牢監裡的經驗。」魯迅認為顧頡剛是「發瘋」，想必「得罪於鼻」，也不「至於成為彌天大罪」，所以決計不予理睬，「靜靜地看其發瘋」。

不過，打官司的事，在顧頡剛方面，卻被勸阻了。一九二七年八月十二日的顧頡剛日記道：「見傅斯年，被『勸予不必與魯迅涉訟，因其已失敗也。』後王伯祥等亦勸止此事。」魯迅何以「已失敗」呢？我想，傅斯年無非是想以寬心話讓顧頡剛感到精神上的勝利，息事寧人，不了了之。

事雖息了，彼此的怨恨卻仍然留在心中。顧頡剛方面，我以上所引一九七三年七月十一日的日記補注，便是證明。魯迅也沒有改變自己的看法。一九二七年六月三十日，魯迅在致台靜農的信中說：「京中傳說，顧頡剛在廣大也辭職，是為保持北大的地位的手段。顧頡剛們的言行如果能使我相信，我對於中國的前途還要覺得光明些。」兩年後，一九二九年七月，魯迅在另一封信中提到：「我在北京孔德學校，鼻忽推門而入，前卻者屢，終於退出，似已無吃官司之意。」兩位都很倔，盛氣相向。倘若他們能勉強打一個招呼，或者幽他一默，情況又將怎樣呢？這讓我想起了錢玄同。錢玄同說：「你現在又用三個字的名片了？」魯迅答：「我從來不用四個字的名片。」平平常常一句話，本來可以坐下來談一談了，卻又鬧翻了，有點像小孩，可惱，卻也有幾分可愛。

一九三四年七月六日魯迅致鄭振鐸信中再次提到了顧頡剛：

> 三根（即顧頡剛）是必顯神通的，但至今始顯，已算緩慢。此公遍身謀略，凡與接觸者，定必麻煩，倘與周旋，本亦不足懼，然別人那有如許閒工夫。嘴亦本來不吃，其吶吶者，即因雖談話時，亦在運用陰謀之故。在廈大時，即逢迎校長以驅除異己，異己既盡，而此公亦為校長所鄙，遂至廣州，我連忙逃走，不知其何以又不安於粵也。現在所發之狗性，蓋與在廈大時相同。最好是不與相涉，否則鉤心鬥角之事，層出不窮，真使人不勝其擾。其實，他是有破壞而無建設的，只要看他的《古史辨》，已將古史「辨」成沒有，自己也不再有路可走，只好又用老手段了。

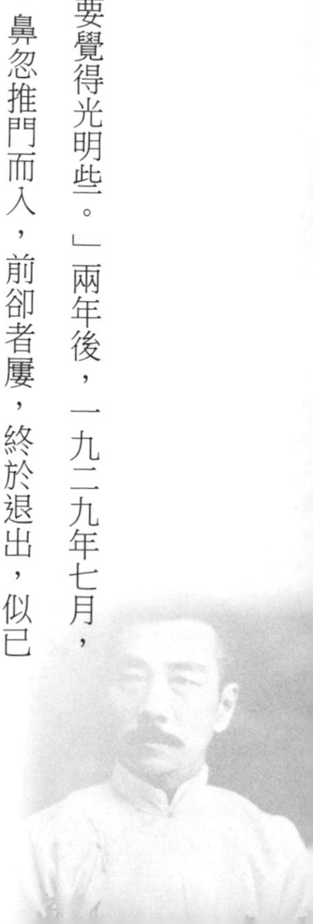

當時顧頡剛又發什麼「狗性」，「蓋與在廈大時相同」呢？我不得而知。距廈門、廣州時期，已過七年，魯迅對顧頡剛憤恨尚不能平，顧頡剛口吃，說話時呈吶吶狀，在魯迅看來是「亦在運用陰謀之故」，考據出「禹是一條蟲」的大學者顧頡剛又怎麼成了陰謀家呢？我也不得而知。

三

說罷「留粵聽審」，要補充一段魯迅「出亡」廣州的問題。

魯迅為什麼要離開廣州呢？一是因為顧頡剛，一是因為當時廣州的局勢。顧頡剛是公開宣稱他只佩服胡適和陳源兩人的。在廈門大學的時候，魯迅就對他很反感，不願意與他共事。許壽裳回憶說：「有一天，傅孟真（其時為文學院院長）來談，說及顧某可來任教，魯迅聽了勃然大怒，說道：『他來，我就走。』態度異常堅決。」(7) 一九二七年四月二十八日顧頡剛致胡適信中也說及這事：「孟真見招，因擬到粵。魯迅在粵任中大教務主任，宣言謂顧某若來，周某即去……孟真告魯迅後，魯迅立時辭職。」(8) 魯迅在一九二七年四月二十日致李霽野的信，一九二七年五月三十日致章廷謙的信中，也認為自己「與鼻不兩立」，「鼻來我走」，「辭去一切職務，離開中大」。魯迅之討厭顧頡剛，已經到了「不共戴天」的地步。

事有湊巧，當時廣州發生「四．一五」政變，中山大學已有許多學生被捕了。據許廣平回憶，魯迅在一次校務會議上「主張營救學生」，「那時朱家驊吐出嗜殺者的兇焰，說中大是『黨校』，在『黨校』的教職員應當服從『黨』，不能有二志。這幾句話把在場的人弄得啞口無言。魯迅在這場合，看著不能扭轉局勢，即表示辭職，以表明抗議這種橫蠻無理態度」。(9)

那麼，魯迅究竟是因為來了顧頡剛還是為了「四．一五」而離開廣州呢？我以為，兩個因素都有，還要加上一條，他已經和許廣平約定，要到上海去安家了。

只是，因為營救學生不成而辭職，這一條理由魯迅本身是不能承認的，倘若承認了，不說是反對當局，也難免為自己招來麻煩。而一些謠言的製造者們，則認定魯迅是由於「政治」而「出亡」的。一九二七年五月三十日致章廷謙的信中，魯迅說：「有人疑我之滾，和政治有關……然而顧傅為攻擊我起見，當有說我關於政治而走之宣傳，聞香港《工商報》，即曾說我因『親共』而逃避云云，兄所聞之流言，或亦此類也歟。然而『管他媽的』可也。」「顧傅」即指顧頡剛、傅斯年。另外，在一九二七年六月十二日致章廷謙的信中，魯迅再次談及「出亡」的事：「『出亡』的流言，我想是故意造的……或者倒是鼻一流人物。」前一封信，魯迅的語氣較肯定一些，後一封信魯迅用了「或者」，語氣似乎不那麼肯定了，也許是「鼻」吧！

然而，究竟是不是顧頡剛造的謠言呢？至少我還沒有看到可以支持這一見解的切實的證據。

總之，魯迅不承認因為「政治」原因而「出亡」，這裡包含有鬥爭策略的考量；而在「四·一五」政變發生後，說魯迅因「親共」而「出亡」那是一種借刀殺人的陷害，用心是極其歹毒的。

抗戰中朱家驊曾發起向蔣介石獻九鼎，歌功頌德。後被蔣介石痛罵一頓，鼎也抬回去銷毀了。在九個鼎上刻了篆文填金的頌詞，過去不知道是誰作的。現在從《顧頡剛年譜》中所引一九四三年一月二十八日日記有「作《九鼎銘文》」一語，可知是出於顧頡剛的手筆。

建國後，顧頡剛的日子並不好過。《光明日報》一九五八年十二月就刊登過他的長篇檢討文章《從抗拒改造到接受改造》。他仍然是認真的。他用這種一絲不苟的精神繼續研究整理《尚書》，主持標點《二十四史》和《資治通鑑》。

＊＊＊

⑴《文匯讀書週報》一九九三年七月十日。

⑵《古史辨》第一冊第63頁。

⑶《文匯讀書週報》一九九三年九月十一日。

⑷《文匯讀書週報》一九九三年十月二日。

⑸《魯迅全集·兩地書·四十八》。

⑹《顧頡剛年譜》錄一九二七年六月二十八日日記。

⑺《亡友魯迅印象記·廣州同往》。

⑻《胡適來往書信選》上冊，中華書局一九七九年版。

⑼《回憶魯迅在廣州的時候》、《許廣平文集》第二卷，江蘇文藝出版社一九九八年一月版。

反抗無聊

——魯迅與馬寅初

馬寅初（一八八二—一九八二），浙江嵊縣人，著名的經濟學家、人口學家和教育家。早年留學美國，獲經濟學博士學位。一九一五年回國。先後在北京大學等多所高等院校任教。馬寅初和梅蘭芳一樣，與魯迅隔行，既無私交也無私怨。

我以為，要搞清楚魯迅的「罵」馬寅初，有必要介紹一下魯迅在廈門大學的一些經歷和感受，離開了這一特定的背景，魯迅的「罵」就成了不好理解的孤立現象了。

魯迅是一個偉人，但偉大的是心靈，他外在的一切都是平凡的。他的生活方式以及言談舉止，都沒有超出當時中國人的想像力。當年《廈聲日報》的記者是這樣描述魯迅的：「沒有一點架子，也沒有一點派頭，也沒有一點客氣，衣服也隨便，鋪蓋也隨便，說話也不裝腔作勢……」在我看來，這是符合魯迅的為人風格的。魯迅先生有著偉大的靈魂，有著對勞苦大眾深厚的愛心，正是由於此，先生有著一顆平常心。

這樣一個魯迅，來到了如他形容的「硬將一排洋房，擺在荒島的海邊」的廈門大學。當時學校的教員中，很多是留學外國的博士、學者。他們不是西裝革履，便是長袍馬褂，態度軒昂，衣冠楚楚，魯迅與他們是格格不入的。魯迅在致許廣平的信中說：「我以北京為污濁，乃至廈門，現在想來，可謂妄想，大溝不乾淨，小溝就乾淨嗎？」(1)

當時的廈大曾發生了一件「可笑可嘆的事」。學生指導長林玉霖在一次懇親會上，大發「學校像一個大家庭」的妙論。他肉麻地說：「『懇親』二字，是懇切親密的意思。我們的老校長好比家長父親，教員好比年長的大哥，同學好比年幼的弟妹，整個學校，就像一個大家庭……」他越講越得意，竟然恬不知恥地說：「首先是，我們大家要感謝林校長，給我們點心吃。其次是，我們教員吃得多好，住得多麼舒服，薪水又這麼多，應該大發良心，拼命做事，不要忘了父親般的林校長的恩……」我想，如此無聊低級的「高論」，魯迅聽了，一定如芒刺在背。這時，哲學系一個教授站起來慷慨陳詞，予以批駁。可是，居然還有人起來辯護：「在西洋，父親和朋友大體上不兩樣，倘說誰和誰是父子，也就是誰是誰的朋友。」話音剛落，立刻引起一陣哄笑。這是一場無聊的會，魯迅只好退場。後來，他諷刺說：「這人是西洋留學生，你看他到西洋一番，竟學得了這樣的大識見。」(2)

川島在《和魯迅先生在廈門相處的日子裡》(3)一文中說：

魯迅先生收在《故事新編》裡，於一九三五年十一月寫的一篇《理水》中說：文化山

上，聚集著許多學者，只聽得上下在講話：

「古貌林！好杜有圖！古魯幾哩……OK！」

那也就是當時廈大的面影之一。平常叫人，太太則必「馬丹」，先生是「海爾訥」。即使是一個口吃不會說話的人，見了人時，至少也得拉著手說一個「古貌林……貌林」。乍聽實在彆扭，這種空氣，就是廈門的海風，一時也吹不散的。

從以上資料看，廈大的空氣讓人窒息，讓人作嘔。廈大的某些學者教授們，他們西裝裡裹著的至少是無聊的靈魂。做為思想家的魯迅和做為平常人的魯迅，當然是不屑和「假洋鬼子」之類的人為伍的，魯迅說：「我是不與此輩共事的。」(4)

就是在這樣的背景下，一九二六年十月中旬，馬寅初做為當時的中國銀行總長來到了廈大，學校當局興高采烈，忙得不亦樂乎。所謂「北大同人」，又是列隊歡迎，又是大擺宴席。魯迅蔑視這種繞著名人要人和鈔票打轉的風氣。他在給許廣平的信中說：「所謂『北大同人』，正在發昏章第十一，排班歡迎。我固然是『北大同人』之一，也非不知銀行之可以發財，然而於『銅子換毛錢，毛錢換大洋』學說，實在沒有什麼趣味。所以都不加入，一切由它去吧！」(5)有的人不明底細，還要拉魯迅去陪馬寅初照相。魯迅說：「道不同不相為謀。」拒絕了。校長林文慶更不知趣，他宴請馬寅初時，又來邀魯迅作陪。魯迅在通知單上簽了一個「知」

字。林文慶非常高興，他以為魯迅這下給他面子了。可是，魯迅還是沒去。魯迅後來解釋說，我那個「知」字，是「不去可知矣」。

魯迅在《擬豫言》⑹中是這麼諷刺馬寅初的：「有博士講『經濟學精義』只用兩句，云：『銅板換角子，角子換大洋。』全世界敬服。」與致許廣平信的內容大致相同。

所謂「銅子換毛錢」之類，可能是指馬寅初曾在演說中談到的主幣、輔幣的換算問題。這無關緊要。林文慶之流為什麼對馬寅初這麼殷勤，表現得這麼無聊呢？當時，據說「學校資金缺乏，決定裁減國學院的經濟預算」，似乎無米下鍋之際，來了個雪中送炭之人。對此，我是這樣推測的：林文慶大約想在馬寅初這位財神爺身上撈一點油水，請他出點贊助費之類的吧！

馬寅初來了，「北大同人」為什麼就要列隊歡迎呢？如此，非「北大同人」又該做何感想呢？魯迅也是「北大同人」，當初先生到廈門時，也未必有人「列隊歡迎」吧！倘若馬寅初不是銀行總長，而是一個普通的「北大同人」，這些洋博士們又當如何呢？列隊之類的煞有介事，終於還是無聊。

魯迅的拒絕與馬寅初接觸，一方面是拒絕加入林文慶之流無聊者輩；一方面則是因為馬寅初當時是中國財經界的名流，並且由此參政，似乎是一個「紅人」，而魯迅向來不趨炎附勢，

且對聞達者有著一種幾乎是超越理性的排斥。所以，他對馬寅初不僅冷漠，而且熱諷。

因此，我要說，魯迅不參加「列隊歡迎」的兒戲，是為了逃避無聊；魯迅的「罵」馬寅初，與其說是「罵」，不如說是反抗無聊。

其實，馬寅初與魯迅的性格有某些相同之處，他們都耿直不阿，有硬骨頭精神。新中國成立前，馬寅初到處發表文章、演講，激烈抨擊國民黨專制統治；新中國成立後，他提出著名的「新人口論」，屢遭厄運，蒙不白之冤而死。魯迅、馬寅初今生無緣，若是有緣，在我看來，他們也許會成為好朋友的。

＊＊＊

⑴《魯迅全集．兩地書．六〇》。
⑵《魯迅全集．兩地書．七五》。
⑶《和魯迅相處的日子》，四川人民出版社一九七九年九月版。
⑷《魯迅全集．兩地書．四六》。
⑸《魯迅全集．兩地書．五八》。
⑹《魯迅全集．而已集》。

京海之爭、罵人與任性

——魯迅與沈從文

沈從文（一九〇二—一九八八）原名沈岳煥，筆名休芸芸、炯之、懋琳等。湖南鳳凰人。著名小說家、散文家、文物研究家。沈從文的小說題材廣泛，筆墨清淡，大多描寫青年男女的愛情故事，情節曲折，心理刻劃細緻，具有強烈的地方色彩。所做散文，也大多描繪湘西風土人情，文字素淡清麗，表現出一種純樸而寧靜的意境。有《沈從文集》、《沈從文別集》等多種文集行世。

一

一九三四年初的文壇，發生過一場「京派」和「海派」的論戰。論戰是由沈從文和蘇汶的文章引起的。

一九三三年十月十八日天津《大公報．文藝副刊》第八期發表沈從文《文學者的態度》(1)一文，批評一些文人對文學創作的缺乏「認真嚴肅」的態度，說這類人「在上海寄生於書店，報館，官辦的雜誌，在北京則寄生於大學、中學，以及種種教育機關中」；「或在北京教書，或在上海賦閒，教書的大約每月皆有三百元至五百元的固定收入，賦閒的則每禮拜必有三五次談話會之類列席」。蘇汶在一九三三年十二月上海《現代》月刊第四卷第二期發表《文人在上海》(2)一文，為上海文人進行辯解，對「不問一切情由而用『海派文人』這名詞把所有居留在上海的文人一筆抹殺」表示不滿，文中還提到：「彷彿記得魯迅先生說過，連個人的極偶然而且往往不由自主的姓名和籍貫，都似乎也可以構成罪狀而被人所譏笑、嘲諷。」

此後，沈從文又發表《論「海派」》(3)等文，繼續爭論。沈從文是十分不滿「海派」的，他給「海派」下了一個定義：「『名士才情』與『商業競賣』相結合。」他的《論「海派」》，可以說是討伐「海派」的檄文。他暢論海派文人的醜行說：「『投機取巧』、『見風轉舵』……這就是所謂海派。邀集若干新文人，冒充風雅，名士相聚一堂，吟詩論文，或遠談希臘羅馬，或近談文士女人，行為與扶乩猜詩謎者相差一間，從官方拿到了點錢，則吃吃喝喝，辦什麼文藝會，招納子弟，哄騙讀者，思想淺薄可笑，伎倆下流難言，也就是所謂海派。感情主義的左傾，勇如獅子，一看情形不對時，即刻自首投降，且指認栽害友人，邀功牟利，也就是所謂海派。因渴慕出名，在作品以外去利用種種方法招搖，或與小刊物互通聲氣，自作有利於己的消息，或每書一齣，各處請人批評，或偷掠他人作品，做為自己文章，或借用小報，去製造旁人謠言傳述撮取不實不信消息，凡此種種，也就是所謂海派。」文章最後說：「妨害新文學健康處，使文學本身軟弱無力，使社會上一般人對於文學失去它必須的認識，且常歪曲文學的意義，又使若干正擬從事於文學的青年，不知務實努力……便皆為這種海派的風氣作祟。」他希望「北方文學者」和「南北真正對於文學有所信仰的友人」，起來「掃除」這種「惡風氣」。可以看出，沈從文的所謂「海派」，更多地著眼於文學態度、文人習氣，是從文化品位方面而言的。

沈從文揭露的「海派」「惡風氣」種種，未始不是上海某些文人的劣跡。魯迅身處海上文壇，感受應該比他要更豐富、更切實。雖然沈從文為了「客觀」，同時指出，海派作家與海派風氣，不僅存在於上海，也存在於「北方」；上海的文人也並非全是海派，他還明確把蘇汶、茅盾、葉紹鈞、魯迅等同樣居留在上海的作家排除在外。但是，從總體上看，他是揚「京」而抑「海」，過多地籠統指摘「海派」，同時又一再讚揚北方文學者「誠樸」，說他們「名人皆知自重自愛，產生一種誠樸治學的風氣」。這就未免失之偏袒。

對於沈從文的文章，曹聚仁、徐懋庸等，或商榷，或批評，提出了許多不同的見解。魯迅曾在北京生活了十四年之久，至發表《「京派」與「海派」》時的一九三四年，他在上海也已生活了近七年。從一九二八年起，魯迅開始批評新文學中的「海派」習氣，如《文藝與革命》、《書籍與財色》、《張資平氏的「小說學」》、《幫忙文學與幫閒文學》、《登龍

術拾遺》、《幫閒法發隱》等。《上海文藝之一瞥》更是用大量篇幅論述了上海文藝由「鴛鴦蝴蝶派」向新海派的演變（「才子＋呆子」→「才子＋流氓」），對創造社作家，特別是葉靈鳳等，多有諷刺、否定，稱他們為善於投機、「突變」的「流氓」，在沈從文等人看來就是典型的「海派」。可以說，魯迅對「京派」和「海派」既有感性體驗，也有理性審視，比一般人有著更切實、更深刻的認識。一九三四年二月三日，魯迅在《申報．自由談》發表了《「京派」與「海派」》(4) 一文。魯迅首先肯定了居住在北京和上海的文人，一般說來是有不同特點的，「居處的文陋，卻也影響於作家的神情。」但是，魯迅沒有像沈從文那樣厚此薄彼，一邊倒。他形象地分析了「京派」和「海派」的特徵：

> 北京是明清的帝都，上海乃各國之租界，帝都多官，租界多商，所以文人之在京者近官，沒海者近商，近官者在使官得名，近商者在使商獲利，而自己也賴以糊口。要而言之，不過「京派」是官的幫閒，「海派」則是商的幫忙而已。

在這帶有一般性的特徵外，魯迅還堅持具體問題具體分析的原則，充份肯定了做為五四運動策源地的北京的歷史光榮。他說：「而北京學界，前此固亦有其光榮，這就是五四運動的策動。現在雖然還有歷史上的光輝，但當時的戰士，卻『功成，名遂，身退』者有之，『身穩』者有之，『身升』者更有之，好好的一場惡鬥，幾乎令人有『若要官，殺人放火受招安』之感。」魯迅藉唐朝崔顥的詩「昔人已乘黃鶴去，此地空餘黃鶴樓」，感嘆北平文壇今不如昔。魯迅認為，「但北平究竟還有古物，且有古書，且有古都的人民。在北平的學者文人們，又大抵有著講師或教授的本業，論理，研究或創作的環境，實在是比『海派』來得優越的……」那麼，有好的環境，是不是有相應的成就呢？魯迅「希望著能夠看見學術上，或文藝上的大著作」。

為什麼「京派」會看不起、奚落「海派」呢？魯迅認為：「但從官得食者其情狀隱，對外尚能傲然，從商得食者其情狀顯，到處難於掩飾，於是忘其所以者，遂據以有清濁之分。而官之鄙商，固亦中國舊習，就更使『海派』在『京派』的眼中跌落了。」靠官場經濟吃飯的，瞧不起靠商場經濟吃飯的，既分析了論戰的實質，又撕下了「京派」自命清高的假面。

「海派」把藝術當作謀私利的商品或其他工具，這是文化的淪落；「京派」把藝術完全看成藝術問題，脫離時代和社會，脫離人民大眾，同樣也是難成大氣的，最終也不免要淪落。魯迅對「京派」和「海派」均有批判，指出雙方並不光彩的特性，頗有各打五十大板的意味。此外，我們還可以這樣理解，魯迅對「京派」、「海派」問題的議論，是一種文化意義上的寬泛批評，即把二者做為「兩種文化類型」。

一年多以後，魯迅根據文壇情況的某些變化，又寫了《「京派」和「海派」》(5)一文。魯迅指出，一九三四年的京海之爭，到了一九三五年，已經演成了京海合流的局面。為什麼京海兩派會合流呢？魯迅說：「因為幫閒幫忙，近來都有些『不景氣』，所以只好兩界合辦……重新開張，算是新公司，想借此來新一下主顧們的耳目吧！」揭示了幫忙幫閒們為了自身的利益，也會合作，官商一家，變換花樣，進行掙扎。然而，讀者厭棄了，他們的好景，也不常的。

二

沈從文曾以「炯之」的筆名在一九三五年八月十八日的天津《大公報》上發表《談談上海的刊物》(6)一文，他抨擊了某些刊物的「罵人」現象：

說到這種爭鬥，使我們記起《太白》，《文學》，《論語》，《人間世》幾年來的爭鬥成績。這成績就是凡罵人的與被罵的一古腦兒變成丑角，等於木偶戲的互相揪打或以頭互碰，除了讀者養成一種「看熱鬧」的情趣以外，別無所有。把讀者養成喜歡看「戲」不喜歡看「書」的習氣，「文壇消息」的多少，成為刊物銷路多少的主要原因。爭鬥的延長，無結果的延長，實在可說是中國讀者的大不幸。我們是不是還有什麼方法可以使這種「私罵」佔篇幅少一些？一個時代的代表作，結起帳來若只是這些精巧的對罵，這文壇，未免太可憐了。

這裡，沈從文否認了對罵雙方有是非之分，一律成了「丑角」；認為文壇爭鬥是「私罵」，並為這樣的文壇「可憐」。就像有的人沒有區別戰爭有正義戰爭和非正義戰爭一樣，沈從文沒有看到文壇對罵有正確與錯誤之分。

不久，魯迅寫了《七論「文人相輕」——兩傷》(7)一文，予以駁斥。魯迅認為，文壇相罵有「是非曲直」之分，讀者也並不「混沌」，是有其「自己的判斷的」。相罵雙方，也未必都成為「丑角」——「所以昔者古典主義和羅曼主義者相罵，甚而至於相打，他們並不都成為丑角；左拉遭了劇烈的文字和圖畫的嘲罵，終於不成為丑角；連生前身敗名裂的王爾德，現在也不算丑角。」魯迅還說：「春天的論客以『文人相輕』混淆黑白，秋天的論客以『凡罵人的與被罵的一古腦兒變成丑角』抹殺是非。冷冰冰陰森森的平安的古塚中，怎麼會有生人氣？」至於「私罵」，魯迅則認為：「在『私』之中，有的較近於『公』，在『罵』之中，有的較合於『理』的，居然來加評論的人，就該放棄了『看熱鬧的情趣』，加以分析，明白的說出你究以為哪一面較『是』，哪一面較『非』來。」關於文壇的可憐，魯迅認為「這不只是文壇可憐，也是時代可憐……凡有可憐的作品，正是代表了可憐的時代。」

也許，有人要說，沈從文的文章，未必是針對魯迅的。針對誰，這不是最重要的。因為

文章中沒有點到魯迅，所以我們也確實不好說就是針對魯迅。然而，有一點是明確的，沈從文表現了這樣一種態度：他討厭，至少是不喜歡文壇的爭論，而不論戰論的是非曲直。

沈從文在《魯迅的戰鬥》(8)一文中，則明確表示了對魯迅的戰鬥的不滿，他說魯迅「對統治者的不妥協態度，對紳士的潑辣態度，以及對社會的冷而無情的譏嘲態度，處處莫不顯示這個人的大膽無畏精神。雖然這大無畏精神，若能詳細加以解剖，那發動正似乎也仍然只是中國人的『任性』；而屬於『名士』一流的任性，病的頹廢的任性，可尊敬處並不比可嘲弄處為多」。這裡，沈從文又是籠而統之地把魯迅的戰鬥貶為「任性」，而且是病的頹廢的任性。這足以證明，他對「罵人」的不滿，自然也包括了對魯迅的不滿。從本書所介紹、所論述的魯迅「罵人」的具體情況看，我的結論是顯而易見的，顯然，沈從文的見解是錯誤的。

三

在魯迅與沈從文的關係中，有一場關於丁玲的誤會。一九二五年四月三十日，魯迅收到丁玲來函，訴說一個現代女性謀生之不易，請求魯迅替她設法找一個吃飯的地方，哪怕是當報館或書店的印刷工都可以。魯迅原以為是沈從文用化名跟他開玩笑，故未作覆。

七月二十日，魯迅在致錢玄同的信中提到此事，他說：「且夫『孥孥阿文』（按：指沈從文。他在詩作《鄉間的夏》中有『耶嚛耶嚛』——孥孥唉』這樣的句子），確尚無偷文如歐陽公之惡德，而文章亦較為能做做者也。然而敝座之所以惡之者，因其用一女人之名，以細如蚊蟲之字，寫信給我，被我察出為阿文手筆，則又有一人扮作該女之弟來訪，以證明實有其㚢（按此為魯迅戲造的字，強調其為女性）。然則亦大有數人『狼狽而為其奸』之概矣。總之此輩之於著作，大抵意在胡亂鬧鬧，無誠實之意……」魯迅「惡之」，蓋因誤以為沈從文用了「丁玲」這個名字，來作弄魯迅。

其實，這回魯迅過於多疑，實是誤會了。此信真是丁玲所寫！半個月後，荊有麟介紹了丁玲的情況，解除了魯迅的誤會。魯迅聽說丁玲已回到湖南老家，很抱歉地說：「她趕著回湖南老家，那一定是在北京活不下去了。青年人大半是不願回老家的。她竟回老家，可見是抱著痛苦回去的。她那封信，我沒有回她，倒覺得不舒服。」一九三三年五月十四日，丁玲在上海被捕，六月間盛傳她在南京遇害，魯迅有《悼丁君》一詩留世：「如磐夜氣壓重樓，剪柳春風導九秋。瑤瑟凝塵清怨絕，可憐無女耀高丘。」

魯迅對沈從文沒有好感由來已久。一九二五年七月十二日，在致錢玄同的信中，他就說：「這一期《國語週刊》上的沈從文，就是休芸芸，他現在用了各種名字，玩各種玩意兒。」雖然用了各種名字，並不是什麼過錯，魯迅用的筆名不比沈從文少，但語氣中可見魯迅對沈

從文是不屑和不滿的。

一九三〇年三月魯迅在《「硬譯」與「文學的階級性」》一文中，在談到他的譯作，「本不在博讀者的『爽快』」時，說讀了會「落個爽快」的東西，「自有新月社的人們的譯著在：徐志摩先生的詩，沈從文、凌叔華先生的小說……」這裡，魯迅是把沈從文和新月社捆到一起了。是否可以這樣說，因為對新月社的反感，也多少對是新月社一員的沈從文有了某種程度的看法？

儘管如此，沈從文對魯迅還是十分敬重的。他認為，魯迅有三個方面特別值得記憶和敬視：一、於古文學的爬梳整理工作，不做章句之儒，能把握大處。二、於否定現實社會工作，一枝筆鋒利如刀，用在雜文方面，能直中民族中虛偽、自大、空疏、墮落、依賴、因循種種弱點的要害。強烈憎惡中復一貫有深刻悲憫浸潤流注。三、於鄉土文學的發軔，做為領導者，使新作家群的筆從教條觀念拘束中脫出，貼近土地，挹取滋養，新文學的發展進入一新的領域，而描寫土地人民成為近二十年文學主張(9)。

＊＊＊

(1)(2)(3)(6)《恩怨錄·魯迅與他的論敵文選》有選載，今日中國出版社一九九六年十一月版。

(4)《魯迅全集・花邊文學》。

(5)(7)《魯迅全集・且介亭雜文二集》。

(8)沈從文：《沫沫集》，上海書店一九八七年影印本。

(9)《沈從文談魯迅》，《魯迅研究月刊》一九九三年第三期。

摘句、靜穆及顧及全篇與全人

——魯迅與朱光潛

朱光潛（一八九七－一九八六）筆名孟實、孟石。安徽桐城人。北京大學教授。文藝理論家、美學家、翻譯家。一九一八－一九二二年在香港大學文學院學習教育學、文學和英語，畢業後在上海中國公學中學部、浙江上虞春暉中學、上海立達學園等校教英語，並參與創辦開明書店和創辦《一般》（後改名《中學生》）雜誌。一九二五年赴歐洲留學，曾在英國愛丁堡大學、倫敦大學學習英國文學、心理學、哲學和藝術史，在法國巴黎大學、斯特拉斯堡大學學習法國文學，並以論文《悲劇心理學》獲文學博士學位。一九三三年回國，任北京大學西語系教授，講授西方文學史和文藝心理學等。曾任《文學雜誌》主編。新中國成立後歷任北京大學教授，全國政協第六屆常務委員，中國作協顧問，中國社會科學院學部委員，全國美學會會長、名譽會長，外國文學學會委員、顧問等職。長期從事美學研究和文學研究。一九三六年出版的《文藝心理學》是我國現代第一部較系統的美學專著，提出了「美是形象的直覺」說，認為自然中無美，美是主觀直覺和移情的產物，而形象的直覺所創造的美就是藝術；認為美感是人排除意志、慾念以後對物的形象的孤立絕緣的觀照，須與對象保持距離，才能達到物我兩忘。這些觀點在二十世紀五〇年代曾引起美學界的廣泛討論。後提出「美是主客觀統一」的觀點，認為美是意識型態性的。一九六三－一九六四年出版的《西方美學史》是我國第一部較全面系統地闡述西方美學思想發展史的著作。著作有《悲劇心理學》、《變態心理學》、《朱光潛美學文集》等。

朱光潛推崇過魯迅，一九二六年十一月他在上海開明書店出版的《一般》月刊第一卷第三號上，以「明石」為筆名發表《雨天的書》一文，其中說：「想做好白話文，讀若干上品的文言文或且十分必要。現在白話文作者當推胡適之、吳稚暉、周作人、魯迅諸先生，而這幾位先生的白話文都有得力於古文的處所（他們自己也許不承認）。」果然不出所料，魯迅是「不承認」的。他在《寫在《墳》後面》(1)一文中說：「新近看見一種上海出版的期刊，也說起要做好白話須讀好古文，而舉例為證的人名中，其一卻是我。這實在使我打了一個寒噤。別人我不論，若是自己，則曾經看過許多舊書，是的確的，為了教書，至今也還在看。因此耳濡目染，影響到所做的白話上，常不免流露出它的字句、體格來。但自己卻正苦於背了這些古老的鬼魂，擺脫不開，時常感到一種使人氣悶的沉重。就是思想上，也何嘗不中些莊周韓非的毒，時而很隨便，時而很峻急。孔孟的書我讀得最早、最熟，然而倒似乎和我不

相干。大半也因為懶惰吧，往往自己寬解，以為一切事物，在轉變中，是總有多少中間物的。」朱光潛是從做好文章的角度來談讀古書的，所以推崇魯迅他們；魯迅談的是古書對他思想上的消極影響。這是兩碼事。有人在評論朱光潛與魯迅的這一小小「過節」時說，魯迅太過矯情，如果魯迅不是像朱光潛說的那樣因為讀了古書，所以文章寫得好，怎麼會有《漢文學史綱要》和《中國小說史略》這樣的著作遺世？這是把兩個問題攪在一起了。魯迅這段話不僅沒有什麼「矯情」，而是非常中肯。我們知道，魯迅痛恨傳統文化的「吃人」，並把自己靈魂深處的「毒氣」與「鬼氣」歸結於傳統文化潛移默化的影響。

魯迅的「罵」朱光潛，客觀上只侷限對摘句以及對某些詩句的看法與理解，見仁見智，本來是沒有什麼大不了的事的。

一九三五年十二月《中學生》雜誌第六十號發表了朱光潛《說「曲終人不見，江上數峰青」》的文章，朱推這兩句為詩美的極致：

> 我愛這兩句詩，多少是因為它對於我啟示了一種哲學的意蘊。「曲終人不見」所表現的是消逝，「江上數峰青」所表現的是永恆。可愛的樂聲和奏樂者雖然消逝了，而青山卻巍然如舊，永遠可以讓我們把心情寄託在它上面。人到底是怕淒涼的，要求伴侶的。曲終了，人去了，我們一霎時以前所遊目騁懷的世界猛然間好像從腳底倒塌去了。這是人生最

難堪的一件事，但是一轉眼間我們看到江上青峰，好像又找到另一個可親的伴侶，另一個可託足的世界，而且它永遠是在那裡的。「山窮水盡疑無路，柳暗花明又一村」，此種風味似之。不僅如此，人和曲果真消逝了嗎？這一曲纏綿悱惻的音樂沒有驚動山靈？它沒有傳出江上青峰的嫵媚和嚴肅？它沒有深深地印在這嫵媚和嚴肅裡面？反正青山和湘靈的瑟聲已發生這麼一回的因緣，青山永在，瑟聲和鼓瑟的人也就永在了。

對此，魯迅首先談了「摘句」問題，他在《「題未定」草（七）》(2)一文中說：

……最能引讀者入於迷途的，是「摘句」。它往往是衣裳上撕下來的一塊繡花，經摘取者一吹噓或附會，說是怎樣超然物外，與塵濁無干，讀者沒有見過全體，便也被他弄得迷離惝恍……看見了朱光潛先生的《說「曲終人不見，江上數峰青」》的文章，推這兩句為詩美的極致，我覺得也未免有以割裂為美的小疵。

魯迅是反對「摘句」的，認為「摘句」只見樹木，不見森林。這一點，與魯迅對「選本」的態度是一致的，魯迅認為「選本所顯示的，往往並非作者的特色，倒是選者的眼光」。(3)不過，道理是一樣的，選本有毛病，但選本源遠流長；摘句有毛病，但還是要摘下去。名句、名言鑑賞之類的書不斷在出，就是證明。況且，文學史上就有這麼一類詩人作品，即「有句

無篇」。有的詩，從整首看，似乎不怎麼樣，但有一兩句名句，這一兩句名句有的甚至成了千古絕唱。即使是很好的一首詩，從中特別抽出一兩句欣賞，也不是不可以的。比如，我們抽出魯迅的「橫眉冷對千夫指，俯首甘為孺子牛」，也可以做一篇洋洋灑灑的文章的。總之，摘句雖有如魯迅所說的「割裂為美」的「小疵」，然摘句仍然是無可非議的。關於「摘句」問題，朱光潛也沒有認同魯迅的觀點。一九四一年，金紹先拜訪朱光潛時，朱光潛曾談及魯迅對他的批評。朱光潛說：「一首好的詩，不可能也不應該句句都好，它應該是一首有起伏有迴旋有高潮的樂曲。戲劇、繪畫也無不如此。」他又說：「古詩往往以名句的形式流傳於眾口，這並不等於割裂了詩的全篇，恰恰是在全篇的烘托下，才產生出名句，恰如一座金字塔，在尖頂之下是巨大底座，它是渾然一體的，但我們終不因它是渾然一體就不去區別其尖頂和底座，無論如何，金字塔的尖頂總會吸引大多數人的更多注意的。」(4) 是的，「野火燒不盡，春風吹又生」，「青山遮不住，畢竟東流去」等等的「摘句」，事實上是比它們的原詩「吸引大多數人的更多注意的」。

接下來，魯迅在談了有的人愛讀《江賦》和《海賦》，有的人欣賞《小園》和《枯樹》後說：「……對於人生，既憚擾攘，又怕離去，懶於求生，又不樂死，實有太板，寂絕又太空，疲倦得要休息，而休息又太淒涼，所以又必須有一種撫慰。於是『曲終人不見』之外，如『只在此山中，雲深不知處』或『笙歌歸院落，燈火下樓臺』之類，就往往為人所稱道。」(5)我以為，這未免與朱光潛的文章相去太遠。這裡，魯迅採用了他一貫的「戰法」，稍帶一槍，生發開去。倘若我們撇開朱光潛，單就以上這段話看，應該說是魯迅對某種人生的深刻洞察，出語不俗，駭人聽聞。所以朱光潛在與金紹先談話時也說：「魯迅文章中的一些措詞用語表明，他本人並沒有把他的意見僅僅侷限於文學批評的範圍。」

批評了「摘句」，魯迅接著批評了朱光潛的「靜穆」說。魯迅也引了一大段朱光潛的原話：

> 藝術的最高境界都不在熱烈。就詩人之所以為人而論，他所感到的歡喜和愁苦也許比常人所感到的更加熱烈。就詩人之所以為詩人而論，熱烈的歡喜或熱烈的愁苦經過詩表現出來以後，都好比黃酒經過長久年代的儲藏，失去它的辣性，只剩一味醇樸。我在別的文章裡曾經說過這一段話：「懂得這個道理，我們可以明白古希臘人何以把和平靜穆看作詩的極境，把詩神亞波羅擺在蔚藍的山巔，俯瞰眾生擾攘，而眉宇間卻常如作甜蜜夢，不露一絲被擾動的神色？」這裡所謂「靜穆」自然只是一種最高理想，不是在一般詩裡所能找得到的。古希臘──尤其是古希臘的造形藝術──常使我們覺到這種「靜穆」的風味。「靜穆」是一種豁然大悟，得到歸依的心情。它好比低眉默想的觀音大士，超一切憂喜，同時你也可說它泯化一切憂喜。這種境界在中國詩裡不多見。屈原阮籍李白杜甫都不免有些像

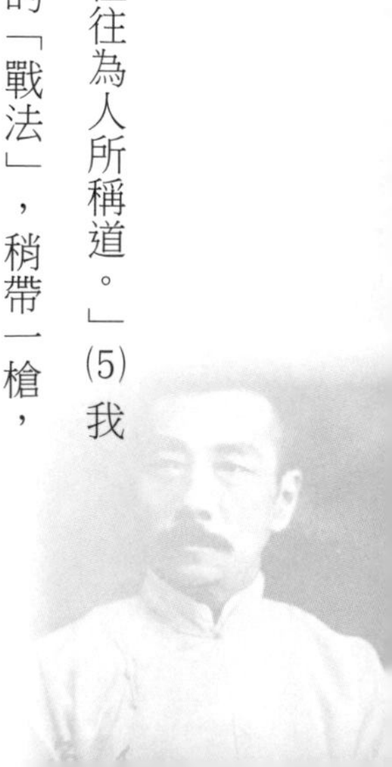

金剛怒目，憤憤不平的樣子。陶潛渾身是「靜穆」，所以他偉大。

在朱光潛眼裡，藝術的最高境界不在熱烈，而在靜穆，靜穆才偉大。怎樣才叫靜穆呢？據說是一種豁然大悟，得到歸依的心情。超越一切憂喜，泯化一切憂喜。如此看來，最為靜穆之處是佛地，最為靜穆之人是僧人，最偉大的藝術當產生於佛門弟子了。吳承恩寫了《西遊記》——只可惜，作者雖然禮佛，孫行者卻不靜穆，也稱不上偉大，遺憾！

藝術的境界是多種多樣的。王國維的《人間詞話》在論及詩詞的「境界」時寫道：「境界有大小，不以是而分優劣。『細雨魚兒出，微風燕子斜』，何遽不若『落日照大旗，馬鳴風蕭蕭』……」論「細雨魚兒出」，不能以「落日照大旗」的境界為標準，反之，也成立。同樣的，熱烈與靜穆也同此理。蘿蔔白菜，各有所愛。朱光潛推崇靜穆儘管推崇好了，但卻不宜說「藝術的最高境界都不在熱烈」，並列舉了熱烈的屈原、李白等等。以我看來，靜穆的境界有高低之別，熱烈的境界也有高低之別，而不應該認為靜穆是高境界，熱烈是低境界。以熱烈而言，有郭沫若奔放的高境界，亦有賀敬之虛妄的低境界。倘若從我的偏愛出發，詩的藝術源於激情，源於熱烈，沒有激情，沒有憂喜，沒有愛憎，安有詩？安有境界？

所以，對於「最高境界」之類，魯迅說：「凡論文藝，虛懸了一個『極境』，是要陷入『絕境』的。」(6)

魯迅還批駁了朱光潛關於古希臘人「靜穆」的看法：

> ……以現存的希臘詩歌而論，荷馬的史詩，是雄大而活潑的，沙孚（按：通譯薩福）的戀歌，是明白而熱烈的，都不靜穆。我想，立「靜穆」為詩的極境，而此境不見於詩，也許和立蛋形為人體的最高形式，而此形終不見於人一樣。至於亞波羅之在山巔，那可因為他是「神」的緣故，無論古今，凡神像，總是放在較高之處的。這像，我曾見過照相，睜著眼睛，神清氣爽，並不像「常如作甜蜜夢」。不過看見實物，是否「使我們覺到這種『靜穆』的風味」，在我可就很難斷定了，但是，倘使真的覺得，我以為也許有些因為他「古」的緣故。

接著，魯迅談了他對「論文」的看法：「我總以為倘要論文，最好是顧及全篇，並且顧及作者的全人，以及他所處的社會狀態，這才較為確鑿。要不然，是很容易近乎說夢的。」魯迅認為，「自己放出眼光看過較多的作品，就知道歷來的偉大的作者，是沒有一個『渾身是「靜穆」』的。陶潛正因為並非『渾身是「靜穆」』，所以他偉大』，現在之所以往往被尊為『靜穆』，是因為他被選文家和摘句家所縮小，凌遲了。」

據金紹先言，「朱先生有一點是做了自我批評的」，那就是陶潛「渾身都是『靜穆』」

的說法。朱光潛說：「陶淵明《讀山海經》、《詠荊軻》等詩，的確也有『金剛怒目』之態，我說他渾身都是『靜穆』是不準確的，但魯迅說陶潛之偉大正在於他的『金剛怒目』，我想這恐怕又是出於一種特殊的利害判斷了。『采菊東籬下，悠然見南山』固然是摘句，但這兩句的精神卻貫穿於陶潛的大多數詩，而『刑天舞干戚，猛志固常在』卻只能是陶詩罕見的一種變奏。我說他『渾身是靜穆』，是指陶詩主流而言，我並沒有想到招致魯迅先生的批評，所以沒有很講究用語的分寸。但是我認為文學藝術是一種審美創造活動，它的創造者應當以一種超越一切憂喜的純粹審美的態度來觀照社會人生，而不應直接捲入社會人生中的紛繁矛盾衝突之中。」

這裡，朱光潛也擺出了紳士態度，做了一番自我批評，然而，他畢竟是個美學家，愛惜羽毛，說到後頭，又把「渾身是靜穆」的自我批評給否認了，只不過用了更圓滑更周全的語言罷了，認為「主流」是「靜穆」。所謂「渾身」，就已經包括了頭上的頭髮和腳上的指甲了，又怎麼有主流和次流之分呢？由此，我又看到了文人是怎樣死要面子的。

魯迅文中，並沒有說陶潛之偉大正在於他的「金剛怒目」，魯迅只是說，陶潛正因為並非「渾身是『靜穆』」，所以他偉大。這句話的含意應該是陶潛既有靜穆的，也有非靜穆的，所以他偉大。朱光潛故意曲解，我不知道是否「出於一種特殊的利害判斷」了。

魯迅文中，是就文說文，並沒有談到朱光潛文章之外的「社會人生之中的紛繁矛盾衝突」，朱光潛倒是主動引導讀者去思考文章之外的「矛盾衝突」，他是有弦外之音的，似乎魯迅的批評是有不可告人的背景。朱光潛也承認，這是他「以往所受的一次最尖銳的公開批評」。然而，他還是忍住了，「魯迅先生的為人為文我很瞭解，為避免陷入一場真正的筆戰，因此我決定沉默」。魯迅的「為人為文」怎麼樣呢？他不說，他在表現了自己的紳士風度的同時，似乎在暗示讀者，他不願意與「荒原上的一條狼」去惡鬥。他不罵人，卻以自我表現的形式，卻以陰冷的方式詆毀了魯迅的人格。

朱光潛的沉默是無力的，沉默在這裡絕不是金。無理，卻又無力正視無理，卻要去表現公允，表現超脫，中國的讀書人就是這樣虛弱！

以上文字作於一九九五年前後，從當時可見的史料看，朱光潛對魯迅的批評如他所說，是持「沉默」態度的。這回修訂此書，我又重新研究了若干資料，高恆文先生發表在《魯迅研究月刊》一九九六年第十一期上的文章《魯迅對朱光潛「靜穆」說批評的意義及反響》一文，認為朱光潛對魯迅的批評是有反應的，只不過反應得比較含蓄。

我把高恆文的相關見解歸納如下，供讀者參考：

朱光潛於一九三七年四月四日發表在《大公報》上的《中國思想的危機》和一九三七年五

月發表在他主編《文學雜誌》創刊號上的發刊詞《我對本刊的希望》兩篇文章，曾引起左翼作家的批評，茅盾、張天翼、唐弢等人均在《中流》雜誌上發表署名文章。其中唐弢《美學家的兩面──文苑閒話之六》認為，和蘇雪林在魯迅去世後撰文咒罵魯迅一樣，朱光潛也開始罵魯迅，並且引證《中國思想的危機》的話：「不盲從任何派或所謂的『領袖』」；「現在中國有許多人沒有經過馬克思的辛苦研究，把他的學說張冠李戴地放在自己身上，說那就是他們自己的『思想』，把它加以刻板公式化，制為口號標準，以號召青年群眾」。唐弢顯然是把他所引用的朱光潛文章中的這段話，看成是影射魯迅。其實，朱光潛上述兩篇文章與其說是針對魯迅，倒不如說是針對左翼文學運動。茅盾的批評文章《新文學前途有危機嗎》正是這樣理解的，文章批評朱光潛對左翼文學觀的具體內容缺少瞭解。唐弢對《中國思想的危機》一文的理解，也許是由於朱文中「領袖」、「領導」之類的敏感字眼吧！因為一九三六年魯迅去世後，左翼文學界對魯迅的紀念和哀悼文章中，常常稱魯迅為青年的「導師」、中國思想界、文學界的精神「領袖」。

魯迅的批評文章發表以後，朱光潛並未發表直接反駁的文章，但這並不能說朱光潛默認和接受了魯迅的批評。《詩論》是朱光潛自己最滿意也是他最重要的理論著作，初版於一九四三年。本書是朱光潛美學思想的集中體現，其中第二章《詩與諧隱》和第三章《詩的境界──情趣與意象》，充份發揮了「靜穆」說的理論，並對陶潛的詩給予最高的評價。一九四八年三月，《詩論》出版增訂本，增收了三篇文章，其中之一就是《陶淵明》。這篇文章正如魯迅在批評他時所說的那樣，「顧及全篇，並且顧及作者的全人，以及他所處的社會狀態」，從三個方面展開論述陶潛的人生經歷和文學創作，三節的標題如下：

一，他的身世、交遊、閱讀和思想

二，他的情感生活

三，他的人格與風格

朱光潛一方面肯定陶詩中有「寄懷荊柯、張良等『遺烈』，所謂『刑天舞干戚』，雖無補於事，而『猛志固常在』」的一面，另一方面則更強調「淵明在情感生活上經過極端的苦悶，達到極端的和諧肅穆」，「他的為人和他的詩一樣，都很醇樸，卻都不很簡單，是一個大交響曲而不是一管一弦的清妙的聲響」。我們不難看出，這和《說「曲終人不見，江上數峰青」》的觀點是完全一致的。朱光潛雖然通篇未提魯迅的批評，彷彿是一篇純粹的學術論文，但我們不難體會，他似乎正是透過重申他對陶潛的理解來回答魯迅的批評的。值得注意的是，朱光潛在談到陶詩寄懷古代「遺烈」而「猛志固常在」時，說了這樣一句話：

淵明的心跡不過如此，我們不必妄為捕風捉影之談。

意思顯然是告誡我們不必過於看重陶潛《述酒》、《擬古》、《詠荊柯》等詩，誇大它們在陶詩中的意義。這也許是針對魯迅文章中「忘記了陶潛的《述酒》和《讀山海經》等詩，捏成他單是一個飄飄然」的一段話而說的。即使從文章的論文體例和引文來看，這一句話頗有意氣使然的語調，與全文不合，顯得十分突兀，讓人懷疑若有所指。

《詩論》初版共十章，「用西方詩論解釋中國古典詩歌，用中國詩論來印證西方詩論」，自成體系，完全是關於「詩」的論述。增訂本所加頭兩篇文章，題為《中國詩何以走上「律」的路》（按：分為上下兩篇），是承初版本第八章、九章、十章《中國詩的節奏與聲韻的分析》而來，內容和體例都與原書渾然一體。但是，把《陶淵明》這一章做為增訂本的第十三章，就內容而言，這一章是關於「詩人」的論述，有違原書關於「詩」的論述的初旨，與全書的體例不合。雖然朱光潛解釋說，這是「對於個別作家做批評研究的一個嘗試」，似乎理由並不充份。朱光潛之所以寫這一篇文章，動機至少包含回答魯迅對他的批評，雖然不能說是唯一的原因。

＊＊＊

(1)《魯迅全集・墳》。

(2)《魯迅全集・且介亭雜文二集》。

(3)《魯迅全集・且介亭雜文二集・「題未定」草（六）》。

(4)《朱光潛談魯迅對他的批評》，《魯迅研究動態》一九九三年第八期。

(5)

(6)《魯迅全集・且介亭雜文二集・「題未定」草（七）》。

附錄二

「慚惶煞人」的「《學衡》派」

——關於吳宓

吳宓一九二一年和梅光迪、胡先驌等人創辦《學衡》雜誌，提倡復古主義，是反對新文化運動的代表人物之一。一九二二年一月，吳宓主編的《學衡》在南京創刊，上面有代表該刊的宣言式的梅光迪《評提倡新文化者》一文，文中指提倡新文化者為「浮薄妄庸者。得以附會詭隨。窺時俯仰。遂其功利名譽之野心」，甚至說：「故語彼等以學問之標準與良知。猶語商賈以道德。娼妓以貞操也。」

二月九日，魯迅在《晨報副刊》上發表了《估〈學衡〉》一文（後收入《熱風》），魯迅在這篇文章中，舉出《學衡》創刊號上的六篇文章的不通。這六篇文章的作者分別是梅光迪、馬承堃、邵祖平、胡先驌等。例如，不顧「烏托邦」乃「Utopia」一字的譯音，居然拆開來說什麼「造烏托之邦，作無病之呻」。魯迅嘲笑道：「查『英吉之利』的摩耳，並未做 Pia of Uto，雖曰之乎者也，欲罷不能，但別尋古典，也非難事，又何必當中加楦呢？於古未聞『睹史之陀』，在今不云『甯古之塔』，奇句如此，真可謂『有病之呻』了。」又如，說什麼「三皇寥闊而無極，五帝搢紳先生難言之」，三皇是人，人如何能「寥闊」？這是不通。《史記》原說的是「百家言黃帝者，其言不雅馴，搢紳先生難言之」，並沒有說五帝之事，搢紳先生難言之，《史記》翻開來明明就是《五帝本紀》。今乃謂「五帝搢紳先生難言之」，這是連《史記》那一句也沒有讀懂。又如，有這樣的詩句：「楚王無道殺伍奢，覆巢之下無完家。」古典原是「覆巢之下無完卵」，今乃為了押韻，改為「覆巢之下無完家」，這是作詩最忌的「掛腳韻」，「家」字放在這裡完全不通。魯迅隨手舉出這樣七、八個例子，得出結論道：「總之，諸公掊擊新文化而張惶舊學問，倘不自相矛盾，倒也不失其為一種主張。可惜的是於舊學並無門徑，並主張也還不配。倘使字句未通的人也算是國粹的知己，則國粹更要慚惶煞人！『衡』了一頓，僅僅『衡』出自己的銖兩來，於新文化無傷，於國粹也差得遠。」

十一月三日，魯迅又在《晨報副刊》上發表《「一是之學說」》一文，批評《中華新報》上吳宓的《新文化運動之反應》，指出吳宓立論之黨同伐異，自相矛盾：他反對白話文，反對新式標點，故意稱之為「英文標點」；可是他引為同調的反新文化的書報中也有用白話文和新式標點的，他又曲為解釋說那是「通妥白話及新式標點」，雖白話而「通妥」，也不稱為「英文標點」了。魯迅這篇，也收入《熱風》。

魯迅指出《學衡》有硬傷的文章，沒有一篇是吳宓之作，對其中有的文章，做為主編的吳宓本來也是有意見的。因此，吳宓完全接受魯迅的批評。他在《吳宓自編年譜》中寫道：「魯迅先生於一九二二年二月九日作《估〈學衡〉》一文，甚短，專就第一期立論，謂：第一期《學衡》『文苑』門，所登錄之古文、詩、詞，皆邵祖平一人所作，實甚陋劣，不足為全中國文士、詩人以及學子之模範者也！」吳宓在這段文字後又「按」：「魯迅先生此言，實甚公允。《學衡》第一期『文苑』門專登邵祖平（時年十九）之古文、詩、詞，斯乃胡先驌之過。而彼邵祖平乃以此記恨魯迅先生，至有一九五一年冬，在重慶詆毀魯迅先生之事，禍累幾及於宓，亦可謂不智之甚者矣。」倪墨炎說：「吳宓寫年譜時，身邊似無《魯迅全集》。他前面所述引魯迅《估〈學衡〉》的意見，和魯迅原意也頗有點出入，可見他是憑印象寫的。」

此外，魯迅在《二心集．上海文藝之一瞥》一文中還提到他：「一方面是留學過美國的紳士派，他們以為文藝是專給老爺太太們看的，所以主角除老爺太太之外，只配有文人、學士、藝術家、教授、小姐等等，要會說 Yes，No，這才是紳士的莊嚴，那時吳宓先生就曾發表過文章，說是真不懂為什麼有些人竟喜歡描寫下流社會。」魯迅說的吳宓的文章是哪一篇呢？一時查找不到。

誇大可笑的廣告

——關於邵飄萍

邵飄萍原名振青，一九一八年十月五日在北京創辦《京報》。一九二五年四月二十日《京報》刊登廣告說：「思想界的一個重要消息：如何改造青年的思想？請自本星期五起快讀魯迅先生主撰的《□□》週刊，詳情明日宣佈。本社特白。」魯迅對許廣平說：「這一件事，本來還不過一種計畫，不料有一個學生對邵飄萍一說，他就登出廣告來，並且寫得那麼誇大可笑。」（《兩地書．一五》）第二天，魯迅代擬了「一個別的廣告，硬令登載，又不許改動，不料他卻又加上了幾句無聊的案語」。魯迅寫的廣告即收入《集外集拾遺補編》的《《莽原》出版預告》，魯迅的廣告主要把「魯迅先生主撰」改為「魯迅先生編輯」。另外，魯迅廣告中說「其內容大概是思想及文藝之類，文字則或撰述，或翻譯，或稗販，或竊取，來日之事，無從預知」，因而有了邵飄萍的「無聊的案語」——「上廣告中有一二語帶滑稽，因係原樣，本報記者不便僭易，讀者勿以辭害志可也。」

邵飄萍一九二六年「三．一八慘案」後因支持群眾的反軍閥鬥爭，四月二十六日在北京被

奉系軍閥張宗昌槍殺，魯迅在《而已集》的《大衍發微》一文中提到他和李大釗被殺的事。

「可惡之研究」及其他

——關於蔡元培

魯迅與蔡元培的交往，從一九一二年接受許壽裳的推薦，邀請魯迅到教育部任職起，至一九三六年魯迅逝世，長達二十四年。兩人是同鄉，魯迅稱蔡元培「是我的前輩」。蔡元培是魯迅在教育部的頂頭上司，給過魯迅不少照顧。一九二七年魯迅離開廣州到上海定居以後，蔡元培為顧及他的生活和發揮他的專長，特聘請他與吳稚暉、李石曾、馬敘倫、江紹原五人為大學院撰述員，專門從事各自所長的學術活動。魯迅早已想輯錄考訂出版他所潛心的《古小說鉤沉》等書，此項職務月薪三百元，對生活確實不無裨補，因此欣然接受。三〇年代蔡元培和魯迅在民權保障同盟中共過事。儘管如此，兩人的交情也不能說很深，無論志趣性格都大相徑庭。魯迅對蔡元培的可批評之處，也仍是不留情面地批評。

一九二六年二月，身為國民黨中央監察委員的蔡元培從歐洲返回上海。一到上海他即對國聞社記者發表談話，「對政制贊可聯省自治。對學生界現象極不滿。謂現實問題，固應解決，尤須有人埋頭研究，以規將來。」我們知道，當時魯迅是同情、支持反對北洋軍閥政府的學

生運動的。為此，魯迅在《無花的薔薇》中，對蔡元培做了委婉的批評：「蔡孑民一到上海，《晨報》就據國聞社電報鄭重地發表他的談話，而且加以按語，以為『當為歷年潛心研究與冷眼觀察之結果』，大足詔示國人，且為知識階級所注意也。」魯迅說，「我很疑心那是胡適之先生的談話，國聞社的電碼有些錯誤了。」胡適是要求青年學子走進研究室，「少談一些主義，多研究一些問題」的。

一九二七年蔡元培參與了蔣介石發動的「清黨」，並先後擔任了代理司法部長、監察院長等職。當時魯迅已在廣州辭去了中山大學的教職，他的朋友章廷謙和鄭介石向蔡元培推薦魯迅，去蔡元培參與籌備的浙江大學研究院工作，魯迅謝絕了他們的好意，並在六月十二日致章廷謙的信中表明了他對蔡元培的不滿：「我很感激你和介石向孑公去爭，以致此公將必請我們入研究院。然而我有何物可研究呢？古史乎，鼻已『辯』了；文學乎，胡適之已『革命』了，所餘者，只有『可惡』而已。可惡之研究，必為孑公所大不樂聞者也。」蔣介石「清黨」時，不少人僅因被認為「可惡」而被定罪，為此魯迅還專門寫過一篇題為《可惡罪》的雜文。魯迅在這裡所說的「必為孑公所大不樂聞」的「可惡之研究」，其實也是對「清黨」的一種揭露。現在人們（特別是北大）為尊者諱（況且還是老校長），都不怎麼提蔡元培參與「清黨」的事情，其實也不是蔡元培一人，章太炎、吳稚暉這些國民黨元老都參與過，只是蔡元培的身份太特殊了，問題就更敏感。一九二七年十二月九日魯迅致川島信，說：「太史之類，不過傀儡，其實是不在話下的。」「太史」也就是做過翰林的蔡元培，「不在話下」，即魯迅理解他將「在中國無可為」，終是新朝廷的一個「傀儡」。蔡元培對中國現代教育的貢獻自不待言。他私德很好，在國共兩面都口碑甚佳，總給人以恂恂儒者的形象。

蔡元培對於魯迅的思想和作品都有著敬佩之情。一九三一年五、六月間，蔡元培發表了《二十五年來中國之美育》與《三十五年來中國之新文化》兩篇專題文章。蔡文培在這兩篇文章裡都談到了新文學運動和魯迅，講述的內容大同小異。

蔡元培在《二十五年來中國之美育》的《新文學概況》一節裡指出：

> 此時期中，以創作自命者頗多；奉其最著的魯迅（周樹人）的《吶喊》《徬徨》等集，以抨擊舊社會劣點為目的，文筆的尖刻，足以副之，故最受歡迎。

蔡元培的這段話，對於魯迅作品的評價，確時是知交者言，道明了魯迅創作的初衷就是「抨擊舊社會的劣點」，這與魯迅所說的自己操筆「是『為人生』而且要改良這人生」的目的正相符合。

魯迅逝世後，蔡元培親自送殯，並為魯迅寫了「著述最謹嚴非徒中國小說史，遺言太沉

痛莫作空頭文學家」的輓聯。《魯迅全集》的出版，蔡元培多方奔走，出力甚多，並對魯迅的創作和學問推崇備至，這些評價出於這樣一位德高望重的長者之口，更讓人感到其份量之重，情感之真，至今看來仍令人感動不已。

替陳西瀅受罵

——關於高一涵

高一涵曾參加《新青年》的編輯工作，與魯迅是同一陣線中的戰友。一九二三年，他曾在北京編輯過胡適創辦的《努力》週刊，以後又是《現代評論》的主要撰稿人。在「女師大風潮」和反對章士釗的鬥爭中，他基本上站在陳西瀅一邊。高一涵參加「教育界公理維持會」，魯迅在《「公理」的把戲》中，也順便帶出了他的名字。

高一涵曾以「涵廬」的筆名在《現代評論》的「閒話」上發表過這樣的言論：

> 近幾年來，最熗炙（按應為「膾炙」之誤）人口的，絕不是討論問題和闡發學理的一類文字，只是揭開黑幕和攻人陰私的一類文字。越是板著學者的面孔，討論學術問題的文字，看的人越少；越是帶著三分流氓氣，嬉笑怒罵的揭黑幕攻陰私的文字，看的人越多……社會上既歡迎嬉笑怒罵的文字，而著作家又利用社會的弱點，投其所好，又怎能不造成報界風氣，叫人家認為《小晶報》為大雅之聲明呢？

第二十四分的希望一般文人收起彼此互罵的法寶，做我們應該做的和值得做的事業。萬一

罵溜了嘴，不能收束，正可以同那實在可罵而又實在不敢罵的人們，鬥鬥法寶，就是到天橋走走，似乎也還值得些！否則既不敢到天橋去，又不肯罵人，所以專將法寶在無槍階級頭上亂祭，那末，罵人誠然罵人，卻是高傲也難乎其為高傲吧。

對於高一涵的這些話，魯迅都有過反擊，只不過有的是張冠李戴，把帳算到了陳西瀅的頭上。我們先看魯迅有關的言論：

忽然記起一件事來了，還是夏天吧，《現代評論》上彷彿曾有正人君子之流說過：因為罵人的小報流行，正經的文章沒有人看，也不能印了。我很佩服這些學者們的大才。（《華蓋集續編．廈門通信（二）》）

陳源教授痛斥「語絲派」的時候，說我們不敢直罵軍閥，而偏和握筆的名人為難……（《三閒集．我和《語絲》的始終》）

君子之徒曰：你何以不罵殺人不眨眼的軍閥呢？斯亦卑怯也已！但我是不想上這些誘殺手段的當的……我就要專指斥那些自稱「無槍階級」而其實是拿著軟刀子的妖魔。即如上面所引的君子之徒的話，也就是一把軟刀子。（《墳．題記》）

王錦泉查考了陳西瀅的文章，「卻沒有這樣的言論，說是指陳西瀅，顯然根據不足」。總之，這裡魯迅是批駁高一涵的，並非陳西瀅。陳西瀅是代高一涵受罵。不過，他們都是「現代評論派」，是同一路的人，這不能算錯。就像《兩地書》中把「研究系」改為「現代評論派」一樣。魯迅把高一涵改為陳西瀅，反映了魯迅不輕易點名和樹敵的一貫態度，魯迅是注重鬥爭策略的。

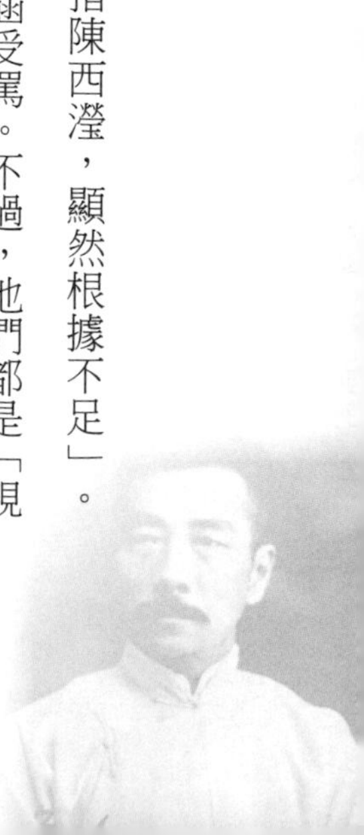

無聊與無恥

——關於戴季陶

戴季陶是國民黨政客。早年曾在上海經營交易所，自稱是孫中山的「真實信徒」。一九二五年孫中山逝世後，他就著書立說，從事反對馬克思主義、反對共產黨的煽惑工作。一九二六年秋，廣東大學改名中山大學，實行委員會領導制，戴由蔣介石指定為中山大學委員會委員長。他到後，一面扶植反對勢力，為國民黨右派張目，一面又偽裝擁護孫中山制定的聯俄、聯共、扶助農工的政策。同年十月十七日，他在中大五人委員會就職典禮上，曾帶領學生向共產國際派來當國民黨政府顧問的鮑羅廷鞠躬致敬，「拜得他（按指鮑羅廷）莫名其妙」。（《偽自由書．不通兩種》）戴季陶還侈談「中國共產黨好像機關車，國民黨好像貨車……沒有機關車斷不容易把中國的革命，載到世界革命隊伍裡去」。就在這個時期，中共廣東區委提出聘請魯迅到中山大學任教的要求，戴懾於國共合作的統一戰線和中大校內左派勢力的強大，被迫答應，向魯迅發出聘書。在「四．一五」反革命大屠殺中，他指使反對軍隊搜捕進步學生，以後又親自出馬進行誘降，反革命猙獰面目畢露。

戴季陶曾捐資修建吳興孔廟，鼓吹「仁愛」和「忠恕」；又曾宣揚「忠孝仁愛信義和平」的所謂「八德」，由國民黨當局強令機關團體制匾懸掛於禮堂；一九三三年初又在南京東郊湯山修建別墅，命名為「孝園」，自稱「孝思不匱」；他在擔任國民黨政府考試院院長時，於考試院內設置佛堂，在書齋內設置佛經佛像，持齋茹素；一九三四年四月他又去陝西掃祭文武周公墓，並以「救國救民」、「培國本而厚國力」為名，發出嚴禁「研究國學科學諸家發掘古墓」的通電。對於戴季陶的種種表演，魯迅深惡痛絕。一九三四年四月二十四日，他在致楊霽雲的信中說：「至於如戴季陶者，還多得很，他的忽兒教忠，忽而講孝，忽而拜懺，忽而上墳，說是因為懺悔舊事，或借此逃避良心的責備，我以為還是忠厚之談，他未必責備自己，其毫無特操者，不過用無聊與無恥，以應付環境的變化而已。」在《且介亭雜文》裡的《難行和不信》一文中，魯迅認為戴季陶「既尊孔子，又拜活佛者，也就是恰如將他的錢試買各種股票，分存許多銀行一樣，其實是哪一面都不相信的」。

此外，魯迅在《而已集．小雜感》、《南腔北調集．九一八》等文中，對戴季陶多次加以抨擊。

「天乳運動」及其他

——關於朱家驊

朱家驊曾任北京大學教授，與魯迅相識。一九二六年秋，中山大學改校長制為委員會制，他是五委員之一，但掌握實權，主持校務，並兼地質系主任。魯迅到廣州後，他頻頻往訪，頗為殷勤。他曾在中大歡迎魯迅的大會上講話，侈談「革命」；魯迅針對他的講話，指出廣東政治形勢是「紅中夾白」，使人擔心。朱家驊在中大秉承戴季陶旨意，極力扶植右派勢力，壓制左派力量。「四．一五」大屠殺發生的當天，魯迅為營救被捕學生，在緊急會議上，和朱家驊進行了面對面的鬥爭，質問他被捕學生何罪，要求立即釋放。朱竟說「清黨」是國民黨的決策，中大是「黨校」，應該服從，不能有貳志，反對面目畢露。魯迅向中大提出辭職後，他又假惺惺地親到白雲樓，後又派人來「挽留」，魯迅三次退回聘書，態度堅決。五月，朱家驊任廣東省民政廳廳長。六月，任中山大學副校長。七月曾上書「省政府」，建議禁止婦女束胸，違者罰款。省政府委員會隨即開會通過，明令施行。當時稱為「天乳運動」。魯迅曾作《憂「天乳」》一文（《而已集》），痛加抨擊，指出國民黨新軍閥和北洋軍閥一樣，在他們指揮刀下所玩弄的各種花樣，「招牌旗幟，儘管不同」，都只能給人民群眾不斷帶來新的災禍。

因「親共」而逃避

——關於傅斯年

一九一九年，傅斯年以北京大學學生身分編輯《新潮》月刊時，由於刊物辦得較有新意，魯迅也曾竭誠讚美。

一九二七年以後，魯迅對傅斯年的態度有了很大改變。那年春季，魯迅與傅斯年均應聘到廣州中山大學任教，傅任哲學系主任兼文科主任，魯迅任教務主任兼文科的文學系主任。正如何思源先生在《回憶魯迅》一文中所說：「這樣，在行政上讓魯迅領導傅斯年，在教學上又讓傅斯年領導魯迅。究竟信任哪一個？依靠哪一個？這就必然造成相互牽制、互相矛盾的局面。」事實是，當年中山大學仰慕魯迅的聲譽，只想利用魯迅來裝飾門面，以吸引好學的學生。但是，當局頗擔心魯迅的思想傾向，所以不讓他放手工作。至於傅斯年，正是以其「齊魯方士誇誕遺風」來多方牽制、干擾魯迅的。

一九二七年四月十五日，廣州「清黨」事發，當時連夜逮捕了中山大學的不少學生。魯迅出席了學校召開的各主任緊急會議。會上，魯迅要求校方迅即營救被捕學生，無效，他當

即送出了辭職書。在這場政治鬥爭中，傅斯年不再顯示中正、公允、傾向進步的姿態，而是與中山大學副校長朱家驊勾結在一起，對魯迅蜚短流長，如宣傳魯迅因政治而出走。「然而顧傅（按指顧頡剛、傅斯年）為攻擊我起見，當有說我關於政治而走之宣傳，聞香港《工商報》，即曾說我因『親共』而逃避云云……」（一九二七年五月三十日致章廷謙信）等等，這是不能不引起魯迅厭惡的，兩人之間的交往也就中止了。

「我看他是要鬧的」

——關於梁漱溟

一九二七年「四・一二政變」後，梁漱溟曾任廣東省政府委員，廣州政治委員會建設委員會常務委員、代理主席。一九二七年九月十九日，魯迅致章廷謙信中說：「梁漱溟已為委員，我看他是要鬧的。」梁漱溟後來確實鬧了，應蔣介石之邀，成為國民參政會一員。

「破落戶」與「暴發戶」

——關於蔣夢麟

蔣夢麟是浙江人，曾任北京大學教授及代理校長。一九二七年前後，蔣夢麟為浙江省教育廳首任廳長。一九二七年七月二十八日，魯迅致章廷謙的信中，有一段關於他的精彩言論：「季茀尚無信來，但看這名目，似乎就無聊。夫浙江之不能容納人才，由來久矣，現今在外面混混的人，哪一個不是曾被本省趕出？我想，便是茭白之流，也不會久的，將一批一批地擠出去，終於只留下舊日的地頭蛇。我常嘆新官僚不比舊官僚好，舊者如破落戶，新者如暴發戶，倘若我們去當聽差，一定是破落戶子弟容易侍候，若遇暴發戶子弟，由賤相未脫而遽大擺其架子，其蠢臭何可向邇哉。夫漢人之為奴才，三百多年矣，一旦成為主人，自然有手足無措之概，茭白輩其標本也。」「蔣」字本義為茭白，故這裡代指蔣夢麟。

此外，一九二六年春，《京報》社長邵飄萍被奉軍槍斃後，有報導說「素號穩健的北大代理校長蔣夢麟」等均先後逃匿。魯迅在《華蓋集續編．無花的薔薇之三》中有「圓穩的大學校長也住進六國飯店」的評說。其實，「逃匿」之類是無可厚非的，魯迅也曾到德國醫院、租界等避難，魯迅是不主張到「有槍階級」那裡送死的。

「孤哀子」

——關於湯爾和

抗日戰爭時期做了華北偽政府大員的湯爾和，早年曾是魯迅的朋友，與魯迅同期留學日本，關係不淺。魯迅與湯爾和交往時，湯是以教育家、文化人的身分出現的。他們的來往，止於一九二〇年八月。

一九二五年「五卅」事件發生後，湯爾和在《晨報》的「時論」欄發表了《不善導的忠告》一文，其中頗多誣衊群眾、取媚帝國主義的謬論，魯迅在《華蓋集·補白》一文中予以冷嘲。

一九二八年六月六日，魯迅聞知張作霖被日軍炸死後，在致章廷謙的信中說：「老帥中彈，湯爾和又變『孤哀子』了。」當時盛傳湯爾和與張學良是拜把兄弟，成為張作霖的義子。「大帥」既死，所以魯迅譏諷他變成了「孤哀子」。

「告發於前……」

——關於王平陵

一九三〇年王平陵與黃震遐、朱應鵬、傅彥長等提倡民族主義文學，發表《三民主義文藝的建設》，反對左翼文藝運動，魯迅曾寫有《「民族主義文學」的任務和運命》一文，予以批判。此外，魯迅在《偽自由書．前記》批評了王平陵的《「最通的」文藝》一文，認為「這要制死命的方法，是不論文章的是非，而先問作者是哪一個；也就是別的不管，只要向作者施行人身攻擊了……這回是王平陵先生告發於前，周木齋先生揭露於後，都是做著關於作者本身的文章，或則牽連而至於左翼文學者」。

「民族主義文學」問題

——關於黃震遐

黃震遐曾與傅彥長、朱應鵬、王平陵等提倡「民族主義文學」，黃是骨幹份子。黃震遐在《前鋒月刊》上發表詩劇《黃人之血》和小說《隴海線上》，受到魯迅的批評。魯迅透過對《隴海線上》的分析，揭露所謂「民族主義文學」竟無恥地把中國軍閥的混戰，看作是「外國人在打別一外國人」，是「拉丁民族的戰士」在打「非洲的阿拉伯人」，這就暴露了他們「根本上只和外國主子休戚相關」的醜惡嘴臉。透過《黃人之血》的分析，揭露「民族主義文學」大肆渲染的所謂「西征」，矛頭其實是專對著「無產階級專政的第一個國度」，並且他們把日本侵略者侵佔我國東北三省當作自己「理想中的『西征』的第一步，『亞細亞勇士們張大吃人的血口』的開場」，這就暴露了他們投降賣國的反動本質。魯迅對黃震遐的批判文章主要是《二心集》中的《「民族主義文學」的任務和運命》一文；此外，《祝《濤聲》》、《沉滓的泛起》、《對於戰爭的祈禱》等文，亦有涉及。

「神妙極了」的政府

——關於羅隆基

羅隆基是「新月派」重要成員。魯迅在《二心集．知難行難》中引用了他《瀋陽事變》中的一段話並加以批駁。魯迅說：「『新月派』的羅隆基博士曰：『根本改組政府……容納全國各項人才代表各種政見的政府……政治的意見，是可以犧牲的，是應該犧牲的。』代表各種政見的人才，組成政府，又犧牲掉政治的意見，這種『政府』實在是神妙極了。」

「擺出公正臉孔」

——關於常燕生

常燕生，山西榆次人，國家主義派份子。曾參加過狂飆社。他是《長夜》的經常撰稿人，在該刊第三期（一九二八年五月）發表的《越過了阿Q的時代以後》中說：「魯迅及其追隨者，都是思想已經落後的人。」又說：「魯迅及其追隨者在此後十年之中自然還應該有他相當的位置。」他還「擺出公正的臉孔」，對魯迅進行了「客觀」的評價：「魯迅自身是一個足踏在新舊過度線上的新老黨，他一方面有新的時代的破壞的、批評的、追求理想的精神，一方面又不能斷然捨去那舊科舉時代所遺傳下的名士風，尤其是紹興鄉土派的尖酸刻薄的刀筆氣味，這是他終身的大缺點，但是我們應該原諒，魯迅已經是個四、五十歲的老人，與他同時代的老人甚至時代稍後的中年人都已成為全然落伍的遺老遺少，而魯迅還能勉強掙扎起來，向著前進的路上走去。」

一九三二年四月，魯迅在《二心集．做古文和做好人的祕訣》一文中回敬道：「從去年以來一年半之間，凡有對於我們的所謂批評文字中，最使我覺得氣悶的滑稽的，是常燕生先

生在一種月刊叫做《長夜》的上面，擺出公正臉孔，說我的作品至少還有十年生命的話。記得前幾年，《狂飆》停刊時，同時這位常燕生先生也曾有文章發表，大意說《狂飆》攻擊魯迅，現在書店不願出版了，安知（！）不是魯迅運動了書店老闆，加以迫害？於是接著大大地頌揚北洋軍閥度量之寬宏。」（魯迅在《三閒集．吊與賀》一文亦提及此事）接著，魯迅指出常燕生的「公正」乃是「陳源教授的批評法」，「先舉一些美點，以顯示其公平，然而接著是許多罪狀——由公平的衡量而得的大罪狀。將功折罪，歸根結蒂，終於是『學匪』，理應梟首掛在『正人君子』的旗下示眾。所以我的經驗是：毀或無妨，譽倒可怕，有時候是極其『汲汲乎殆哉』的。更何況這位常燕生先生滿身五色旗的氣味，即令真心許我以作品的不滅，在我也好像宣統皇帝忽然龍心大悅，欽許我死後諡為『文忠』一般。於滿肚氣悶中的滑稽之餘，仍只好誠惶誠恐，特別脫帽鞠躬，敬謝不敏之至了」。

「做打油詩，弄爛古文」

——關於劉半農

「五四」運動時期，魯迅和劉半農是戰友。此後，逐漸疏遠，往來也稀了。對於劉半農的後期，魯迅是不滿的。一九三二年六月十八日致台靜農的信中，魯迅說：「劉博士之言行，偶然也從報章上見之，真是古怪得很，當做《新青年》時，我是萬料不到會這樣的。」魯迅沒想到劉半農會有這麼大的變化。一九三三年十二月二十七日致台靜農的信中，魯迅說：「關於國家博士（按指劉半農），我似未曾提起，因我未能料及此公亦能為人作書，唯平日頗嗤其擺架子……」魯迅對劉半農的「擺架子」是不滿意的。一九三四年四月十二日致台靜農的信中，魯迅稱之為「半農國博」，顯然，這是一種挖苦。一九三三年，北京大學招考，劉半農是閱卷官，從國文卷上發現了一些可笑的錯字，就作詩為文對青年人加以嘲笑挖苦。魯迅批評他說：「當時的白話運動是勝利了，有些戰士，還因此爬上去，但也因為爬了上去，就不但不再為白話戰鬥，並且將它踏在腳下，拿出古字來嘲笑後進的青年了。」（《准風月談．「感舊」以後（下）》）

然而，儘管這樣，魯迅對劉半農還是有著客觀的評價。魯迅對劉半農的態度是複雜的，在《且介亭雜文．憶劉半農君》一文中說：「半農去世，我是應該哀悼的，因為他也是我的

老朋友。但是，這是十來年前的話了，現在呢，可難說得很。」文中，魯迅充份肯定了十幾年前做為戰士的劉半農，稱讚他「卻如一條清溪，澄澈見底」，說自己「愛十年前的半農」，認為「他的為戰士，即使『淺』吧，卻於中國更為有益」。同時，魯迅也坦率指出對劉半農「近幾年」，卻很起了反感：「做打油詩，弄爛古文」，魯迅以為，「這些事是不必半農來做的」，「回想先前的交情，也往往不免長嘆」。

在《花邊文學》裡的《趨時和復古》一文中，魯迅針對劉半農去世以後「他已經快要被封為復古的先賢，可用他的神主來打『趨時』的人們了」的現象，指出：「古之青年，心目中有了劉半農三個字，原因並不在他擅長音韻學，或是常做打油詩，是在他跳出鴛蝴派，罵倒王敬軒，為一個『文學革命』陣中的戰鬥者。」同時，魯迅也批評劉半農「自己爬上了一點，也就隨和一些，於是終於成為乾乾淨淨的名人。但是，『人怕出名豬怕壯』，他這時也要成為包起來做為醫治新的『趨時』病的藥料了」。總之，曾經是趨時的劉半農成了醫治「趨時」病的藥料了。最後，魯迅說：「我並不在諷刺半農先生曾經『趨時』，我這裡所用的是普通所謂『趨時』中的一部分：『前趨』的意思。他雖然自認『沒落』，其實是戰鬥過來的，只要敬愛他的人，多發揮這一點，不要七手八腳，專門把他拖進自己所喜歡的油或泥裡去做金字招牌就好了。」這裡魯迅已經跳出劉半農本身，是指社會對劉半農的「利用」之不當了。

自我吹捧軼事

——關於曾今可

曾今可一九三一年在上海創辦新時代書局，編輯《新時代》月刊。一九三三年提倡「解放詞」，出版《詞的解放運動專號》。曾因在作品中宣揚不必關心國事，只顧個人消遣的觀點，受到魯迅的批評。後與張資平等發起組織「文藝座談會」，企圖反擊魯迅的批評，未果。一九三三年至一九三四年間，曾今可在他主編的刊物《文藝座談》上發表《內山書店小坐記》等文章，說內山完造是日本政府的偵探，內山書店是以售書為掩護的偵探機關。「每個內山書店的顧客，客觀上都成了內山的探夥」，而魯迅，「當然是探夥的頭子了」。關於「魯迅是漢奸」問題，本書已有專文論述，這裡就不多說什麼了。

一九三三年二月，曾今可出版的詩集《兩顆星》中，有署名崔萬秋的胡亂吹捧的「代序」。據說，崔原是曾的好友，因為他們有金錢糾紛，崔在報刊上刊登啟事，否認「代序」為他所作。曾今可一看，急忙也登啟事，稱「代序」「乃摘錄崔君的來信」，稱自己「能力薄弱，無法滿足朋友們之要求」，以致被報怨云云，並反唇相譏道：「鄙人既未有貴派做護駕，也不借

主義為工具，向來不敢狂妄。唯能力薄弱，無法滿足朋友們之要求，遂不免獲罪於知己。……（雖自幸未嘗出賣靈魂，亦足見沒有『幫口』的人的可憐了！）」魯迅寫了《序的解放》（收入《准風月談》）一文，嘲諷了這種「自己替別人來給自己的東西作序」的怪事：

夫序，原是古已有之，有別人做的，也有自己做的。但這未免太迂，不合於「新時代」的「文學家」的胃口。因為自序難於吹牛，而別人來做，也不見得定規拍馬，那自然只好解放解放，即自己替別人來給自己的東西作序，術語曰「摘錄來信」，真說得好像錦上添花。「好評一束」還須附在後頭，代序卻一開卷就看見一大番頌揚，彷彿名角一登場，滿場就大喝一聲采，何等有趣。倘是戲子，就得先買許多留聲機，自己將「好」叫進去，待到上臺時候，一面一齊開起來。

可是這樣的玩意兒給人戳穿了又怎麼辦呢？也有術的。立刻裝出「可憐」相，說自己既無黨派，也不借主義，又沒有幫口，「向來不敢狂妄」，毫沒有「座談」時候的搖頭擺尾的得意忘形的氣味兒了，倒好像別人乃是反動派，殺人放火主義，青幫紅幫，來欺侮了這位文弱而有天才的公子哥兒似的。

更有效的是說，他的被攻擊，實乃因為「能力薄弱，無法滿足朋友們之要求」。我們倘不知道這位「文學家」的性別，就會疑心到有許多有黨派或幫口的人們，向他屢次的借錢，或向他使勁的求婚或什麼，「無法滿足」，遂受了冤枉的報復的。

經此一役，曾今可大傷元氣。最後決定離開傷心地，臨行前又登啟事說：「鄙人不日離滬旅行，且將脫離文字生活。以後對於別人對我造謠污蔑，一概置之不理。這年頭，只許強者打，不許弱者叫，我自然沒有什麼話可說。我承認我是一個弱者，我無力反抗，我將在英雄們勝利的笑聲中悄悄地離開這文壇。如果有人笑我是『懦夫』，我只當他是尊我為『英雄』。此啟。」魯迅看後，大約覺得這啟事深得阿Q「精神勝利法」之精髓，在《偽自由書》後記中，留下這麼一句：「這就完了。但我以為文字是有趣的，結末兩句，尤為出色。」

魯迅對曾今可的抨擊，散見於以下文章：《偽自由書·曲的解放》、《偽自由書·後記》、《准風月談·序的解放》、《且介亭雜文·答《戲》週刊編者信》、《集外集拾遺補編·辯「文人無行」》等。

「狂吠」

——關於邵冠華

邵冠華是「民族主義文學」的追隨者，曾於一九三三年九月在上海《新時代月刊》第五卷第三期發表《魯迅的狂吠》一文，攻擊魯迅。文中寫道：「魯迅先生是文壇上的『鬥口』健將，……在他每次筆戰的時候，他一定埋伏了許多小將——他手下的嘍囉——等到對方有了答覆，他手下的小將便狂叫起來，幫罵起來。他們的謾罵是不顧理論的……不顧事理，來勢兇猛，那便是魯迅先生的『戰術』。當魯迅先生有興趣謾罵的時候，他最喜歡派人家是╳╳主義，而加以重大的攻擊……於是魯迅先生自以為是勝利了。我似乎看到一個露出黃牙的笑的影子，……」魯迅在《南腔北調集》中的《漫與》一文，對邵冠華的詩《醒來吧同胞》，予以抨擊。他的詩是這樣寫的：

同胞，醒起來吧，
踢開了弱者的心，
踢開了弱者的腦，

看，看，看，
看同胞們的血噴出來了，
看同胞們的肉割開來了，
看同胞們的屍體掛起來了。

魯迅評論道：「鼓鼙之聲要在前線，當時軍的時候，是『作氣』的，但尚且要『再而衰，三而竭』，倘在並無進軍的準備的處所，那就完全是『散氣』的靈丹了，倒使別人的緊張的心情，由此轉成弛緩。所以我曾比之於『嚎喪』，是送死的妙訣，是喪禮的收場，從此使生人又可以在別一境界中，安心樂意的活下去。歷來的文章中，化『敵』為『皇』，稱『逆』為我『朝』，這樣的悲壯的文章就是其間的『蝴蝶鉸』，但自然，作手是不必同出於一人的。然而從詩人看來，據說這些話乃是一種「狂吠』。」這裡，魯迅把「狂吠」奉還給了邵冠華。

頹廢・回憶・小己

——關於錢基博

錢基博著有《現代中國文學史》，我沒有拜讀過。魯迅《准風月談》的《後記》中，收藏了《大晚報．火炬》上的一篇署名「戚施」寫的文章，介紹了錢基博的「魯迅論」，其中有這樣一段話：

錢先生又曰，自胡適之創白話文學也，所持以號於天下者，曰平民文學也！非貴族文學也。一時景附以有大名者，周樹人以小說著。樹人頹廢，不適於奮鬥。樹人所著，只有過去回憶，而不知建設將來，只見小己憤慨，而不圖福利民眾，若而人者，彼其心目，何嘗有民眾耶！錢先生因此而斷之曰，周樹人徐志摩為新文藝之右傾者。是則於魯迅之創作亦加以訾支，兼及其思想矣。

對此，魯迅的評論是：「這篇大文，除用戚施先生的話，讚為『獨具隻眼』之外，是不能有第二句的。真『評』得連我自己也不想再說什麼話，『頹廢』了。然而我覺得它很有趣，所以特別的保存起來，也是以備『魯迅論』之一格。」

說魯迅的書，只有回憶，不知將來的建設。看上去，錢基博似乎是針對魯迅的小說。小說寫什嗎？當然是寫自己熟悉的生活。《紅樓夢》中有曹雪芹往日的影子，《復活》中有列夫．托爾斯泰舊時的痕跡。這有什麼奇怪呢？要文學作品「知道建設將來」，那只有去寫科幻小說了。這一點，也許魯迅多少會接受？魯迅雖然不寫科幻小說，但年輕時翻譯過凡爾納的作品。

至於「只見小己憤慨，而不圖福利民眾」，如果說是針對魯迅的雜文，那魯迅是為了根治國民性，揭出病苦，以引起療救的注意。在我看來，魯迅的雜文沒有一篇是為了「小己憤慨」的。如果針對小說，魯迅對勞苦大眾有著深廣的同情，「哀其不幸，痛其不爭」，刻劃了一系列祥林嫂這樣受損害受污辱的下層人的形象，這怎麼不是「福利民眾」呢？玩賞「小己」的人是有，比如梁實秋，他雖然不「憤慨」，但雅舍中的一切，確實屬於「小己」；還有今天所謂美女作家們的「自慰」，如果這也算「文學」的話，那真是「小己」文學。

說魯迅頹廢，不適於奮鬥，根據是什麼呢？似乎沒有。這一點，是最不能讓我信服的，有的人，比如錢玄同、劉半農，曾經是激奮的戰士，後來成了故紙堆中的書蟲，似乎與「頹廢」還沾了一點邊。魯迅是這樣一種人，他從一開始到生命的最後，始終是以戰士的姿態出現，用一句「文革」中的話來形容，就叫「生命不止，戰鬥不息」，這樣的人，何言「頹廢」？學者如錢基博，評論起別人來，如此不著邊際，難怪魯迅「不能有第二句」可說。

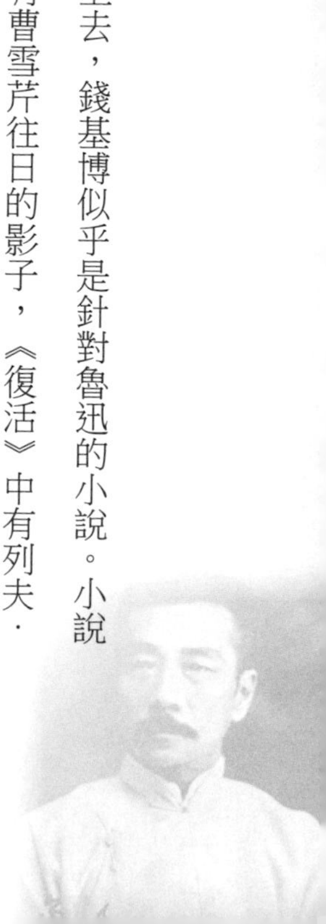

「漸入頹唐」
——關於章太炎

章太炎是魯迅的老師，魯迅一生十分敬重章太炎。對於章太炎，魯迅的態度是「吾愛吾師，但更愛真理」，肯定章太炎「以革命家現身」的巨大功績，也批評他的「漸入頹唐」。魯迅在《花邊文學》裡的《趨時和復古》一文中批評章太炎「拉倒車」：「康有為永定為復辟的祖師，袁皇帝要嚴復勸進，孫傳芳大帥也來請太炎先生投壺了。原是拉車前進的好身手，腿肚大，臂膊也粗，這回還是請他拉，拉還是拉，然而是拉車屁股向後，這裡只好用古文，『嗚呼哀哉，尚饗』了。」在《且介亭雜文二集》裡的《名人和名言》一文中魯迅認為：「太炎先生是革命的先覺，小學的大師，倘談文獻，講《說文》，當然娓娓可聽，但一到攻擊現在的白話，便牛頭不對馬嘴……」不過，魯迅又認為，儘管這樣，「但『智者千慮，必有一失』，這大約也無傷於先生的『日月之明』的」。此外，在《且介亭雜文末編》裡的《關於太炎先生二三事》一文，批評章太炎「……後來卻退居於寧靜的學者，用自己所手造的和別人所幫造的牆，和時代隔絕了」。魯迅認為「先生的業績，留在革命史上的，實在比在學術史上還要大」。「既離民眾」以後的章太炎「參與投壺，接收饋贈，遂每為論者所不滿」。接著，魯迅仍然強調「這也不過白圭之玷，並非晚節不終」。

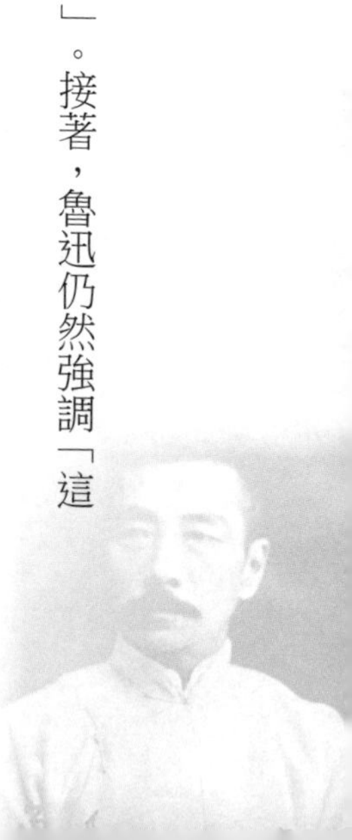

「吳稚老的筆和舌……」

——關於吳稚暉

吳稚暉是國民黨元老、政客。《魯迅全集》中多有提及。魯迅給他畫了一幅漫畫像，無聊無恥，言行不時有荒唐可笑之處。早在日本留學時，魯迅就對吳稚暉不以為然。在《且介亭雜文末編．因太炎先生而想起的二三事》一文中，魯迅談了他聽吳稚暉演講時的感受：「我第一次所經歷的是在一個忘了名目的會場上，看見一位頭包白紗布，用無錫腔演講排滿的英勇的青年，不覺那肅然起敬。但聽下去，到得他說『我在這裡罵老太婆，老太婆一定也在那裡罵吳稚暉』，聽講者一陣大笑的時候，就感到沒趣，覺得留學生好像也不外乎嬉皮笑臉。『老太婆』者，指清朝的西太后。吳稚暉在東京開會罵西太后，是眼前的事實無疑，但要說這時西太后也正在北京開會罵吳稚暉，我可不相信。演講固然不妨夾著笑罵，但無聊的打諢，是非徒無益，而且有害的。」吳稚暉在國民黨清黨前後，常常發高論：「什麼馬克斯牛克斯。」魯迅諷刺道：「有革命文學家將馬克思學說推翻，這只用一句，云『什麼馬克斯牛克斯』。全世界敬服，猶太人大慚。」（《而已集．擬豫言》）此外，吳稚暉的言論中，常出現「放屁」

一類的字眼，比如他在《弱者之結語》中說：「總而言之，統而言之，只能提提案，放放屁……我今天再放一次，把肚子瀉空了，就告完結。」魯迅也在多處予以抨擊，比如在《偽自由書·大觀園的天才》一文中就挖苦吳稚暉「老氣橫秋地大『放』一通，直到褲子後穿而後止」。

一九二七年四月，吳稚暉秉承蔣介石意旨，向國民黨中央監察委員會提出所謂「彈劾」共產黨的呈文，叫囂「打倒」、「嚴辦」共產黨人。他還在給邵飄萍的一封信中說：「赤化就是所謂共產，這實在是三百年以後的事；猶之乎還有比他更進步的，叫做無政府，他更是三千年以後的事。」魯迅在《而已集·答有恆先生》一文中抨擊道：「吳稚暉先生不也有一種主義的嗎？而他不但不被普天同憤，且可以大呼『打倒……嚴辦』者，即因為赤黨要實行共產主義於二十年之後，而他的主義卻須數百年之後或者才行，由此觀之，近於廢話故也。」魯迅還在《偽自由書·新藥》一文中對吳稚暉「筆和舌」的功用予以排列：「吳稚老的筆和舌，則盡過很大的任務的，清末的時候，五四的時候，北伐的時候，『清黨』的時候，『清黨』以後的還是鬧不清白的時候。」可見，吳稚暉確實是國民黨的功臣了。

給外國人看的書

——關於江亢虎

江亢虎在辛亥革命時曾組織「中國社會黨」，留學日本，先後任上海南方大學校長、國民黨中央委員等職。抗日戰爭期間成為漢奸，任汪偽政府的考試院院長。魯迅是比較瞧不起江亢虎的學問的。在《且介亭雜文二集》裡的《名人和名言》一文中，魯迅提到了他：「還有江亢虎博士，是先前以講社會主義出名的名人，他的社會主義到底怎麼樣呢，我不知道。只是今年忘其所以，談到小學，說『「德」之古字為「悳」，從「直」從「心」，「直」即直覺之意』，卻真不知道悖到哪裡去了，他竟連那上半並不是曲直的直字這一點都不明白。」一九三五年二月，江亢虎在上海發起以「保存漢字保存文言為目的」的存文會。這裡魯迅批評他「談到小學」的一些話，是同年三月他在上海「講學」時說的。一九三六年三月三十日，魯迅在致德國人巴惠爾．艾丁格爾的信中，談到了江亢虎的《中國研究》一書，魯迅覺得江亢虎的書「實在不應該賣錢」，因為「他的著作，只可以給不明白中國實情的美國人看，或者使德國的批評家歡喜，我們是不注意它的」。看來，如果說江亢虎有什麼學問的話，也是膚淺的。

「實在是壞貨一枚」
——關於李季谷

李季谷當時任北平大學女子文理學院文史系主任。魯迅對他不懷好感。一九三五年五月二十二日致曹靖華的信中說他「卑鄙無聊」，又說，「但他一定要過癮，這是學校和學生的大晦氣；以前他是改組派，但像風旗似的轉得真快」。一九三五年八月三日致李霽野信中，說他「實在是壞貨一枚」，「胖而錯狡，不足與談」。一九三五年八月十九日在致曹靖華的信中說：「橫肉（按：即李季谷）可厭之至，前回許宅婚禮時，我在和一個人講中國的 Facisti（按即法西斯蒂），他就來更正道，有些是謠言。我因正色告訴他：我不過說的是聽來的話，我非此道中人，當然不知道是真是假。他也很不快活。但此人之傾向，可見了。」據鄭奠《片斷的回憶》，魯迅參加許壽裳女兒婚禮時，曾與蔡元培議論蔣介石。

奴隸與奴才

——關於張露薇

張露薇曾主編北平《文學導報》，他在一九三五年五月二十九日天津《益世報》文學副刊發表《略論中國文壇》一文，攻擊魯迅介紹外國文學是「應聲蟲」，是「奴隸性」。魯迅讀後，「卻忍不住要說幾句話」（一九三五年九月十二日致李長之信）。隨即寫了《「題未定」草（五）》，予以反駁。魯迅說：「張露薇先生自然也是知識階級，他在同階級中發見了這許多奴隸，拿鞭子來抽，我是瞭解他的心情的。但他和他所謂的奴隸們，也只隔了一張紙。如果有誰看過非洲的黑奴工頭，傲然的拿鞭子亂抽著做苦工的黑奴的電影的，拿來和這《略論中國文壇》的大文一比較，便會禁不住會心之笑。那一個和一群，有這麼相近，卻又有這麼不同，這一張紙真隔得利害：分清了奴隸和奴才。」（《且介亭雜文二集》）在魯迅眼裡，張露薇是「奴隸總管」下面管奴隸的一個小工頭。一九三六年春，他打起「左聯」旗號，「拿高爾基做幌子」（魯迅一九三六年四月一日致曹靖華信），充當走狗，與杜衡等加緊聯繫，「抱著賊禿叫菩薩」（同上），一面寫信給魯迅，向魯迅約稿，魯迅對這位「張英雄」置之不理。抗戰全面爆發後，張成為汪偽政府的御用文人，曾為汪偽炮製「國歌」，解放後被關押，刑滿釋放後一直住在山西。

「文化城」問題

——關於江瀚

魯迅的《故事新編》中的《理水》寫道：「只在文化山上，還聚集著許多學者……」這裡「文化山」上學者們的活動，是對一九三二年十月北平文教界江瀚、劉復、徐炳昶、馬衡等三十餘人向國民黨政府建議明定北平為「文化城」一事的諷刺。那時日本帝國主義者已侵佔我國東北，華北也正在危殆中。國民黨政府準備從華北撤退，已開始把古文物從北平搬到南京。江瀚等人想阻止古文物南移，可是他們竟以當時北平在政治和軍事上都沒有重要性為理由，提出請國民黨政府從北平撤除軍備，把它劃為一個不設防的文化區域的荒謬的主張。他們在意見書中說，北平有很多珍貴文物，它們都「是國家命脈，國民精神寄託之所在……是斷斷不可以犧牲的」。又說：「因為北平有種種文化設備，所以全國各種學問的專門學者，大多薈萃在北平……一旦把北平所有種種文化設備都挪開，這些學者們當然不免要隨著星散。」因而要求「政府明定北平為文化城，將一切軍事設備，挪往保定」。（北平《世界日報》一九三二年十月六日）這實際上適應了日本帝國主義的侵略需要。魯迅在《偽自由書．崇實》裡對文物南移與「文化城」等，皆有所抨擊。

「奇殺人哉」

──關於羅家倫

羅家倫是五四新文化運動的參與者。他與傅斯年等編輯的《新潮》得到魯迅的支持，受到魯迅的好評。後來他成了國民黨政客。羅家倫任國立中央大學校長期間，「選定」希特勒的《我的奮鬥》，在商務印書館出版。他在序中說：「希特勒之崛起於德國，在近代史上為一大奇蹟……希特勒《我之奮鬥》一書系為其黨人而作；唯其如此，欲認識此一奇蹟尤須由此處入手。以此書列為星期標準書至為適當。」對此，魯迅在《且介亭雜文末編．大小奇蹟》一文中予以嘲弄：「但即使不看譯本，僅『由此處入手』，也就可以認識三種小『奇蹟』，其一，是堂堂的一個國立中央編譯館，竟在百忙中先譯了這一本書；其二，是這『近代史上為一大奇蹟』的東西，卻須從英文轉譯；其三，堂堂的一位國立中央大學校長，卻不過『欲認識此一奇蹟者尤須由此處入手』。」最後魯迅嘆曰：「真是奇殺人哉！」

曲解之後，做了搭題

——關於邱韻鐸

邱韻鐸曾任創造社出版部主任。他在一九三六年二月十一日上海《時事新報·每週文學》第二十一期發表《海燕讀後記》，對魯迅《故事新編·出關》提出批評：「……至於讀了之後，留在腦海裡的影子，就只是一個全身心都浸淫著孤獨感的老人的身影。我真切地感覺著讀者是會墜入孤獨的悲哀去，跟著我們的作者。要是這樣，那麼，這篇小說的意義，就要無形地削弱了，我相信，魯迅先生以及像魯迅先生一樣的作家們的本意是不在這裡的……」六月十七日魯迅在致徐懋庸的信中說：「邱先生的批評，見過了，他是曲解之後，做了搭題，比太陽社時代毫無長進。」在《且介亭雜文末編·《出關》的關》中，談了老子的西出函谷，為了孔子的幾句話，「並非我的發見或創造，是三十年前，在東京從太炎先生口頭聽來的……於是加以漫畫化，送他出了關，毫無愛惜，不料竟惹起邱先生的這樣的悽慘」。又說：「他起了有利於老子的心思，於是不禁寫了『巨大無比』的抽象的封條，將我的無利於老子的具象的作品封閉了。」

戲弄魯迅的真誠

——關於史濟行

史濟行曾化名齊涵之等，當時常在文藝界行騙。他曾以白莽同學的名義，聲稱「藏有他的遺稿《孩兒塔》，正在經營出版，請求魯迅作序。魯迅很快答應了他的要求。在《白莽作《孩兒塔》序》中魯迅頗帶感情地說：「一個人如果還有友情，那麼，收存亡友的遺文真如捏著一團火，常要覺得寢食不安，給它企圖流佈的。這心情我很了然，也知道有做序文之類的義務。」（《且介亭雜文末編》）然而，史濟行卻戲弄了魯迅的真誠。「此後不多幾天，看見《社會日報》，說是善於翻戲的史濟行，現又化名為劉涵之了。我這才悟到自己竟受了騙……他仍在玩著騙取文稿的老套，《孩兒塔》不但不會出版，大約他連初稿也未必有的，不過知道白莽和我相識，以及他的詩集的名目罷了。」接著，魯迅感嘆曰：「我雖以多疑為忠厚長者所詬病，但這樣多疑的程度是還不到的。不料人還是大意不得，偶不疑慮，偶動友情，到底成為我的弱點了。」

國家圖書館出版品預行編目 (CIP) 資料

新月邊的魯迅：魯迅與右翼文人 / 房向東著.
-- 第一版. -- 臺北市：樂果文化事業有限公司出版：
紅螞蟻圖書有限公司發行, 2022.04
面；　公分. --（樂生活；52)
ISBN 978-957-9036-39-9(平裝)

1.CST: 周樹人 2.CST: 傳記 3.CST: 學術思想 4.CST: 文學評論

782.884　　　　111000792

樂生活 52

新月邊的魯迅：魯迅與右翼文人

作　　　者／房向東
總　編　輯／何南輝
行銷企劃／黃文秀
封面設計／引子設計
內頁設計／沙海潛行

出　　　版／樂果文化事業有限公司
讀者服務專線／（02）2795-3656
劃撥帳號／50118837 號 樂果文化事業有限公司
印　刷　廠／卡樂彩色製版印刷有限公司
總　經　銷／紅螞蟻圖書有限公司
地　　　址／台北市內湖區舊宗路二段 121 巷 19 號（紅螞蟻資訊大樓）
電話：（02）2795-3656
傳真：（02）2795-4100

2022 年 4 月第一版 定價／ 400 元 ISBN 978-957-9036-39-9